통 큰 정치인

서민호
평 전

김삼웅

독립운동사와 친일반민족사 연구가로, 현재 신흥무관학교 기념사업회 공동대표를 맡고 있다. [대한매일
신보](지금의 [서울신문]) 주필을 거쳐 성균관대학교에서 정치문화론을 가르쳤으며, 4년여 동안 독립기
념관장을 지냈다. 민주화운동관련자 명예회복 및 보상심의위원회 위원, 제주 4·3사건 희생자 진상규명
및 명예회복위원회 위원, 백범학술원 운영위원 등을 역임하고 친일반민족행위진상규명위원회 위원,
친일파재산환수위원회 자문위원, 국립대한민국임시정부기념관건립위원회 위원, 3·1운동·임시정부
수립100주년기념사업회 위원 등을 맡아 바른 역사 찾기에 부단히 노력하고 있다. 역사·언론 바로잡기
와 민주화·통일운동에 큰 관심을 두고, 독립운동가와 민주화운동에 헌신한 인물의 평전 등 이 분야의
책을 많이 집필했다. 주요 저서로 《한국필화사》, 《조지훈 평전》, 《백범 김구 평전》, 《을사늑약 1905
그 끝나지 않은 백년》, 《단재 신채호 평전》, 《만해 한용운 평전》, 《안중근 평전》 등이 있다.

서민호 평전

제1판 1쇄 인쇄 2024. 12. 17.
제1판 1쇄 발행 2024. 12. 23.

지은이   김삼웅
펴낸이   김경희
펴낸곳   (주)지식산업사
         본사 • 10881, 경기도 파주시 광인사길 53
         전화 (031)955-4226~7 팩스 (031)955-4228
         서울사무소 • 03044, 서울특별시 종로구 자하문로6길 18-7
         전화 (02)734-1978 팩스 (02)720-7900
         한글문패   지식산업사
         영문문패   www.jisik.co.kr
         전자우편   jsp@jisik.co.kr
         등록번호   1-363
         등록날짜   1969. 5. 8.

책값은 뒤표지에 있습니다.

이 책을 읽고 저자에게 문의하고자 하는 이는
지식산업사 전자우편으로 연락 바랍니다.

통 큰 정치인

서민호
평 전

김삼웅 지음

지식산업사

월파의 생가(2013년 모습)

일본 와세다 대학에서 수학하던 중, 미국으로 건너가 재학한 베리아대학 부속 고등학교

죽산재 연못 앞의 월파 모친과 부부(1930년대)   북아현동에서 부부의 모습

4

전남도 지정문화재로 지정 고시된 고흥 죽산재

항일기 지조 있는 서예가 윤용구가 쓴 죽산재의 현판

성대하게 치른 죽파 서화일의 축수연(1920년대)

월파의 부친 서화일이 쓴 감호정 기판

남선의 대표적인 무역회사 남선무역 관련 기사(1937년)

조선어학회 선열 33인 중 고흥의 월파와
순천의 김양수

전라남도 도지사 시절 민립 대학으로 조선대 건립

서민호 의원 석방 반대 시위

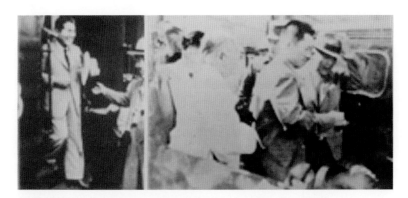

4.19혁명으로 8년 만에 국민 곁으로 돌아온 월파

시국 강연회에서 국민과 함께하다

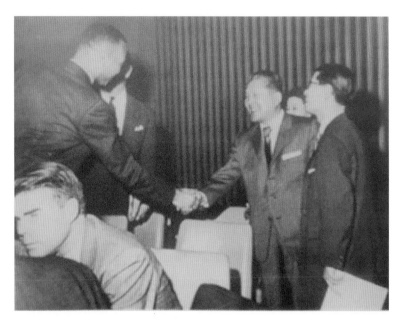

유엔 총회에 한국 대표로 참석한 모습

민주사회주의를 기본 강령으로 하는 대중당 창당

통일로가 보이는 신세계 공원묘지에 안장

월파 서민호 선생을 아시나요?

우리 근현대사를 공부하면서 느낀 안타까움의 하나는 깊게 조명되어야 할 인물이 역사의 장막으로 사라지거나 세월의 퇴적층에 속절없이 덮히는 경우를 보게 된다는 점이다. 여러 가지 이유가 있겠지만, 한국 사회의 급격한 변화도 한 원인일 터이다.

식민지→해방(분단)→동족상쟁→백색독재→4월혁명→군사쿠데타→유신독재→10 · 26거사→ 신군부쿠데타→광주민주화운동과 6월항쟁→문민시대→보수 · 진보정부 교체라는 정치사적 변화로 단절과 계승이 뒤범벅되었다. 6월항쟁 이후 35년 동안 보수(노태우 · 김영삼 · 이명박 · 박근혜 · 윤석열)가 다섯 번, 진보(김대중 · 노무현 · 문재인)가 세 번 집권하였다.

한국은 제2차 세계대전 후 후진국→개발도상국(중진국)→선진국으로 발전하는 유일한 나라가 되고 영화 · 반도체 · IT산업 · 스포츠 · 의료 · 문학 등 여러 분야에서 국제적 위상을 높이고 있다.

그런데 이 같은 변화를 이끈 주도세력이 정치 · 정당이 아니라는 사실이다. 다는 아니지만, 그동안 정치지도자 · 정당은 나라의 발전에 역행하기도 했고, 정치는 권력 놀음으로 시대에 역행하는 경우도 적잖았다. 해서 국민은 우수한데 지도자는 저열하다는 평가도 따른다.

프랑스는 1789년 대혁명 이후 나폴레옹의 제1제정(1804)→왕정복고(1814)→7월혁명(1830)→입헌군주제 성립(루이 필립 등장)→2월혁명(1818)→제2제정(1852)이라는 혁명과 반혁명, 왕정과 공화정을 겪었다. 43년 동안에 벌어진 일이다. 그래서 "변할수록 옛 모습을 닮아간다"는 말이 나돌았다. 우리도 크게 다르지 않아 보인다.

세계사적으로 반동의 역사는 길고 되풀이되는 경향이 있다. 그들은 물적 기반을 갖고 결속력이 강하며, 일반인들은 대체로 변화·개혁보다 안전을 추구하는 성향 때문이다. 이런 얘기를 꺼낸 것은 정변 수준의 변혁이 잦다 보니, 지난 시절의 괜찮은 인물들도 쉽게 잊혀지고, 그들이 남긴 정치적·정책적 유산은 산실되고 만다. 국가적으로 큰 손실이 아닐 수 없다.

서두에 이런 얘기를 꺼낸 것은 한 인물을 소개하고자 해서이다. 월파月坡 서민호徐珉濠(1903~1974) 선생이다.

지금 50~60대 이상은 기억이 날 것이고 그 아래 세대는 생소한 인물이다. 전남 고흥 출신이고 대지주의 아들이며 16세 때 3·1혁명에 참가하여 6개월 동안 복역하고 일본 와세다대학과 미국 웨슬리안대학 졸업, 귀국하여 교육사업을 하고 조선어학회사건으로 투옥되었다.

해방 후 미군정기 초대 광주시장에 이어 전라남도 도지사, 제2대 국회의원으로 국민방위군사건, 거창민간인학살사건 등의 날 선 진상규명 활동으로 이승만 정권과 척을 지고, 국회내무위원장으로 지방시찰을 하다가 자신을 살해하려는 현역 육군 대위를 사살, 정당방위인데도 8년형을 선고받고 복역 중에 4·19혁명으로 석방되었다. 제5대 국회의원, 국회부의장, 제6대 국회의원, 남북한 서신 교류와 군축 주장, 박정희 정권의 굴욕적인 한일회담을 반대하며 의원직 사퇴, 민주사회당 창당, 반공법 위반혐의로 구속, 2년 징역형, 혁신계열인 대중당 창당, 대통령 후보, 반공법 위반 혐의로 재구속, 제7대 국회의원 옥중당선, 3선개헌 국민투표 반대, 다시 대통령 후보, 야권후보 단일화를 위해 후보 사퇴, 통일연구협회 창설, 71세로 사망, 건국헌장 애족장 추서, 대전현충원 안장.

대지주의 머리 좋은 아들로 태어나 일본·미국의 유수한 대학에서 공부한 학력을 쌓은 배경이면 친일파나 친미파가 되거나 미국 유학 시절 이승만과의 인연으로 자유당 정권의 고위직을 차지하고도 남을 번지수인데 그는 줄곧 야당 진영에 섰다. 일제강점기에는 조선어학회에 자금을 지원하여 투옥되고 해방 후에는 민주진영에서 이승만의 폭정을 비판하는 데 앞장섰다. 정치보복으로 암살 위기를 겪고 모두 8년의 옥살이를 하게 되었다. 그리고 박정희 군사독재와 줄기차게 싸웠다.

월파 선생은 일제·이승만·박정희 치하에서 두루 고난을 당하면서도 정치적 양서류가 되지 않고 자신의 텃밭을 지켜왔다. 그 많았던 유산은 항일, 반족재 투쟁 과정에서 사라졌으며, 죽산 조봉암 사형 이후 금기시되다시피 한 혁신정당의 맥을 잇고 민주사회주의 이념을 살리고자 하였다. 민주사회주의를 공산주의와 4촌 간 정도로 인식하던 척박한 시대였다. 보수 야당도 유지하기 어려웠던 이승만·박정희 독재정권으로부터 몇 차례나 반공법 위반혐의로 구속되기를 거듭하면서도 자신의 이념과 정책을 제시한, 몇 안 되는 정치인이었다.

야당 의원들이 걸핏하면 '의원직 사퇴'를 내걸고도 유야무야되기 일쑤였던 정계에서 그는 끝내 의원직을 내던진 소신파였다.

군사쿠데타로 정권을 잡고 날뛰던 박정희 대통령을 향해 〈대통령을 탄핵한다〉는 제목 아래 그의 퇴진을 촉구하는 대정부 정책 질의를 한 용기 있는 정치인이었다. 소신과 용기만 있었던 것이 아니다. 〈내가 만약 대통령이라면〉의 제목 아래 정책 비전을 제시하고, 유엔을 통한 남북총선거를 실시하여 우리 겨레의 통일자주정부의 수립을 촉구하고 있다는 것을 국제사회에 호소하고 통일선거에 대비하겠다고, '통 큰' 제안을 하였다.

'독불장군'이라 불리면서도 대의를 위해서는 대통령 후보를 거침없이 양보하고 온갖 시련과 탄압에도 우리가 가야 할 길은 '민주사회주의'라는 이념의 텃밭을 지켰던 의로운 분이셨다. 그리고 정계 은퇴 후에는 통일연구에 전념하고, 죽으면 통일로 주변에 묻어달라는 유언을 남겼다.

나는 김대중 전 대통령 평전을 준비하면서 동교동 자택에서 인터뷰할 때, 정치인 가운데서 존경하는 인물이 누구냐고 물었다. 그분은 장면 전 국무총리와 월파 선생을 들었다. 월파의 소신과 용기, 그리고 앞을 내다보는 안목과 경세관을 들었다.

월파 선생의 평전을 마무리할 즈음, 암울한 시대에 석간수와 같은 소식이 들렸다. 작가 한강의 노벨문학상 수상이다. "역사적 트라우마와 보이지 않는 규칙에 맞서고, 작품마다 인간 삶의 연약함을 드러낸다." 는 것이다.

더욱 감동을 받은 것은 세계 곳곳에서 전쟁으로 수많은 사람이 죽어가는데 잔치를 하지 않겠다는 결연함이다. 이 땅에서도 전쟁을 부추기는 무리가 설치는 판국이어서 그의 뜻은 더욱 감동이다. 지하에 계시는 월파 선생도 감동 받지 않았을까 싶다.

2024년 10월
김삼웅

차례

전남 고흥 부잣집 아들로 태어났으나

월파 서민호는 1903년 4월 27일 전라남도 고흥군 동강면 노동리 314번지에서 아버지 서화일徐和日과 어머니 이원례李元禮의 4남으로 태어났다. 고흥군은 전남 동남부에 위치하고 20여 개의 유인도와 150여 개의 무인도로, 다도해 해상국립공원이 있다.

고흥군은 근대에 이르러 1894년 동학농민혁명 때에 육희도 · 구기서 · 송연호 등이 이끄는 3천여 명의 동학군이 백산전투에 앞장섰으며, 9월의 재봉기에도 참여하는 등 민족의식이 강한 지역이다.

서민호가 태어난 직후인 1906년부터 1909년까지 이곳 출신 신기휴 · 이병태 등의 의병장이 크게 활약하고, 매국노 이근택 암살사건을 주도한 기신도가 이 지역에 거주하면서 교육 활동에 종사하였고 3.1혁명 당시 만세운동을 주도하였다.

그가 태어난 때는 국가 운세가 위기로 치닫고 있던 시기였다. 1903년 5월, 용암포 사건으로 친러파가 세력을 잡은 뒤 러시아가 조선에 세력을 확대하고, 1904년 2월 러일전쟁이 발발하고, 일본군이 서울에 진주하여 한일의정서가 체결되었다. 같은 해 송병준 · 이용구 등이 매국 집단 일진회를 조직하고, 1905년 11월 을사늑약, 1906년 1월 조선통감부 설치, 1907년 1월 국채보상운동 시작, 3월 나철이 이끄는 오적암살단 의거, 7월 고종퇴위 · 순종즉위, 한일신협약 체결, 8월 정미의

병, 1908년 12월 일제 동양척식주식회사 설립, 1909년 일본군 남한지역 의병대학살 작전, 10월 안중근의사의 이토 히로부미 처단, 1910년 8월 경술국치, 10월 매천 황현의 자결순국, 일제의 무단통치로 이어졌다.

서민호는 비교적 풍족한 가정에서 어린 시절을 보내었다. 어머니의 꿈에 지붕 위에 달이 떨어지는 것을 치마폭에 받았다는 태몽에 따라 호를 월파月坡라 지었다고 한다. 아버지는 1894년 호남에서 시작한 동학농민혁명에 참가했다가 구사일생의 전력이 있는 의기 있는 분이었다.

서민호의 아버지는 고흥·벌교 등지에서 삼베장사를 하여 상당한 재산을 모았고 간척사업으로 고흥·보성·순천에 많은 땅을 소유한 대지주였다. 1930년 총독부가 조사한 대지주 명단에 282정보의 땅을 소유한 것으로 나타났다.

아버님께서는 동학당에 가담하여 의병을 도왔으며 후일 이로 말미암아 진압군이 마을에 들어와서 마을을 대표하였던 아버님을 비롯한 다섯 사람을 처형하게 되었는데, 당시 그 진압군의 도포(참모)였던 유덕삼씨가 전날에 가세가 빈곤하여 그의 처가 해산을 했으나 조석을 끓이지 못했으므로 아버님께서 쌀 한 말과 돈 3냥을 내준 적이 있었다.

그는 그 은혜를 못 잊어 하던 차 경각에 놓인 아버님만의 생명을 구하여 주었던 것이다.[1]

---

1) 서민호, 〈그때 그 이야기, 이 정권과의 투쟁〉,《전남매일신문》, 1973년 8월 30일. (이후《이 정권과의 투쟁》, 표기) 그는 정치일선에서 물러난 후《전남매일신문》에 1973년 8월 30일부터 50회에 걸쳐 〈이 정권과의 투쟁〉이란 제목으로 연재하였다. 주요 내용은 이승만 정권과의 투쟁이지만 자신의 생애에 대해서도 언급하

유복한 가정이어서 서민호는 6세 때부터 각종 운동을 배웠다. 축구, 야구, 배구, 사격술, 승마까지, 당시 서민들의 자녀들은 접근하기 어려운 스포츠였다. 어릴 때 배웠던 사격술이 뒷날 암살자들의 총격을 선제 사격함으로서 생명을 지킬 수 있었다.

나의 유년시절 성격 형성에 커다란 영향을 주신 분은 부친이었다. 6살 나던 해에 말 타는 것을 가르쳐 주었고 강인하고 준엄하시면서도 온화한 애정으로 나를 키우려고 노력하셨던 것이다. 일찍 개화하셔서 자유로운 속에서 엄격하고 의협심이 강한 부친의 성격을 배우게 해주었다.

이와 같은 아버님의 성격에 영향을 받아 자유분방한 어린 시절을 보낼 수 있었다. 지금도 생각하면 가슴이 후련하리만큼 억세고 활달한 개구쟁이였다.

널푸른 바닷가 개펄에서 동네 아이들을 모아놓고 전쟁놀이로 해지는 줄 몰랐으며, 파도를 타고 물장구로 여름 가는 줄을 모르는, 검붉은 피부의 건강하고 의협심이 강한 아이라고들 했다. 그러나 철부지의 맑고 탄력 있는 동심의 세계에도 언제인지 모르게 어버이의 근심스러운 표정에서 어두운 그림자를 느끼곤 했었다.[2]

서민호가 일곱 살 되던 해, 1910년 나라가 망한 것이다. 의협심이 강하여 동학혁명에 참여했던 아버지의 절망과 좌절을 아직 어린 아들은 지켜봐야만 했다.

고 있다.
2) 앞과 같음.

우리 집안은 고흥군 동강면에서 대대로 뿌리박고 살아온 농촌의 평민으로 아버지께서는 자수성가하셔서 가세가 넉넉했던 때였다.

그런데 갑자기 밀어닥친 일인日人들은 평지에 풍파를 몰고 왔던 것이다. 하루가 멀다 하고 헌병을 앞세우고 우리집엘 드나들며 갖은 협박으로 부친을 못살게 굴었던 것이다.

평화롭던 마을과 가정은 날로 어두운 그늘이 일기 시작했으며, 여기저기 어른들의 한숨소리가 그칠 새 없었다. 나는 이때부터 일본놈들을 미워하기 시작했다. 어떻게든지 내 힘으로, 이 마을 일본 놈들을 모두 쫓아내야 하겠다는 엉뚱한 생각을 품기 시작하였다. 밝고 곧게 살아야 할 동심의 세계에도 멍을 들게 했던 그때의 상황을 생각하면 일본이 우리에게 얼마나 잔학했던가를 뼈저리게 느낀다.[3]

11세에 일본 유학, 민족차별 겪고 귀국

서민호는 8세 때에 보성군 벌교에 있는 유신학교에 입학했다. 교장 선생님은 개화사상과 반일정신이 투철한 분이었다. 국치 직후지만 일인들의 행패가 심해지면서 아직 어린 나이였으나 영민했던 그는 집과 학교에서 듣고 배운 일본에 대한 적개심이 불타올랐다. 그래서 일본에 가서 일본을 알아야겠다고 결심했다.

식민지 시대 11세의 소년이 일본으로 건너가겠다면, 세상 어느 부모가 흔쾌히 동의하겠는가. 아버지는 화를 냈다가 설득하기를 거듭했으

---

3) 앞과 같음.

나 아들은 고집을 꺾지 않았다. 부자간에 의견이 팽팽히 맞섰다. 아들은 작심했다.

내 사랑방의 문을 굳게 잠그고 안으로 문고리를 걸었다. 일체 식음을 전폐하고 이불을 둘러쓰고 누워 버렸다.

그때 어머님께서는 나를 달래거나 아버님의 눈치를 살피시는 것이었다. 나는 아무 말도 없이 죽은듯이 이불속에 파묻혀서 흐느껴 울며 몸부림쳤다. 어머님께서는 문을 열라고 소리 치시고 아버님의 팔에 매달리다시피 하시면서 귀한 아들 죽이겠다고 통곡하시는 것이었다.

나는 배도 고프고 어머님의 울음소리를 들을 때마다 죄를 진 것만 같아 당장 그만두고 용서를 빌까 생각도 해보았지만 이미 행동에 옮긴 이상 물러서기가 죽어도 싫었다. 이런 성격이 나의 제2전성기가 되어버린 듯 하다.

단식투쟁 사흘에야 아버님의 부드러운 음성이 문밖에서 들려왔다. 허락하신다는 것이었다. 나는 얼마나 기뻤던지 어머님의 치마폭을 잡고 엉엉 울어버렸다.

나는 이때 남자가 한 번 마음을 먹었으면 끝까지 밀고 나가라는 아버님의 말씀이 생활신조가 되어 지금도 나를 채찍질하는 것이다.[4]

서민호가 일본행을 결심했던 것은 둘째 형 서채호徐采濠가 일본에 있었기 때문이다.

마침내 일본으로 건너갔다. 꿈은 일본에 가서 훌륭한 군인이 되어 포악한

---

4) 앞과 같음.

일제를 꺾어놓고야 말겠다는 것이다. 적을 꺾을 수 있는 방법은 그 길밖에 없다는 판단이었다. 그 무렵에 읽었던 코르시카의 작은 시골에서 자란 나폴레옹처럼 되는 것이었다.

형님의 안내로 도쿄에 있는 유년학교에 지원, 필기시험은 합격했으나 면접에서 떨어졌다. "한국인이라는 불리한 위치에서 더군다나 친일파의 자제도 아닐뿐더러 일개 평범한 농민의 아들로 태어난 나에게 일반 시험관의 차가운 시선과 비웃음이 섞여 있는 질문을 뒤로 물리치고 나와버렸다. 어린 나의 가슴에는 일본인에 대한 증오와 경각심으로 불타고 있었다."[5]

기왕 왔으니 여기서 학교에 다니는 것이 좋겠다는 형님의 의견에 따라 금화심상소학교 2학년에 편입하였다. 머리가 좋았던 그는 시험에 1등을 하였으나 수석 자리는 일본인이 차지했다. 학우들로부터 '조센징'이라 멸시를 당하는 등 어린 가슴에 일본에 대한 증오심이 켜켜이 쌓여갔다. 어느 날 2년 선배인 주먹 대장 와다나베가 한국 학생들을 모독하자 격투하여 오른쪽 이齒 두 개가 빠지는 부상을 당하면서도 끝내 그를 쓰러뜨렸다.

싸우는 것을 본 담임선생님(일인)이 와다나베에게 호통치고, 서민호의 상처를 치료해주며 다정한 목소리로 "이국에까지 와서 이렇게 싸워서야 되겠느냐"고 설득하여 큰 감화를 받았다. 일인 가운데는 이런 분도 계시는구나, 물리력보다 이해와 설득의 중요성을 깨닫게 되었다.

일본 경찰의 눈을 피해 한국유학생들의 모임이 자주 열렸다. 송진우 등 선배들이 강연과 토론을 하고 뜻을 모았다. 학교생활에 어느 정도

---

5) 앞과 같음.

적응을 해나가던 중학교 1학년 때 갑자기 어머님이 위급하다는 전보를 받고 서둘러 귀국하였다. 어머니 병환이 나아지자 서울로 왔다. 다시 일본으로 건너갈 요량이었으나 아버지가 지금 당장 결혼을 하고 가라는 성화에 이를 피하고자 서울행을 택한 것이다.

중앙학교에 입학하여 여러 가지 운동을 하면서 공부를 하였으나 학교의 사정은 한 · 일 두 나라 학생들 사이에 살벌한 암투가 계속되고, 패싸움이 그치지 않았다. 공부가 제대로 될 리 없었다. 서민호는 의협심이 강한 데다 일본에서 숱하게 겪고 당했던 민족차별을 서울에서까지 참고 견딜 수 없었다. 공부보다 싸우는 일이 많아졌다.

서민호는 결국 낙제생이 되고 말았다. 1학년을 마치고 낙제생이 되었으므로 학교를 바꾸었다. 보성고등보통학교 2학년 편입시험에 합격하였다. 이 학교 역시 일본인 교사와 학생들의 행패가 심했고 두 나라 학생들의 패싸움이 멈추지 않았다. 이 시절 그는 '보성 깜둥이'라는 별명이 붙었다. 일인 학생들과의 싸움에 앞장서고 떡 벌어진 체구에 윤기가 날 정도로 까만 피부 때문에 붙여진 별명이었다.

학업성적도 우수하고 민족정신이 투철하여 학생들 사이에 인기 있는 리더가 되었다. 그 시기 끝내 이름마저 알지 못한 채 혼자서 사모했던 여학생이 있었다.

3.1혁명 참여, 일경에 소금·고춧가루 뿌려

대한제국을 병탄한 일제는 포악무도한 데라우치 마사다케를 총독으로 임명하고, 총독은 입법·사법·행정권은 물론 육·해군에 관한 군사통제권을 가지고 있어 절대군주와 다름이 없었다. 데라우치는 부임하면서 "조선인은 일본 법규에 복종하든지 죽든지 하나를 선택해야 한다"고 협박하면서 무단통치를 자행하였다.

일제는 헌병 경찰제를 통해 한국사회를 옴짝달싹하지 못하게 만들었다. 헌병 대장과 경찰 서장에게 즉결처분권을 주어 저항하는 사람을 현지 사살하고 여성들을 성폭행하며 재산을 갈취했다. 일본인 마쓰시다 호난[松下芳男]이 "개미 한 마리도 기어나갈 틈이 없을 정도"라고 평한 그대로였다.

서민호는 조혼풍습대로 중학교 3학년 때 부모의 주선으로 결혼을 하였다. 배우자는 이화여고 보를 다니는 한 살 아래의 규수이다. 장인 정태인 목사는 임시정부와 맥이 닿는 항일운동가였다.

서민호는 보성고등보통학교 3학년 때에 3.1혁명을 맞았다. 한 해 전부터 항일독립운동을 위한 전국학생대회라는 지하조직이 시작되면서 그는 운동부장으로 활동했다. 뒷날 국회의장이 된 곽상훈은 경성공업전습소(고등공업 전신)의 운동부장이었다. 3.1만세운동에 참여했던 그는 이후 상하이 대한민국 임시정부에서 온 비밀지령문을 등사하여 각지에 배포하는 이른바 "반도목탁지半島木鐸誌"의 책임을 맡았다.

막중한 책임을 맡고, 일경과 헌병들의 삼엄한 경계망을 피해서 전달하기란
그리 쉬운 일이 아니었다. 한번은 인쇄물을 몸에 감추고 지령에 따라 돈화문
을 통하여 창덕궁(현 창경원) 앞을 지나 (나는 이미 교내 반도목탁지 사건의
주모자라 해서 일경의 눈총을 받고 있는 터라 그들을 피해 다니기란 매우 힘
든 일이었다) 그곳 파출소 앞을 지나치려는 순간 일경의 수색을 당하게 되었다.
만약의 경우를 대비해서 늘 보신용으로 휴대하고 다니던 소금과 고춧가
루를 그들의 눈에 뿌리고 도망치려고 하는데, 또 다른 한 놈이 나타나서 다
짜고짜 수갑을 채우려 하였다. 그놈의 눈 정면에다 또 고춧가루를 뿌렸더니
기겁을 하여 얼굴을 감싸고 그 큰 체구로 길가에 나동그라져 뒹구는 것이었
다. "사람 살리라"고 소리치며 방향을 분간하지 못하고 쩔쩔매는 모습이 하
도 우습고 통쾌해서 달아나면서도 통쾌함을 금치 못했다.
당시 우리 애국학생들은 물불을 헤아리지 않고 조국의 독립에 목숨을 내
걸고 활약했다. 더러는 개만도 못하게 일경의 앞잡이 노릇을 하는 쓰레기 같
은 학생들도 있었지만 우리는 그들을 죽이고 싶도록 미워하기에 앞서 참으
로 불쌍하다는 생각을 하기도 했다.6)

이 사건으로 서민호는 1년간 정학처분을 받았다. 학교 당국의 정학
처분과는 별개로 경찰은 그를 수배했다. 고향 근처에서 용케 피신했다
가 1919년 4월 하순 상경하여 청진동 하숙집에서 피검되어 6개월간
옥고를 치렀다. 장인이 마련한 독립운동 군자금과 아버지가 임시정부

---

6) 〈이 정권과의 투쟁(5)〉

의 비밀 요원에게 돈을 건네는 것을 목격하고는 상하이로 망명하고자 준비하던 중 일경에 피검된 것이다.

　나의 장인인 정태인 목사는 상해임시정부와 내통을 하면서 독립투쟁 군자금을 모금하고 있었는데 자수성가하여서 구두쇠라는 말을 들을 정도로 깐깐했던 아버지께서 독립운동 군자금으로 1만 원을 내기로 하고 5천 원은 즉시 현금으로 수교하게 되었다. 이 돈을 전달하기 위해서 고향 뱀골고개 산소에 가는 것처럼 위장하고 임시정부(사람)와 중간에서 연락을 취하도록 된 분을 만나서 전달하는 아버지의 모습을 나는 같이 가서 목격하였다.

　나는 이때부터 아버님의 가슴속에 도사리고 있는 조국광복에 대한 염원을 엿볼 수 있게 되었던 것이다. 시골집에서 남몰래 숨어서 상처가 아물기를 기다려 상해임시정부로 피신을 하려고 1919년 4월 하순 께 서울에 올라왔다가 청진동 하숙집에서 피검되어 6개월간의 옥고를 치르게 됐다.[7]

　아직 어린 나이에 6개월의 감옥살이는 힘겨웠다. 그만큼 가슴 속에서 일제에 대한 증오심이 쌓이고 있었다. 감시는 더욱 심해지고 어떤 활동도 하기 어려웠다. 국내에서는 숨도 크게 쉬기 어려운 상황이어서 애국청년들은 분출구를 찾아 해외 유학이나 망명길에 나서는 사람이 많았다.

　서민호는 갈림길에 섰다. 망명의 길은 경찰의 감시로 엄두도 내기 어려웠다. 차라리 이 기회에 다시 일본으로 건너가 공부를 계속하고, 이후 다른 방법을 찾기로 작심하였다.

---

7) 앞과 같음.

와세다대학진학, 3.1절행사장에 태극기게양했다가

1921년 보성학교를 졸업하고 이듬해 4월 일본으로 건너갔다. 명문이라는 와세다대학 정경학부에 입학했다. 10여 년 전 11세 때에 보았던 일본을 이제 청년의 시각으로 지켜보고 공부하게 되었다. 대학이나 사회를 따지지 않고 일본인들의 한국인 차별과 멸시는 달라지지 않았다.

우선 일인들과 경쟁해서 이기려면 건강해야 한다는 신념이어서 한국 유학생 야구팀에 들어갔다. 유년시절부터 익혀온 각종 스포츠여서 낯설지 않았다. 야구도 야구지만, 이를 통해 한인 유학생들끼리 친목을 도모하고자 해서였다.

대학교 2학년 때 도쿄의 한인과 유학생들이 함께 3.1절 기념 행사를 갖기로 했다. 장소는 마침 미국 관광단이 들른다는 정보를 알고 도쿄 시내 우에노공원을 택하였다. 미국 관광객들에게 한국의 억울한 침탈과 자주독립을 호소하기 위해서였다 이 행사장에 걸기 위해 태극기를 만들어 정재완(동경대생)이 공원정문 앞까지 가져오면 서민호가 일본인 행색을 하며 이를 받아 집회장에 게양하기로 했다.

3.1절 기념행사가 한참 진행 중일 때 일경이 몰려와 저지하면서 난투극이 벌어졌다. 서민호와 1년 선배 허일 그리고 정재완·김찬성 등이 주모자로 지목되어 3주간 도쿄의 영창에 수감되었다.

언제나 학교에서 주먹과 민족주의 계열로 주목을 받고 있던 나는 이 일로 인해서 더욱 감시의 대상이 되었으며, 일본 경찰의 눈초리는 늘 뒤를 따르게

30

되었다.

　재일 한국인 및 유학생들의 대다수가 애국, 애족에 불타면서도 조국의 독립을 위해 피를 흘리고 있었는가 하면 더러는 개만도 못하게 일본의 앞잡이가 되어서 날뛰는 사람도 있었다. 나는 일본인보다도 그러한 어리석은 한국인이 더욱 미웠으며 조국의 이름 앞에서 더럽혀진 인간을 처벌하고 싶었던 것이다.

　대학3학년에 접어들었을 때 친일파 박춘금으로 인하여 재일한국인 사이에는 큰 사건이 빚어지게 되었다. 내용인 즉, 박춘금이 '한국인 노동조합 공제회'를 조직하여 재일 한국인들이 만들어 팔고 있는 인삼엿의 이익금을 착취한 일이었다.

　그는 친일파로서 일본경찰들과 친하게 지냈으므로 그들의 배경을 믿고 악랄한 방법으로 동족의 피를 빨아먹는 잔악한 행위를 하였던 것이다.

　우리들은 도저히 참을 수가 없어 같은 반에 김찬성(진주출신 3.1절 행사 사건으로 같이 수감) 동지와 함께 박춘금의 집을 습격했는데 사전에 우리가 갈 것을 알고 있었는지 오히려 역습을 당하여 뜻을 이루지 못하고 돌아왔다.[8]

　그가 와세다대학에 다니고 있을 즈음 일본 사회는 마르크스·레닌주의가 시대사조처럼 나돌았다. 진보적이라는 지식계층에서 더욱 심했다. 일본지배층이 민족주의 사상을 적대시하면서 지식인·학생들 중에는 마르크스주의를 그 대안으로 인식하기도 하였다.

　한국의 유학생들도 별반 다르지 않았다. 민족주의가 탄압받으면서

---

8) 앞의 글, 〈이 정권과의 투쟁(7)〉.

그 분출구로 마르크스이데올로기를 수용하기에 이른 것이다. 서민호는 이 대학 아베이 소오 교수와 요야마이쿠 교수의 정치학 강의를 열심히 듣고 대화를 나누면서 마음 깊이 민족주의 이념을 간직하였다. 그는 일본에 대한 반항심과 울분으로 파란이 많았던 와세다대학 시절을 1924년 12월 3학년 겨울방학 때까지 보내고 귀국하였다. 1923년 9월 도쿄대지진을 현지에서 겪기도 하면서 용케 살아남은 행운을 누렸다.

미국 웨슬리안대학과 콜롬비아대학원 수학

돌아온 조국의 모습은 참담했다. 특히 한때 민족운동에 앞장섰던 이들의 변신은 차마 눈 뜨고 보기 어려웠다. 3.1혁명 이후 일제가 이른바 문화정치를 표방하며 민족분열책을 펴자, 이에 편승하여 민족개량주의가 대두하고, 민족개량주의자들은 자치운동을 제기했다.

〈2.8독립선언〉을 기초했던 이광수가 1924년 1월《동아일보》사설에서 '자치운동'을 제기하고, 김성수 · 송진우 · 최린 등이 자치운동을 위한 정치결사체로 연정회硏政會를 조직하려다 배후에 총독의 정치고문인 아베 미쓰이메가 개입되어 있음이 폭로되었다.

4월에는 사회주의자들이 주도한 조선노동총동맹이 결성되어 전국적인 청년조직으로 회원이 3만 7천 명에 달하고, 11월에는 역시 사회주의 계열인 북풍회가 조직되어 활동하고 있었다. 1925년 4월 책임 비서 김재봉을 중심으로 조선공산당이 창립되고, 얼마 뒤 박현영 중심의 조선공산당의 청년전위조직 고려공산청년회가 조직되었다. 일본처럼 조선도 사회주의 사상이 급류를 타고 있었다. 조선 총독부는 5월 7일 치안유지법을 공포하여 독립운동과 사회주의운동을 단속·처벌에 나섰다. 자치운동만이 일제의 보호 아래 활개 치는 형국이었다.

23세가 된 서민호는 조국에서 설 땅을 찾지 못하고, 미국 유학을 결심, 1925년 3월 태평양횡단 연락선에 몸을 실었다. 긴 항해 끝에 샌프란시스코에 도착했을 때 유학생들과 많은 교포가 환영해주었다. 얼마 후에 안 일이지만 교포사회는 안창호의 국민회와 흥사단, 이승만의 구미위원회와 동지회가 갈라져 새로 들어온 유학생이나 교포들을 자기네 단체에 가입시키려는 쟁탈전을 벌이고 있었다.

이 두 단체에서는 서로가 우리에게 '안내를 하겠다', '무엇을 알선해 주겠다'며 나섰으나 진정한 동포애로서 순수한 친절이 아니었고 자기네들 나름의 속셈이 있었으므로 강직한 내 성격에는 첫눈에 거슬리는 점이 많았다.

내 조국 한반도는 일본의 검은 손아귀에 잡혀서 헤어날 가망은 조금도 보이질 않은 암담한 판국에 국가와 민족의 장래를 함께 걱정하기에 앞서 벌써 대립된 사심이 싹트고 있었다는 것은 훗날의 어지러운 우리 정치사가 여기에서부터 비롯되지 않았나 생각된다.

계속적으로 두 단체는 팽팽히 맞서서 격심한 대립을 보였고 심지어 3.1절 기념행사마저도 별도로 거행하여 왔으니 우리나라가 독립한다 해도 젊은 지식층의 양심이 이렇다면서도 한심스러운 일이라 생각되었으며 먼 훗날의 조국의 모습까지 걱정이 되었던 내 생각은 결국 헛된 의구심이 아니었던 것이다.[9]

---

9) 앞의 글 (8).

1925년 3월 23일 상하이 임시정부가 여러 가지 이유로 임시대통령 이승만을 탄핵했다. 임시정부의 탄핵사유인 〈이승만의 범과사실〉 6개 항 가운데 4항은 "임시대통령 이승만은 미주에 앉아서 구미위원부로 하여금 재미동포의 인구세와 정부 후원금과 공채표 발매금들을 전부 수합하여 자의로 처리하고 정부에 재정보고를 하지 않아서 재정범위가 어느 정도까지 달했는지 알지 못하게 했다."10)고 적시하였다.

임시정부에서 축출된 이승만은 미국의 교포들에게 더욱 기대게 되고, 따라서 한인사회는 분열과 갈등의 대립상이 첨예화되고 있었다.

서민호는 이 같은 갈등 상을 지켜보면서 이들 단체에는 관심 없이 우선 언어의 장벽을 해결하고자 조용하고 여건이 잘 갖춰져 있다는 켄터키주의 벨리아대학부속고등학교에 들어갔다.

벨리아대학은 모든 학교시설이 잘 갖추어져 있었고 돈 없는 학생들이 일해서 학비를 마련할 수 있는 조건이 좋았다. 이 학교는 수업의 반은 일을 해야 하는 규칙이 있었으므로 나는 빗자루 만드는 공장에서 하루에 2~5시간을 종사해서 학비를 마련하는데 도움을 받았다.

동양사람은 체구는 작지만 힘이 세고 책임감이 강하다 하여 칭찬을 받았으나 언어가 잘 통하지 않아서 사소한 희비애락이 많았다. 나는 대학 부속고등학교 야구팀에 들어가 선수 생활을 하는 한편 사격연습을 했는데 매일 수백발의 권총과 장총을 쏘곤 했다.

사격을 배울 때는 앞으로 조국의 독립운동에 몸을 담으려면 호신용으로 필요할 때가 있으리라는 것도 예감했다. 이곳에서는 동경서처럼 증오에 찬

10) 정두옥, 《재미한인독립운동실기》, (필사본, 하와이대학 한국연구소 소장), 1969, 53쪽.

반항의식이 폭발되지 않았으므로 모든 일을 체계적으로 처리하고 알찬 생활을 할 수 있었다.[11)]

켄터키주는 남방이어서 인종차별이 심했다. 흑인뿐만 아니라 동양인에 대한 차별도 못지 않았다.

이 학교에서 1년간 어학 공부를 마치고 1926년 오하이오주 웨슬리안대학 정치역사학과 3학년에 편입했다. 중국인이 경영하는 식당에서 아르바이트를 해서 생활비와 학비에 보태었다.

1927년 12월 콜롬비아대학원 시험에 합격하고, 이듬해 1월부터 새 학기가 시작되었다. 여기서 정치사회학을 전공했다. 덴마크의 협동조합 제도와 사회제도를 연구하여 장차 한국도 농업 국가로서 이 나라처럼 발전시켜보겠다는 꿈이었다.

이 무렵 교포사회는 이승만과 안창호가 주도하는 두 단체의 대립이 더욱 치열하게 전개되고 있었다. 서민호와 가까운 친지 · 선배들인 장덕수 · 김도연 · 김양수 · 윤홍섭 · 이동제 · 윤치영 · 최정진 · 이정근 · 이철원 등이 (더러는 이미 동지회에 가입) 먼저 동지회에 참여해서 흥사단을 통합시켜 교포들을 단합시키자는 데 뜻을 모았다.[12)] 이런 과정을 거쳐 그는 이승만이 주도하는 동지회의 멤버가 되었다. 뒷날 광복된 조국의 정계에서 대치하게 되는, 악연의 시작이다.

정파 의식이 강하지 않았던 그는 동지회에 가입한 목적이 흥사단 계열과 통합하여 교포사회의 결속을 도모하고, 그 역량을 키워 조국의 독립운동에 기여하자는 데 뜻이 있었다. 그래서 유지들과 뉴욕 동포들

---

11) 〈이 정권과의 투쟁(9)〉
12) 앞과 같음.

의 지원으로 《3.1신보》를 발행하고, 국민회와 통합을 서둘렀다.

그 첫 단계로 1927년도 3.1절 기념행사를 공동으로 진행하고자 유학생 황창하와 교섭위원으로 선정되어 뉴욕으로 상대측 대표를 찾아갔다. 하지만 상대는 '이승만 파'라고 내치고, 어떤 인사는 손찌검을 하기에 이르렀다. 수모를 당하고도 설득 끝에 협상이 이루어졌다.

3.1절 기념 행사는 뉴욕에 있는 한인교회에서 서재필을 비롯 한국 독립운동을 도운 미국인 헐버트, 재미 동포 다수가 참석하여 성대하게 거행되었다. 상하이 임시정부와 연대하면서 독립운동에 나설 것을 결의하고 교포들이 매월 1달러씩 국민세를 내서 《3.1신보》 발간 및 학생들의 항일운동을 지원키로 하였다. 성공적인 집회였다. 서민호는 모처럼 성취감에 젖었다. 그는 《3.1신보》의 사회면을 담당하여 기사와 논설을 썼다.

송명학교 이어 유랑극단 좌절, 조선어학회참여

콜롬비아 대학원을 마친 서민호는 덴마크의 농업실태를 살피고자 1929년 3월 미국을 떠나 현지에 도착하였다. 꼭 100일 동안 덴마크 농민고등학교에 들어가 기숙사 생활을 하면서 실습과 견학을 하였다.

귀국길에 소련·중국·만주를 거쳤다. 이번에 그쪽 세계를 둘러보지 않으면 기회를 갖기 어려울 듯해서였다. 1917년 볼셰비키 혁명을 통해 마치 인류의 이상향처럼 인식되는 모스크바의 실정은 맨발로 다니는 사람이 많았고 기차역에는 헐벗은 상인들이 우글거렸다. 만주에서는 한인 가운데 일제의 앞잡이, 사기꾼이 되어 독립운동가들을 밀고하고 동포들을 못살게 구는 악당들의 소식을 듣고 마음 아파하며 고국으로 돌아왔다.

부모님에게 덴마크식 협동조합운동을 설명하고 이를 위해 지원을 요청하였다. 그러나 아버지는 완강하게 반대하였다. 친일파로 변신하지 않고서는 어떤 사업을 해도 유지하기 어렵다는 말씀이셨다. 이런 상황이어서 뜻 있는 조선의 엘리트 청년들은 자포자기하거나 울분을 술로 달래고, 여유 있는 집 자제들은 기방 출입 등 퇴폐한 생활로 청춘을 보내었다. 서민호도 다르지 않았다. 기방 출입이 잦았다.

유일한 탈출구는 임시정부가 있는 중국으로 가는 일이었다. 구체적인 방법을 모색하다가 아버지가 세상을 떴다. 갑자기 일어난 부친상으로 심한 허탈 상태에 빠졌으나 언제까지 그럴 수는 없었다. 형제들과 상의하여 부친이 남긴 막대한 유산을 7등분하여 6형제가 고루 나누고 장형에게 두 몫을 드리기로 하였다. 형제들은 부친의 유언에 따라 550원을 지역사회에 의연금으로 기부했다.

서민호는 4천 2백 석에 해당하는 토지와 남선무역주식회사를 배당받았다. 1935년 전남 벌교에 있는 사립송명학교를 인수하여 늘 꿈꾸었던 덴마크식 농민학교를 일구고자 하였다. 일제는 한국인이 운영하는 사립학교를 민족주의 사상의 요새로 인식하고 온갖 탄압을 자행하였다. 정상적인 경영이 이루어질 수 없었다.

진로를 바꾸었다. 동지들을 규합하여 문화운동을 하기로 했다. 김도연·김양수 등 동지들과 뜻을 모아 재정난으로 해체 직전에 있던 '빅타가극단'을 인수하여 '반도흥업사'로 이름을 바꿔 전국을 돌며 연극과 노래를 통해 민족의식을 고양하고자 하였다. 자신이 대표가 되고 김도연 감사, 김양수·신윤국·이철원·조정환·서신응 등이 주주, 현재명, 최순주 위원 체제였다. 대부분 일본이나 미국 유학파들이다. 반도흥업사는 유랑악극단이 되어 전국 각지를 순회하며 연극과 노래로서 민족 정신을 잇고자 하였다.

만주를 통해 임시정부에까지 이르고자 하는 속셈으로 만주에서 공연할 때 일경에 의해 강제로 송환되고 극단은 해체당하기에 이르렀다. 해외 유학파들이 모여 뜬금없이 유랑극단을 인수하여 국내공연은 물론 만주에까지 진출하자 총독부가 그 의도를 꿰뚫고 해체한 것이다. 새로운 길을 찾았다. 조선어학회였다.

일제가 1930년대 후반부터 본격적으로 시작된 이른바 황국신민화 정책은 침략전쟁을 위한 수탈을 쉽게 하고 차제에 민족운동을 근절하기 위한 통제책으로 세계식민지 역사상 유례를 찾아보기 어려운 민족 말살책이었다. 창씨개명에 이어 실시된 조선어 교육과 사용금지 정책은 악랄하기 그지없었다.

일제는 중국 침략을 앞두고 전시체제를 강화하면서 조선인의 저항과 민족의식을 잠재우고 전쟁에 협력시키기 위해 황국신민화 시책을 강행했다. 그 가운데 하나가 모든 학교에서 조선어 교육을 전면 폐지하고 일본어를 상용케 하는 일이었다. 이것은 창씨개명과 함께 민족말살의 핵심적인 책동이었다.

1936년 8월에 부임한 미나미 총독은 이듬해 2월 모든 관공서 관리와 교직원들에게 일본어를 상용할 것을 지시하고, 1938년 3월에는 칙령 제10호로서 이른바 '신조선교육령'을 공포하여 조선어 교육을 금지하도록 하였다. 일찍이 제국주의 역사상 식민지 주민에게 고유한 언어와 문자를 사용하지 못하게 한 경우는 일제가 유일하다. 일제는 허울 좋은 내선일체內鮮一體의 시책을 추진하면서 우리말과 글을 사용하지 못하도록 하고 일본어를 '국어'라고 강변하면서 이를 상용하도록 했다. 철저한 민족정신 말살의 흉계였다.

일제는 '민족언어'가 갖는 중요성을 아는 까닭에 우리말과 글을 쓰지 못하도록 하는데 그토록 집요했다. 그들은 강점 이래 기회가 있을 때마다 조선어 사용금지를 획책해 왔다.

초대 총독 데라우치는 1911년 전문 30조의 제1차 조선교육령을 공포하여 초기 식민지 교육방침을 제시했다. 주요 의도는 ①일본어 보급을 목적으로 했으며 ②한민족을 이른바 일본의 '충량한 신민'으로 만들고자 했으며 ③노동력을 착취하기 위해 조선인에게 저급한 실업교육을 장려하고자 했고 ④조선인을 우민화하는데 목적이 있었다.[13]

▲ 1949년경에 촬영한 것으로 보이는 조선어학회 사건 관련 인사들 신윤국, 이중화, 윤병호, 최현배, 김양수, 정태진, 정인승, 서민호, 권승욱, 이병기, 김윤경, 이석린, 정열모, 장현식의 모습이 보인다.

조선어학회사건 7개월간 옥고

서민호는 반도흥업사를 운영하면서부터 은밀히 조선어학회에 기금을 댔다. 한글학자가 아니어서 연구 분야에는 참여하지 않았으나 운영위원으로 활동한 것이다. 부모에게 물려받은 유산이 있었기에 가능했다. 그동안 연희전문에 1500원, 보성전문에 500원의 장학금을 내고, 1939년 5월 신윤국·김양수·박창서 등과 조선흥업주식회사를 창설하면서 자본을 대고, 1940년 낙성간이학교 설립에는 기성회장을 맡아

---

13) 김삼웅, 《외솔 최현배평전》, 71~72쪽, 채륜, 2018.

출자했다.

그가 조선어학회사건으로 검거된 것은 1943년 3월 6일이다. 이중화 · 장지영 · 이극로 · 최현배 · 한징 · 이윤재 · 이희승 · 정인승 · 김윤경 · 권승욱 · 이석린 등은 한 해 전인 1942년 10월 1일 검거되고 서민호와 김도연은 뒤늦게 체포되었다.

구속된 사람이 모두 29명인데, 그 가운데 이극로 · 정인승 · 권승욱 등 세 사람은 함흥경찰서에서 20일 동안 취조를 받다가 경찰서로 옮기고, 이인은 끝끝내 혼자 함흥경찰서에 구검되었으며, 그 나머지 26사람은 애당초부터 홍원경찰서로 잡히어 가서 유치장에 있으면서 물 먹이기, 공중에 달고 치기, 비행기 태우기, 메어치기, 난장질하기, 불로 지지기, 개처럼 사지로 서기, 뺨 치기, 얼굴에 먹으로 악마 그리기, 동지끼리 서로 치게 하기 등 갖은 악형을 다 당하였다.[14]

조선어학회의 활동을 주시해오던 총독부는 1937년에는 수양동우회 회원, 1938년에는 흥업구락부 회원을 검거하는 한편, 1941년에는 조선사상범 예방구금령을 공포하여 언제든지 독립운동가와 민족사상가를 검거할 수 있는 '덫'을 만들어 놓고 기다리고 있었다.

이런 상황에서도 조선어학회 회원들은 조선어사전을 편찬하는 일을 멈추지 않았다. 1942년 4월 원고의 일부를 대동출판사에 넘겨 인쇄하려다가 함흥에서 한 여학생이 기차 안에서 친구들과 조선말로 대화하다가 경찰에 발각되어 취조를 받게 된 사건이 벌어졌다.

---

14) 《한글학회》, 《한글학회 50년사》, 14쪽, 1971.

총독부 경찰은 이 사건을 빌미로 서울에서 사전편찬을 하고 있던 정태진을 연행하여 심한 고문 끝에 조선어학회가 민족주의 단체로서 독립운동을 목적으로 한다는 억지 자백을 받아냈다.

조선어학회 사건은 이렇게 발단되어 10월 1일 최현배·이중화·장지영 등 11명이 검거된 것을 필두로 1943년 4월 1일까지 모두 33명이 검거되어 야만적인 수사와 고문을 당하였다.

일제는 33명 외에도 증인·기타 연루자 48명까지 검거하여 혹독한 고문을 가하고, 조선어학회 회원과 사전편찬에 협력한 인사 모두를 치안유지법의 내란죄를 걸어 기소하였다. 함흥재판소는 이들에게 "고유언어는 민족의식을 양성하는 것이므로 조선어학회의 사전편찬은 조선민족 정신을 유지하는 민족운동의 형태다"라는 예심종결의 결정문에 따라 내란죄를 적용하고, 조사과정에서 가혹한 고문으로 이윤재와 한징은 옥중에서 사망하였다.[15]

서민호는 구속되었다가 9월 18일 김윤경 등 12명과 기소유예로 석방되었다. 7개월여 동안 함흥형무소에서 혹독한 고문을 당하였다. 함께 옥고를 치렀던 이희승의 증언이다.

저들의 표현에 의하면 고문에는 육전陸戰, 해전海戰, 공전空戰 이렇게 세 가지 종류가 있었다. 육전이란 각목이나 목총이나, 무엇이든 닥치는 대로 집어 아무 데나 마구 후려치는 것이다. 목총이 뎅겅뎅겅 부러져 달아나고 머리가 터져 피가 흘러내리는데, 처음 몇 대를 맞을 땐 견디기 어려울 정도로 고

---

15) 김삼웅, 앞의 책, 74쪽.

통스럽지만 나중에는 별 감각이 없어진다. 그러면 그들은 해전이나 공전으로 들어간다.

길다란 나무 판대기 걸상에 반듯하게 뉘고 묶은 뒤에 커다란 주전자로 콧구멍에 물을 붓는 것이 이른바 해전이다. 콧구멍으로 들어간 물은 기관을 따라 폐부에 스며들고 입으로 들어간 물은 위로 들어가 삽시간에 만삭의 여자처럼 배가 불러진다. 그러면 누구든 기절을 하고 마는데, 저들은 기절한 사람을 감방에다 처넣고 주사를 주고 약을 먹여 정신이 들게 한다. 그러면 공전에 내보낸다.

두 팔을 뒤로 묶어 팔 사이에 작대기를 지르고는 양쪽 끝을 밧줄로 묶어 천장에 달아맨다. 처음에는 짚단을 발밑에 괴어주지만, 저들이 지어낸 물음에 "모른다"고 대답하면 짚단을 빼버린다. 그러고는 달아맨 두 줄을 마치 그넷줄 꼬듯 한참 꼬았다간 풀어놓는다. 팔이 떨어져 나갈 듯한 고통과 심한 어지러움으로 누구든 10분도 못 되어 혀를 빼물고 기절하고 만다.[16]

---

16) 이희승, 《딸깍발이 선비의 일생》, 143쪽, 창비, 1996.

▲ 1945년 촬영된 조선어학회 해방 기념 사진.

해방, 벌교건준위원장 엉뚱한 봉변도

출감한 그는 고향으로 돌아왔다. 1년여 동안 돌보지 못했던 벌교사
립송명학교와 남선무역회사 등이 많은 빚에 몰려 휴업상태가 되어 있
었다. 일제가 1941년 12월 8일 진주만을 기습 공격하면서 태평양 전쟁
이 시작되었다. 한반도를 병력과 물자의 보급기지로 만든 일제는 징병
제 · 학병제 · 여자정신근로령을 잇달아 공포하면서 청장년들을 총알받
이로 끌어갔다.

벌교집 지하실에서 고성능 라디오로 매일 2~3회씩 영어방송을 듣고 있
었으므로 전황을 눈으로 보는 것처럼 알수 있었다. 전세가 점점 일본이 불리
해지는 것을 알고 몰래 일장기를 구하여 태극기로 변경해 만들어 비밀리에
감추어 두었다.
일경의 눈을 피해서 순천에 있는 김양수씨와 몰래 만나 앞으로의 계획에
대하여 상의하였고 해방이 멀지 않았음을 알고 희열에 찬 대화를 서로 나누
었다. 전날에 가까이 하지 않았던 친구들도 번번히 찾아와서 세계정세에 대
하여 문의하였고, 앞으로 어떻게 했으면 좋겠는가 상의해 오기도 했으므로
나는 동지를 많이 규합할 수 있었다.[17]

---

17) 〈이 정권과의 투쟁(15)〉.

일제 말기 총독부는 이른바 미전향 사상범과 위험인물들을 대대적으로 감금하거나 전향공작을 폈다. 이때 변신한 민족진영의 인물이 적지 않았다. 서민호는 조선어학회 사건으로 투옥되고 풀려나와서는 고향집에 침거하는 등 끝까지 몸을 더럽히지 않은 소수의 엘리트였다. 그리고 마침내 8월 15일 일제는 연합국에 항복했다.

나는 광복이 올 것을 미리 예측하고 있었으므로 일본이 물러선 후의 혼란 상태에 대비할 갖가지 준비에 전력을 다했다. 8월 17일 광복축하 행렬을 하겠다는 김양수 동지의 연락을 받고 감격에 찬 마음으로 순천에 올라가 대열에 참석했다. 전남에서는 순천이 제일 먼저 축하행렬이 있었고, 그 이틀 후인 8월 19일에 벌교에서도 축하행렬을 했다.18)

그는 사회적 혼란을 막고자 8.15 직후 벌교에 건국준비위원회를 조직하였다. 위원장에 선출되고 부위원장에는 박평준 · 최창문이 선임되었다. 귀환 장병들과 마을 청년들로 특보대를 조직하여 치안을 유지하고 도망치는 일본인들을 붙잡아 맥아더 사령관이 포고한 대로 1인이 1천 원 이상은 못 가지고 가게 통제하였다. 그리고 신발을 벗고 태극기 앞에 절을 하도록 지시했다. "이들이 준 35년간의 지긋지긋한 고통과 수모가 이 정도로 해서 보상될 수는 없는 일이었지만, 우리 조국과 민족 앞에 무릎 꿇고 사죄해야 할 당연한 응분의 벌은 있어야 했던 것이다."19)

---

18) 앞과 같음.
19) 앞의 글 (16).

이런 일이 광주의 일본군 위수사령부에 알려진 것인지, 8월 19일 고바다케 위수사령관의 인솔 아래 법원장, 검찰장, 경무부장, 내무부장 등이 무장한 일본군 50여 명을 대동하고 벌교지서에 도착하여 서민호를 불렀다. 심한 언쟁이 벌어졌다. 고분고분할 그가 아니었다. 소싯적부터 쌓이고 쌓인 원한도 작용하였다.

일본군 책임자가 칼을 뽑아 들고 군인들에게 사살 명령을 내리려는 순간, 서민호는 준엄하게 타일렀다. "너희 천황이 미조리 선상에서 무조건 항복했다는 방송을 들었다. 8.15 이후부터 잔인한 너희들 식민정책은 끝이 났고, 우리가 그동안 받아온 고통을 너희들에게 돌려줄 단계에 왔다."고 호통을 쳤다.

이런 사이 1만여 명의 주민이 지서를 둘러싸고 지켜보고 있었다. 군인 하나가 다시 총격의 자세를 취하자 서민호는 주민들을 바라보면서 "너희가 살아 돌아가려면 무기를 놓고 물러가라"고 소리쳤다. 그제야 주민들의 숫자에 깜짝 놀란 고바다케가 무사히 귀국하도록 도와달라고 읍소하였다.

중앙의 해방정국은 요동치고 있었다. 망명 지사들은 아직 귀환하지 않았고, 미군정이 들어섰으나 체제가 잡히지 않은 상태였다. 혼란 상태는 지방도 다르지 않았다. 중앙의 건준이 인민위원회로 명칭을 바꾸면서 벌교 건준에도 지침을 내렸다.

서민호는 이를 수용하지 않았다. 그러던 어느 날 여수·순천 좌익 청년 150여 명이 곡괭이·죽창을 들고 집으로 몰려왔다. 이들은 서민호의 손에 수갑을 채워 이유 불문하고 광주도청 지하실에 감금하였다. 어처구니없는 봉변이었다.

"내가 왜 이런 지하실에 수갑을 찬 채 자야 하는 지 그 이유나 알자"고 실랑이를 하고 있는데 광주치안대장 주봉식(체육학교 출신)씨가 들어왔다. 전부터 친분이 있어 퍽 가깝게 지냈던 터라 반가운 생각에서 내가 당한 사정을 얘기했더니 그는 술이 만취되어 몸을 가누지 못한 채 "지금은 무어라 말할 단계가 아니야"하고는 쓰러져서 잠이 들었다. 그래서 나와 함께 자게 되었다.

다음날 도청, 법원에서 나온 직원들이 조사를 하는데 "무슨 권리로 나를 조사하느냐. 큰 과오를 범하지 말아라. 미군이 진주하면 사태가 달라질 것이다."고 말했더니 조사가 흐지부지 되었다.

벌교에서부터 최영실(후일 광주 · 부산서장) · 설창구 · 장희춘 동지들이 내 동태를 살피기 위해서 계속 따라 다녔는데 광주형무소에 수감된 줄 알고 세 사람이 주동이 되어 하룻밤에는 형무소문을 때려 부수고 치안대와 대치하면서 나를 구출하려다 설창구씨는 이가 몇 개 빠졌고 장희춘씨는 다리를 다치는 등 나를 구출하려는 동지들은 심한 상처를 입고 뜻을 이루지 못한 채 끌려가고 말았다.[20]

초대광주시장 · 전남지사, 조선대 설립 앞장

좌익세력에 의해 몰렸다가 구사일생으로 풀려난 그에게 오랜 동지 최순주가 상경할 것을 권해왔다. 그는 미군정청 재무고문으로 일하고 있었다. 항일운동에 참여했던 동지들이 중앙에서 함께 일할 것을 권했

---

20) 앞의 글 (18).

지만, 광주로 돌아왔다. 그리고 이듬해 초대 광주시장에 이어 전남도지
사에 부임하였다.

　뛰어난 영어 구사와 좌익 척결 능력은 미군정의 신임을 얻기에 충분했다.
1946년 10월 광주시장(당시 용어로는 광주부윤)에 임명되었다가 능력을 인
정받아 1년 만에 전라남도 지사로 취임해서도 좌익 계열에 대한 배척을 늦
추지 않았다. 광주지역의 유지였던 최영욱·이은상 등이 안재홍 민정장관에
게 월파가 지나치게 독선적이고 우편향이어서 도민의 반발이 크다고 건의하
기에 이르렀다. 미군정 당국은 월파를 강원도지사로 전출시켰으나 월파는 이
를 거절하고 사표를 제출하였다.

　월파는 시장과 도지사 재직시 특유의 추진력을 발휘하였는데 광주시장으
로 있을 때는 제1수원지 확장, 학강국교 신축, 시청사 신축 등을 급속히 추
진하여 '폭군 시장'의 별명을 얻을 정도였다.[21]

　그의 한결같은 꿈은 조국독립과 함께 국민교육이었다. 나라가 망한
것은 여러 이유가 있었지만, 무엇보다 국민이 깨어 있지 못한 데 있다
고 믿었다. 미국·유럽의 선진화된 기관을 지켜보고 더욱 굳어진 결론
이었다.

　해외 유학에서 돌아와서 벌교의 유일한 사립 민족학교이던 송명학교
를 인수받아 운영했던 것이나, 연희전문·보성전문에 거액의 장학금을
기부한 것도 이 같은 의지의 반영이라 할 것이다. 그는 국민교육을 위
해서는 좋은 교육기관(학교)의 설치가 시급함을 절감하였다. 이 같은

---

21) 박병섭, 〈민족교육의 실천자, 월파 서민호〉, 《전남교육》, 188~189쪽, 2007년
　　12호.

생각은 망명 애국지사들의 일치된 신념이기도 했다.

성재 이시영은 환국하여 신흥대학(경희대학 전신)을, 해공 신익희는 국민대학을 그리고 백범 김구는 창암학원 등을 설립했다. 이밖에도 독립운동가들이 세운 학교는 더 있었다. 서민호는 전남지사에 부임하여 해방 직후의 산적한 현안들을 처리하는 한편 지역 인사들을 중심으로 대학설립에 열정을 바쳤다.

해방 이후 급선무 가운데 하나는 새 나라를 이끌어 갈 인재의 양성이었다. 변변한 대학이 없었던 전남에서는 지역 인사를 중심으로 대학 설립 운동이 일어났다. 월파가 광주시장에서 전라남도지사로 취임하면서 박철웅을 전라남도 운수과장으로 발탁하였다. 월파는 고흥 동강 출신이고, 박철웅은 이웃 면인 남양 출신으로 동향이어서 광주시장을 할 때 서무과장을 맡겼다가 함께 옮겨간 것이다.

박철웅을 비롯하여 지역의 유지들이 '조선대학 설립 동지회'를 창립하여 회원을 규합하고 회비를 모을 때 월파는 전체 시군에 지사 명의의 협조 의뢰 공문을 지원하게 하였다.

도지사의 지원에 힘입어 1946년 8월 하순 광주서중학교 강당에서 설립동지회가 만들어졌으며, 9월 29일 지역의 학교를 빌려 광주야간대학원으로 개교하기에 이르렀다. 이어 고문인 서민호 지사가 광주야간대학원을 조선대학원으로 개칭 허가하는 등 적극적인 지원이 있자, 수많은 유지와 도민들이 설립 기금을 냈다.

1947년부터 시작된 회원 모집은 1948년 봄에는 7만 2천여 명의 회원과 1054만 원의 설립 기금을 확보하게 되어 1948년 5월 26일 미군정청 문교부로부터 재단법인 조선대학의 설립 허가와 동시에 조선대학원은 조선대학

으로 인가를 얻어 정규대학으로 개편되었다.22)

정실인사 충고했더니 '네가 나를 충고해?'

그는 1947년 6월 강원지사로 발령받았으나 사절하고 관직에서 퇴임하였다. 9월 28일 이승만이 조직한 독립촉성중앙협의회 산하 독촉청년연맹 전남도지부 주도 아래 결성된 대동청년단 전남도 단부 주비회 위원장에 이어 대동청년단 위원장이 되었다. 미국 유학 시절의 인연으로 해방정국에서 그와 다시 연결된 것이다.

이승만이 환국하여 정치 활동을 시작하자 그를 도왔다. 1948년 5월 10일 남한만의 단독선거가 실시되고 5월 31일 제헌국회가 구성되면서 이승만이 의장에 선출되었다. 7월 20일 국회에서 대통령에 이승만, 부통령에 이시영이 선출되고 8월 15일 대한민국정부가 수립되었다.

나는 미국 유학 시절 동지회에서 활동하고 있을 때 벌써 이승만 씨와 두터운 친분이 있었고, 그 역시 내게 지대한 관심을 갖고 대해 주었다. 내가 도지사로 있을 때 그는 귀국하여 개인 자격으로 전국 순회차 프란체스카 여사를 동반하고 광주에 왔다. 당시 나는 어지러운 세정을 염려하여 그의 신변 호보에 만전을 기하였고, 공무원으로 있으면서 내가 에스코트까지 해주었던 것이다.

그때 윤석오 외 몇 명의 국내 인사들을 동반하고 다녔다. 이박사는 지나치

---

22) 앞의 책, 186~187쪽.

게 프 여사의 말만을 듣고 어느 연회석에도 때와 장소를 가리지 않고 동반했다. 뿐만 아니라 연회석상에서 주위 사람들을 꺼리지 않고 키스를 하는 등 지나친 서구적인 애정표현을 해서 주위 사람들의 뒷공론이 많았다.

나는 그를 진심으로 아끼는 마음에서 "국민들이 선생님을 하늘처럼 우러르고 있는데 부인에 대한 노골적인 애정표현은 공식 석상에서는 삼가는 것이 좋을 것 같다."고 털어놓고 충고를 해주기도 했다. 그는 "그렇다면 주의하겠다"고 고맙게 충고를 받아들였다.23)

이것이 사단이었다. 이후 이승만(과 정권)의 집권기간 극심한 탄압을 받게 되는 빌미가 되었다.

그후 대통령에 당선되어 취임 축하를 하러 이화장에 갔더니 프란체스카 여사는 그 많은 축하객 사이에서 나를 가리키면서 "서민호 저 사람이 우리 내외 사이를 떼어놓으려고 한 사람이다"면서 불쾌한 내색을 했다.

나는 광주에서 이승만 씨에게 했던 이야기가 있었기 때문에 무슨 말인지 얼른 납득이 갔으나 설마 그런 말을 부인에게 해서 이런 모독적인 표현을 하게 한 이승만 씨의 인격에 의구심이 갔던 것이다.24)

얼마 뒤 김효석 내무장관이 서민호를 서울시장으로 추천하여 이승만 대통령이 내정을 했으나 프 여사와 허정·윤치영의 반대로 좌절되었다.

이승만 정부는 집권 초기부터 친일파를 중용하는 등 국정에 난맥을

---

23) 〈이 정권과의 투쟁(22)〉.
24) 앞과 같음.

드러냈다. 국민의 실망과 비난이 빗발쳤다. 서민호는 더이상 참을 수 없다고 판단, 중앙청집무실로 대통령 면담요청을 했다.

대통령에게 찾아온 목적을 얘기하고 인물 본위로 정부 요인을 등용해야지 정실에 치우치면 결과가 좋지 않을 것이라 진언했다. 이승만은 충고나 진언을 듣지 않았다.

"자네가 나를 충고할 생각인가? 건방진 말 그만 두게." 하고는 서류 결재판을 내던지는 것이었다. 나도 화도 날뿐더러 기가 막혀서 "선생님을 위해서 하는 얘긴데 이렇게 화를 내십니까? 내일 산수갑산을 갈지라도 젊은 사람이 옳은 말 했다가 이런 모독을 당한다면 나도 생각이 있소." 하면서 끝까지 '대통령 각하' 등의 존칭어를 쓰지 않았다.25)

낭인 생활을 하고 있던 1949년 10월, 상공부장관 임영신의 주선으로 조선전업사 사장에 취임했다. 회사에 서북청년들이 자위대란 명목으로 활개 치는 등 회사가 엉망이었다. 3개월 동안 본사와 지방출장소에 놀고먹는 사람들을 정리하여 회사의 정상화에 노력했다.

---

25) 앞과 같음.

제2대국회의원, 곧 일어난 6.25전쟁

제헌의원 임기가 2년이어서 1950년 5월 30일 제2대 국회의원 선거가 실시되었다. 서민호는 지역주민들의 요청으로 고흥을구에서 입후보하여 압도적인 표차로 당선되었다. 무소속이었다. 3.1혁명에 어린 학생으로 참여한 이래 그동안 집념 어린 교육사업과 조선어학회사건으로 투옥 등이 지역주민들의 '평가'를 받은 것이다. 선거 결과는 여당이 참패하고 전체 210석 가운데 무소속 당선자가 126명에 이르렀다. 국민은 이승만 정권 2년을 불신한 것이다.

이승만 정권은 친일파 척결에 나선 반민특위를 해체하고, 독립운동의 상징 김구는 암살당했으며, 부정부패가 만연하는 등 신생 조국의 앞길을 어둡게 만들었다. 서민호는 이제껏 꿈꾸었던 부강한 자주독립국가를 건설하는 데 일역을 하고자 의정 활동을 단단히 준비하고 있을 즈음 6.25 전쟁이 발발했다.

1950년 5월 30일에 치러진 국회의원 선거는 5 · 10선거에 불참했던 중도파 민족주의자들이 대거 출마하여 비상한 관심을 모았다. 보수 · 진보의 보혁대결 구도를 이루며 중도파 민족주의자들이 바람을 일으키자, 이승만 정권은 그들을 투옥하는 등 온갖 방법을 동원해 탄압했다. 그럼에도 불구하고 서울에서는 조소앙이 조병옥을 누르고 전국 최다득표로 당선되었고, 무소속이 과반수를 넘는 126석을 차지했다. 한민당을 계승한 민국당은 참패했다. 제2대 국회는 문을 연 지 얼마 되지 않아 전쟁이 발발해 중도파 정치인들이 남북되는 등 어려움을 겪었지만, 전쟁 중 피해 대중의 입장에서 그들을 대변하는 역할을 많이 했다.26)

북한군이 1950년 6월 25일 새벽 4시 40분을 기해 전면 남침을 자행했다. 소련제 T-34형 탱크 240여 대, 야크 전투기와 IL폭격기 200여 대, 각종 중야포와 중박격포로 무장하고 있었다.

38선은 쉽게 무너지고 북한군은 밀물 듯이 남하하여 26일 낮 12시경에는 야크기 2대가 서울 상공에 날아와 김포공항을 폭격했다. 이승만 정부의 방비나 대처는 허술하기 그지없었다. 이승만은 25일 오전 10시 30분경에야 남침 보고를 받았다. 이날 이승만은 9시 30분부터 경회루에서 낚시를 즐기고 있었다.

이승만이 대전을 거쳐 부산으로 피난하고, 국회의원들도 부산으로 피난하였다. 서민호는 조병옥과 대구에 머물다 부산에서 피난 온 국회의원들과 합류하였다. 국회 내부분과 위원장이었다.

이 대통령의 정실에 흐른 인사처리는 드디어 많은 부작용을 낳게 되었다. 일제의 앞잡이 노릇을 했던 친일세력이 다시 그 악랄한 권모술수를 써서 이승만을 싸고돌았다. 부정과 부패는 국가가 위기를 당했을 때 더욱 빠른 속도로 커가기 마련이다. 국민방위군사건은 6.25사변이 발발한 2년 후 제2국민병을 죽음과 기아의 무참한 희생물로 만들었던 너무나도 유명한 사건이

---

26) 서중석,《대한민국선거이야기》, 55쪽, 역사비평사, 2008.

다.[27)]

　전쟁 중에 이승만 대통령의 행태는 국난을 극복하고 국민을 보호하여 자주독립국가를 세우려는 자세가 아니었다. 1951년 1월 국민방위군사건이 벌어졌다. 정부는 국민방위군 설치법을 제정하여 제2국민병에게 해당하는 만 17~40세의 장정들을 국민방위군에 편입시켰다. 국군의 후퇴가 시작되어 방위군을 후방으로 집단 이송하게 되자, 방위군 간부들은 이 기회를 틈타 막대한 돈과 물자를 빼돌려 사복을 채웠다. 그 결과 보급 부족으로 천 수백 명의 사망자와 환자가 발생했다. 간부들이 부정처분한 돈과 물자는 당시 화폐로 무려 24억 원, 양곡 5만 2천 섬에 달했다.

　국회는 진상조사에 나서는 한편, 4월 30일 방위군 해산을 결의함에 따라 5월 12일 방위군은 해산되고, 사건을 일으킨 사령관 김윤환 등 4명은 처형되었다. 국회조사단이 구성되어 국민방위군사건의 진상조사에 나서자 이승만은 국방장관 신성모를 해임하고 이기붕을 임명하면서 수습에 나섰으나 이승만과 정부의 행태, 군부의 부패 문제는 쉽게 시정되지 않았다.

　6·25전쟁을 전후하여 거창 사건을 비롯하여 전국(남한) 도처에서 100만 명에 이르는 민간인이 군경과 우익단체에 의해 학살되었다. 민간인 학살은 국군과 경찰, 특무대, 서북청년단 등 우익세력에 의해 '빨갱이', '통비분자'로 몰려 자행되고, 미군에 의해 집단학살된 경우도 적지 않았다.

---

27) 〈이 정권과의 투쟁(24)〉

▲ 거창민간인학살

특히 1950년 6~8월에 자행된 국민보도연맹(보도연맹) 학살사건은
수법이나 희생자 수에서 천인공노할 만행이었다. 보도연맹은 1949년
반공검사 오제도의 제안으로 이른바 좌익운동 전향자들이 보도연맹에
가입하면 전과를 묻지 않는다고 내세우며 조직하였다. 그런데 막상 전
쟁이 발발하자 군·경·서북청년단 등이 이들을 무차별 검거하여 집단
학살한 것이다. 실제로 이들은 예비검속을 당하거나 자발적으로 경찰
서에 출두할 때까지 생업에 충실한 민간인이 대부분이었다.

군·경과 우익단체들은 이들이 북한군에 동조할지 모른다는 이유에서 예
비검속하거나 강제로 검거하여 집단학살극을 자행하였다. 전세가 불리해지자
남한 전역에서 이들에 대한 본격적인 학살이 감행되었다. 육지에서는 산속이
나 계곡, 강가 등 인적이 드문 곳에서, 해안지방에서는 배에 실어 돌을 매달
아 수장한 경우도 많았다.[28]

6 · 25한국전쟁 기간에 남한의 국민들은 북한인민군에 의해 학살당한 사람도 많았으나 군 · 경과 우익단체 · 미군에 의해 희생된 경우도 이에 못지않았다. 일차적인 책임은 현지 관련자들이지만, 정치적 책임은 오롯이 대통령 이승만에게 있었다.

정부는 북한군에 밀려 대전에서 대구로 이전했다가 1950년 8월 18일 부산으로 옮겼다. 1592년 4월 13일 일본군의 침략으로 선조가 국토의 최북단 의주로 피난한 이래 358년 만에 이번에는 이승만이 최남단 부산까지 피난한 것이다. 임진왜란 때는 명나라에 구원을 요청하고, 6 · 25한국전쟁 때는 미국에 지원을 요청하게 되었다. 선조는 한때 명나라로 망명을 준비하고, 이승만은 수도를 제주도나 일본으로 옮길 계획을 세우기도 했다.

---

28) 김삼웅, 《해방 후 양민학살사》, 163쪽, 가람기획, 1996.

살인이냐 정당방위냐

　서민호는 1952년 4월 24일, 다음날 실시되는 지방의회의원 선거를 앞두고 귀향길에 올랐다. 몇몇 도시에서 시국 강연을 할 예정이었으나 당국의 방해로 모두 취소되었다. 이날 오후 6시경 수행원들과 순천에 도착하여 평화관이란 식당에 들렀다.

　수행원은 국회내무치안 전문위원 김진동, 서민호의 장남 서원룡 경사와 김치중 · 이종석 두 순경 그리고 이 자리에는 순천우체국장 한상휴, 승주군수 이판호, 순천유지 이해필 · 황재수 외에 식당 여성 2명이 함께 식사하고 있었다. 일행은 두 팀으로 나뉘어 경호를 맡은 네 명은 별실에 자리를 잡았다.

　이날 서민호의 생애를 두고 가장 힘겨운 그리고 한국정치사에 불행한 사건이 벌어졌다. 그를 살해하려는 검은 그림자가 뒤를 캐고, 총리 장택상의 피신 권고가 있었던 터라 지방 출장을 자제하라는 동료의원들의 만류에도 중대한 선거를 외면할 수 없어서 나섰던 길이다.

　그럭저럭 시간이 흘러 밤이 깊어가기 시작했다. 이날 밤 8시 50분부터 9시 사이에 예기치 않던 사건이 터지고 말았다. 밖에서 인기척이 느껴졌다. 정체불명의 사나이가 서 의원 일행이 있는 방을 기웃거리는 순간, 호위가 소리쳤다.

"거 누구요?"

"나는 군인이요!"

퉁명스러운 대답이 나왔다. 별실에서 뛰어나온 김 순경이 "군인이면 군인이지 남의 방을 들여다보는 것은 뭐요? 남의 얘기 엿들을 필요가 어디 있소? 나가시오"라고 꾸짖으려 한즉 괴한은 "너는 대체 누구냐? 용무가 있어서 여기 왔는데 오라 가라 할게 뭐냐?"며 응수했다.

"나는 서민호 국회의원의 수행원이다. 아닌 밤중에 용무는 무슨 용무냐?"

괴한도 이제 핏대를 세워 되물었다.

"뭐라구! 국회의원이면 제일이냐? 사람 찾느라고 방 좀 들여다보는 것이 그렇게 잘못이냐? 넌 우리가 누군지 알고서 그러느냐?"고 하면서 서로 언쟁 끝에 멱살을 붙잡고 싸움이 벌어지는 순간 서 경사와 다른 경호원이 가담하여 싸움이 붙었다. 온 집안의 공기가 험악하기 이를 데 없다.

"왜들 그렇게 싸우는가? 조용히들 하시오."

마침내 서민호 의원이 나와 말했다. 어둠 속에서 괴한은 서민호에게 물었다.

"당신은 누구요?"

"나 서민호다."

"잘 만났다. 나오라, 쏜다."

격분한 군복 차림의 청년이 소리치며 달려들 기세로 말했다.

"젊은 군인이 왜 그러시오. 참으시오."

이에 서 의원이 이렇게 타이르려 했지만, 청년은 몇 발짝 뒤로 물러서는 듯하더니 권총으로 서 의원을 겨누고 있지 않은가. 사태가 긴박해짐을 직감하고 방에 있던 일행 중의 한 사람이 서 의원을 방으로 재빨리 부축할 순간 괴한이 겨눈 45구경 권총에 놀라 모두 피신을 하였는데 홧김에 군복 청년이 방바닥에 "탕!" 한 방을 쏘고 밖을 나갈 때 서 의원이 "총을 쏘지 말라고!" 소리치자 괴한은 서 의원을 향하여 "탕!" 이렇게 또 한 방의 총소리가 울렸다. 생명의 절박함을 느낀 서 의원은 휴대하고 있던 모젤 권총을 꺼내어 군복 차림의 습격자에게 방아쇠를 당긴 것이다. 몇 발의 총소리와 함께 사나이가 비명을 지르며 쓰러진다. 최후의 안간힘으로 쏘아대는 청년의 연발 총 소리가 났지만 서 의원은 맞지 않았다.29)

사망한 군복의 청년은 전남 병사구사령부 소속의 군의관으로 27세의 육군대위였다. 얼마 뒤 특무대장이 10여 명의 대원을 대동하고 달려오고 현장에서 서 경사와 이 순경을 체포하고, 서 의원이 가해자임을 알고 군경합동수사대에서 비상경계를 선포한 데 이어 김 순경을 구속했다.

서민호는 다음날(4월 25일) 오전 순천지청에 자진 출두하여 사건 경위를 자세히 설명하고, 그 자리에서 구속되었다. 자수했는데도 당국은 도주하는 것을 체포한 것처럼 발표하고 언론은 그대로 보도했다.

평화관 식당의 종업원에게 거짓 증언을 시키기도 하였다. 정당방위라는 진술은 자취를 감추고, 사건은 국회의원이 요리집에서 검문하는 현역 육군 장교를 죽인 것처럼 알려졌다.

그와 수행원 · 지방유지 등 9명은 부산지검으로 압송, 구금되었다가 동대신동부산형무소에 수감되었다. 이 사건은 정계에 태풍의 눈으로 번졌다.

---

29) 〈순천 평화관사건〉, 《해방 20년 기록편·자료편》, 594쪽, 세문사, 1966.

국회석방결의, 계엄령선포로 재수감

당시는 전시여서 국회의원들에게 호신용 모젤 권총을 휴대케 하였다. 서민호는 해외 유학 시절에 스포츠용으로 권총 사격을 했던 것이 이번에 자신의 생명을 구하게 된 선제 타격의 솜씨였다. 어디까지나 정당방위였다. 서민호는 권오병 검사에 의해 살인혐의로 기소되었다.

국회가 4월 26일 유홍 · 이석기 · 김광준 · 김정기 · 조정훈 의원 등을 현지에 보내 독자적인 조사를 하고, 현장 수사를 지휘한 권오병 검사와 서상권 법무장관을 불러 질의를 하였다. 서범석 · 유홍 · 이용설 · 엄상섭 의원 등은 서 의원을 살인혐의로 몰아가는 검 · 경의 수사태도를 비난하면서 정당방위였음을 지적했다.

특히 세브란스의대 출신 이용설 의원은 서 대위가 "돌아섰을 때 총을 맞았다는 수사당국의 주장에 대해 치명상을 준 탄환은 서 대위가 돌아섰을 때 허벅다리에 맞은 탄환이 아니라 가슴과 배를 맞은 1탄과 2탄이며 그것은 서 대위가 여섯 발의 총알을 쏜 다음에 발사된 것"이라고 법의학적인 이론을 들어 반박했다. 검사 출신인 엄상섭 의원은 다른 증인들의 증언은 듣지 않고 여관종업원의 말만 듣고 대문으로 나가는 것을 쏘았다고 주장하는 것은 부당하다고 비판하고, 상대방이 총을 겨누고 덤벼드는 데 생명의 위급을 느끼지 않을 사람은 없을 것이며 뒤에서 쏘았다는 증거가 없는 이상 살인이 아니라 정당방위라고 주장했다.

국회는 5월 14일 부산형무소에 수감된 서민호 의원에 대한 석방결의안을 제출, 재석 103명 가운데 94표로 가결하였다. 반대는 한 표도 없었다. 그는 이날 국회의 석방결의에 따라 석방되었다.[30]

이승만 대통령이 5월 25일 느닷없이 계엄령을 선포하면서 그는 재수감되었다. 계엄선포의 큰 목적은 대통령직선제를 강행하는 데 있었지만, 그를 재수감하는 데 곧바로 적용되었다. 그리고 군사재판에 넘겨졌다.

살인사건도 충격적이거니와 국회가 서 의원에 대한 석방 결의를 했던 것이 이 대통령에게 얼마나 큰 충격을 주었던가는 경무대를 찾아간 신익희 의장에게 대통령이 한 말로도 짐작할 수 있다. 대통령은 이렇게 분개했던 것이다.

"…국회가 그래 무엇을 하자는 국회야, 민의에 배반해서 아무거나 결정하기만 하면 국회라고 해공(신익희 아호—필자)은 생각합니까. 살인자는 사(死)야. 우리 군인 대위를 죽인 자를 가두었더니 그래 국회의원이라 해서 석방을 시키고…이게 잘했다는 말입니까?"[31]

당시 국회출입 민완 기자이던 김진배는 "서민호가 이승만 정권의 가시였음은 틀림없다. 그는 누구보다도 앞장서 국민방위군사건과 거창 양민학살사건을 파헤친 사람이었고 서범석·엄상섭·정헌주·김의준·권중돈·이석기 등과 함께 '七七구락부'를 만들어 반정부공세를 펴 왔었다. 국회의원 소환운동이 벌어지자 '소환하라'는 정도를 넘어 '타도하라'는 삐라가 붙여진 한 사람이었다."[32]고 상황을 기록했다.

---

30) 김진배,《비화 제2공화국》,《동아일보》, 1973년 11월 17일.
31) 앞과 같음.
32) 앞과 같음.

서 의원이 이례적으로 경호원을 네 명이나 데리고 지방에 갔던 것이나 권총의 안전장치를 푼 채 포케트에 넣어두고 있었던 것도 만일의 사태에 대비하자는 것이었다. 서민호는 누군가의 사주, 틀림없이 정부 고위층의 사주에 따라 서창선 대위가 자기를 살해하려고 여수에서부터 미행해왔음에 틀림없다고 주장하고 있다.

"나도 이승만 독재의 희생이 되었지만 서창선 대위에게도 동정이 갑니다. 그 젊은 사람이 누군가의 지시에 따라 나를 죽이려고 했던 것으로 봐요. 순천으로 떠나기 며칠 전 장택상부의장이 만나자고 해서 갔더니 "이 박사가 당신을 잡으려 하니 왜관에 있는 우리집안 제각에 잠깐 피신하는 게 어떻겠소…"라고 해요. 그러나 나는 어떤 위험이 있더라도 순천에 가기로 결심했지요. 부산에서 여수로 오는 배안에도 군복차림에 노란 목도리를 한 청년이 다발총을 메고 우리를 미행해왔어요. 더구나 서 대위가 평화여관에 오기 전에 다방에서 몇 사람의 청년들과 차를 마시며 "오늘밤은 무슨 일이 있어도 해치워야지"라고 말했다고 그래요…그게 무슨 뜻이겠나이까."[33]

거창민간인학살사건 폭로 암살위기 겪기도

그는 전시라는 극한적인 상황에서도 이승만 정권에 의해 자행되는 민간인 학살과 권력형 부정부패에 몸을 사리지 않고 폭로하고 정부를 질타했다. 제주도에서 훈련을 받다가 영양부족과 추위로 두 다리를 못

---

33) 앞과 같음.

쓰게 된 2명이 찾아와 사정을 호소하면서 진상규명에 나서게 되었다.

　　나는 이 의혹사건을 철저히 고발하여 이승만 씨로부터 미움을 받은 반면
에 국민의 여론은 나에게 절대적인 지지를 보내주어서 국회의원으로서, 긍
지를 갖게 되었으며, 몸은 쓰러지더라도 국가와 민족을 위하여 끝까지 싸워
야겠다고 결심하였다. 또한 내가 이 사건을 고발하려 국회에 나갈 때마다 나
에게 무슨 위험이 뒤따를 것이라는 생각에서 가족에게 유서까지 써놓았
다.34)

　　국민방위군사건과 비슷한 시기인 1951년 2월 11일 경남 거창군 신
원면에서 국군에 의해 민간인 600여 명이 집단 학살당했다. 육군 제11
사단 3대대 병력은 공비토벌이라는 명분으로 현지에 출동하여 주민 1
천여 명을 신원초등학교로 모아 놓고, 경찰 및 지방유지 가족을 골라낸
뒤 산골짜기로 끌고 가 집단학살한 뒤 휘발유를 뿌려 시신을 불태웠다.
이 같은 만행은 인근 대현리·덕산리 일대에서도 자행되었다.
　　현지 주둔군은 이 학살사건을 은폐하려고 피해 현지와 외부와의 왕
래를 차단하고 생존주민들에게 실상을 발설하는 자는 공비로 간주, 총
살하겠다고 위협했다. 그러나 사건 뒤 약 한 달이 지난 3월 21일 제11
사단이 스스로 진상보고서를 육군과 국방부에 올리지 않을 수 없었다.
사단장 최덕신의 이름으로 된 보고서는 "사살주민의 대부분이 양민이
어서 군에 대한 신뢰가 땅에 떨어지고, 이밖에도 부녀자 강간, 물품
강요, 재산약탈 등으로 주민들이 분노하고 있다"는 내용이었다.

---

34) 〈이 정권과의 투쟁(25)〉.

국민방위군 사건으로 궁지에 몰려 있던 신성모 국방장관은 "외국의 원조로 전쟁을 수행하고 있는 마당에 이 같은 군의 비행이 외국에 알려지면 전쟁 수행에 지장을 초래하고 군의 사기를 해친다"며 사건을 묵살할 것을 지시하는 한편, 3월 중순 현장을 답사한 뒤, "희생자 수는 187명이며 모두 공비분자였다"고 허위로 날조했던 것이다.

신성모의 허위발표에도 불구하고 서민호 · 엄상섭 의원 등이 조사한 진상을 발표하고, 국회는 장면 총리, 신성모 국방, 조병옥 내무, 김준연 법무 등에게 합동조사단을 구성, 현지 조사하도록 결의했다. 서민호 · 신중목 · 이충환 의원이 국회의 조사위원이 되었다.

국회와 합동조사단은 51년 4월 7일 신원면으로 들어가려 했으나 조사활동을 방해하기 위해 공비로 가장한 군인들의 공격을 받고 어쩔 수 없이 철수했다. 이후 다시 진상조사가 실시되고 헌병사령부는 제9연대장 오익경, 제3대대장 한동석 동 대대 정보장교 이종대 등을 구속, 군법회의에 회부했다.

51년 7월 27일 대구에서 열린 중앙고등군법회의에 이어 12월 26일 선고공판에서 김종원 징역 3년, 오익경 무기징역, 한동석 징역 10년, 이종대에게 무죄를 선고하여 거창사건의 책임추궁은 일단락되었다. 그러나 이들은 1년 만에 모두 석방되고 오익경 · 한동석은 현역으로, 김종원은 경찰 고위간부로 재기용되어 많은 의혹을 남겼다.[35]

서민호는 이 두 사건의 진상을 파헤치는 데 누구보다 앞장섰다. 많은 의원이 몸을 사리고 침묵할 때 그는 위험을 무릅쓰고 할 일을 하고자

---

35) 김삼웅, 앞의 책, 65~66쪽.

했다.

　국민방위군사건으로 정부의 내게 향한 감정은 악화될 대로 되었는데 또
이런 거창한 사건을 끌고 나와 소란을 피우는 서민호라는 인간을 눈 안의
가시처럼 증오하기에 이르렀던 것이다. 그래서 주위의 친지들은 심상치 않은
이 정권의 위협에서 나를 끌어내리려고 많은 우의를 보였지만, 부정을 보면 끝
까지 대결하겠다는 내 무서운 고집을 꺾지 못했다. 나는 단독으로라도 싸울
결심을 했다. 마침내 국회조사단의 구성을 제안하였고, 이 제안을 놓고 논란
(論難)을 거듭한 끝에 1951년 4월 1일 드디어 조사단이 구성되었다.(…)
　그러나 이 조사단이 구성되자 또 하나의 큰 문제에 봉착하게 되었다. 내가
조사단의 일원으로 거창으로 떠나려할 때 엄상섭, 서범석 의원 등은 현지에
가면 무서운 결과가 초래될 뿐이니 앞일을 위하여 자중하는 것이 좋겠다는
의견을 말해왔고, 만약 내가 현지에 나타나기만 하면 어떤 수단으로든지 암
살시키라는 지령이 내려졌다는 엄청난 정보도 입수하였다. 그리고 조사단원
은 꼭 신성모 국방장관 차에 동승해야만 신변이 안전할 것이라고 했다.36)

이승만의 독주에 맞서다

　예나 지금이나 최고권력자에게 '찍히면' 살아남기가 쉽지 않다. 서민
호는 미국 유학시절 이승만이 임시정부에서 탄핵당하고 지극히 어려웠
을 때 그를 지원하고, 해방 후 그가 환국하여 정치 활동을 시작하자

---

36) 〈이 정권과의 투쟁(27)〉.

그의 편에 섰다. 하지만 이승만 부부에 대한 충언을 했다가 찍히게 되고 나서도 치열한 의정 활동으로 제거의 대상이 되기에 이르렀다.

이승만의 정적 또는 라이벌은 비참하게 처리되었다. 제헌의원 선거 당시 서울 동대문구의 경쟁자였던 독립운동가 최능진은 6.25 전란기 군법회의를 통해 사형선고(집행)되고, 그의 최측근들인 88구락부의 김구 암살, 제4대 대통령선거 당시 경쟁자 진보당후보 조봉암의 사법살인 등이 이에 속한다.

서민호는 "이승만이 자신이 국회조사단으로 현지에 나타나기만 하면 어떤 수단으로든지 암살시키라는 지령이 내려졌다. 엄청난 정보를 입수하였다."고 폭로하고, 동료의원들의 만류로 합동조사단의 활동에서는 빠졌다. 정권의 실세 장택상이 "이 박사가 당신을 잡으라고 하니 잠깐 피신을 하는 게 좋을 것 같다"고 권유하기도 했다.

6 · 25한국전쟁 발발 2년 차인 1952년이 되었다. 이승만의 임기가 끝나고 제2대 대통령선거가 실시되는 해이기도 했다. 1951년 7월 개성에서 처음으로 휴전회담이 개최된 데 이어 10월 25일 판문점에서 정전회담이 열렸다. 전쟁은 소강상태에서 휴전(정전)으로 차츰 방향이 바뀌고 있었다.

이승만은 대통령 재선을 위해 여러 가지 계략을 거듭하였다. 국회의석의 분포로 봐서는 도저히 재선이 불가능한 구도였다. 그래서 짜낸 것이 대통령직선제 개헌이었다. 상식적으로 대통령선거가 직선제라도 전시 아래서는 간선제로 바꾸는 것이 도리일 터인데 이승만은 거꾸로였다. 국가의 안위나 일반 상식보다 자신의 권력욕을 우선시한 것이다.

이승만은 제2대 대통령선거에 대비하면서 1951년 11월 23일 자유당을 발족시켰다. 원내의 공화민정회, 원외의 국민회, 대한청년단, 대한노총, 대한부인회, 농민조합연맹 등의 대표들을 모아 신당발기준비협의회를 구성했다. 그러나 당의 주도권을 둘러싸고 원내파와 원외파로 분열되었다. 원내파는 이갑성을 중심으로, 원외파는 이범석을 중심으로 각각 자유당을 발족, 하나의 이름으로 두 개의 정당이 만들어지는 기형적인 모습으로 자유당이 창당되었다.

이승만은 재집권을 위한 대통령 직선제 및 양원제 개헌을 앞두고 두 개의 자유당을 하나로 통합하여, 악명 높은 자유당을 만들었다. 자유당은 향후 10여 년 동안 집권당으로서 온갖 악행을 자행하게 되었다.

이승만이 1951년 11월에 제안한 대통령직선제 개헌안은 공고 기간을 거쳐 1952년 1월 28일 국회의 표결 결과 재적 163명 가운데, 가 19, 부 143, 기권 1로 부결되는 참패로 끝나고 말았다. 민국당 등 야권은 여세를 몰아 1952년 4월 국회의원 123명이 내각제를 골자로 하는 개헌안을 국회에 제출했다. 이에 당황한 이승만은 5월 14일 국회에서 이미 부결된 직선제 개헌안을 다시 꺼내 맞불을 놓았다.

직선제 개헌안이 국회에서 부결되자 이승만은 자유당과 그 방계 단체인 국민회, 한청, 족청 등을 동원하여 1952년 1월 말부터 백골단 · 땃벌떼 · 민중자결단 등의 명의로 국회의원 소환 벽보와 각종 삐라를 살포하는 등 공포분위기를 조성하였다. 또 전국애국단체 명의로 대통령직선제와 양원제 지지 관제데모, 가두시위, 국회 앞 성토대회, '민의 외면한' 국회의원 소환요구 연판장 등 광적인 이승만 지지 운동을 전개하였다.

관제데모와 경찰의 방관 · 방조 등으로 국회와 사회의 반이승만 정서는 더욱 고조되었다. 이에 따라 야당은 국회에 개헌정족수인 3분의 2보다 1표가 더 많은 123명이 내각책임제 개헌안을 제출하기에 이르렀다. 국회의 분위기가 내각책임제 개헌으로 기울게 되자 이승만은 드디어 강압적인 수법을 동원했다.

합법적인 방법으로는 직선제 개헌이 불가능하다고 판단한 이승만은 5월 25일 정국혼란을 이유로 부산을 포함한 경남과 전남북 일부 지역에 비상계엄을 선포하고 영남지구계엄사령관에 측근 원용덕을 임명하는 등 군사력을 개헌 공작에 동원했다. 적과 대치 중인 전방 전투부대까지 후방으로 빼내어 계엄령을 선포한 것이다.

계엄사령부는 즉각 언론검열을 실시하는 한편 내각책임제 개헌추진을 주도한 의원들의 체포에 나섰다. 서민호·곽상훈·서범석·권중돈·정헌주·이석기 의원 등이 체포되었다. 5월 26일에는 국회의원 40명이 타고 국회에 등청하는 통근버스를 크레인으로 끌어 헌병대로 연행하였다.

이런 상황에서 이시영·김창숙·김성수·장면 등 야당과 재야 원로들은 부산에서 호헌구국선언대회를 열어 이승만 독재를 규탄하고 나섰다. 그러나, 6·25기념식장에서 김시현·유시태 등의 이승만 암살미수사건이 일어나면서 야권은 완전히 전의를 잃게 되었다.

장택상은 기회를 놓치지 않고 국회해산을 협박하면서 발췌개헌안을 제안했다. 발췌개헌안이란, 정부가 제출한 대통령직선제와 양원제에다 야당이 제안한 개헌안 가운데 국무총리의 추천에 의한 국무위원의 임명, 국무위원에 대한 국회의 불신임결의권 등을 덧붙인, 두 개의 개헌안을 절충형식을 취한 내용이었다.

발췌개헌안은 7월 4일 심야에 일부 야당 의원들을 강제연행하고, 경찰·군대와 테러단이 국회를 겹겹이 포위한 가운데 기립표결로서 출석

166명 가운데 가 163명, 기권 2명으로 의결하고, 7월 7일 공포하였다. 비상계엄은 28일 해제되었다.

발췌개헌은 이승만의 권력 연장을 위한 사실상 친위쿠데타였다. 개정 헌법에 따라 8월 5일 실시된 첫 직선제 대통령선거에서 이승만은 74.6%의 득표로 제2대 대통령에 당선되고, 조봉암과 이시영은 각각 유효표의 11.4%, 10.7%를 획득했다. 전시 아래 펼쳐진 이승만의 일방적인 선거운동의 결과였다. 정치 상황을 다소 길게 소개한 것은 서민호를 재구속하게 된 과정을 살피기 위해서이다.

생명위협 느끼며 4통의 유언을 쓰다

서민호는 생명의 위협을 느꼈다. 국회의 석방결의로 풀려났는데, 비상계엄을 선포하여 재구속하고 순천경찰서에 구치시켰다.

> 밤이 깊었을 무렵 한경록 경찰국장을 비롯한 몇 사람의 경찰간부들이 순천서내에서 나에 대한 얘기를 주고 받으며 맥주를 마시고 있었다. 좌중에서 한이 육중한 음성으로 "야쯔 도오도 가깠다나 사이간배이. 아게요(그놈은 드디어 걸려들었다. 자, 건배를 들자)."라고 떠들어대는 소리가 내가 구속되어 있는 유치장에까지 들려왔다. 그리고 계속 무슨 말끝에 "이제 서민호는 매장되었다. 오늘 밤 12시면 넘어간다."고 하는 말을 들었다.[37]

---

37) 〈이 정권과의 투쟁(35)〉.

그는 순간적으로 긴장했다. 이 자들이 오늘 밤 12시에 무슨 짓을 할지 모른다. 시국은 전시이고 비상계엄령이 선포되었다. 군인들이 백주에도 선량한 마을 주민들을 집단 학살한 시대였다. 하지만 달리 생명을 부지할 방법이 없었다. 그래서 유언장을 썼다. 신익희 국회의장과 그동안 뜻을 같이해온 엄상섭 의원, 자식들과 아내에게 남기는 유언장이다.

신 의장님!
독재자의 횡포로 국정은 나날이 어려워가는 이 절박한 현실을 눈앞에 두고 뜻하지 않았던 불상사로 그들에게 묶인 몸이 되었습니다.

아무래도 독재자가 파놓은 함정을 벗어날 길은 없을 것 같아 초조와 번뇌 속에서 다만 이 나라 민주주의를 위하여 그들과 끝까지 싸우지 못하고 억울하게 숨질 불초 의원은 간곡한 부탁을 드립니다.

신 의장님! 여러 동지를 이끌고 이 땅에 민주의 꽃이 활짝 필 그날까지 투쟁해 주시리라 확신하면서 못다 한 조국의 과업을 이룩하기 위하여 독재자의 총 앞에 서민호의 몸 하나 쓰러졌다고 해서 민주정신마저 쓰러진 것은 아니라고 자부하겠습니다.

부디 천추의 한을 남긴 채 젊은 날에 숨겨간 서민호의 고혼이 머지않은 앞날에 민주주의의 기치 아래 편히 잠들게 하소서….

도탄에 빠진 국민의 고통이 해결되고 독재자의 그림자가 이 땅에서 사라진 뒤 평화가 있을 그날까지 안녕을 빕니다.

엄상섭 의원에게!
드디어 독재자의 마수에 목덜미를 잡히고만 내가 어찌 내일을 기약할 수 있으며 언제 저들이 나를 헤칠는지 실로 예측할 수 없는 일이 아니겠습니까?

내게 씌워진 죄명이 무엇이든 간에 훗날 나의 사건을 국민 앞에 정당히 밝혀 주신다면 이 땅의 민주주의를 위한 밑거름으로 이 한 몸을 바쳤음을 기쁘게 생각하며 저세상에서나마 편히 쉬겠습니다. 다시는 독재자의 발굽 아래 희생의 재물이 되는 불행한 동지들이 없기를 바라면서 옛날처럼 당신과 함께 의정단상에서 독재자의 부정을 폭로하여 국민의 억울함을 대변할 수 없음이 못내 아쉽고 서글픈 감회가 마음을 심란케 하는군요.

엄 의원님! 부디 초지일관 독재자와 투쟁하여 그들의 부정을 뿌리 뽑고 민주주의 목적을 달성하여 온 백성이 풍요와 평화 속에 즐거운 삶을 누릴 수 있는 그 날까지 안녕히 계십시오.

사랑하는 자식들에게!

너희 5형제를 남겨두고 언제 유명을 달리할지 모르는 아비는 목에서 피가 넘어올 것 같은 비장한 마음으로 너희들에게 마지막이 될지 모르는 이 글을 쓰고 있다.

이 아비가 이 나라의 민주수호를 위하여 잔악한 독재자와 투쟁하다 비명에 간다 하더라도 남아 있는 너희들은 나의 정치신념과 애국 애족했던 마음을 계속 받들어 최후까지 싸워주기 바란다.

큰애 원룡아 너는 우리 집안의 장남으로서 책임이 막중함을 가슴에 깊이 새겨서 아래로 여러 형제와 우애 있는 화목한 가정을 꾸리도록 최선을 다해 다오.

다만 너희들에게 아비로서의 애정을 한껏 쏟아보지 못한 채 허구한 날 정치 활동에 몸담고 국가와 민족을 위하여 파란 많은 수난의 생활로 너희들을 불안하게 했던 것이 미안할 뿐이다. 지금도 아비는 대의를 위하여 조금도 부끄러움 없이 값있는 생을 살았다고 보람을 느낄 수 있다만, 내 손으로 독재자의 아성을 무너뜨리지 못한 채 그들에게 억울하게 당한 게 분하고 원통할 뿐이다. 부디 너희들은 아비의 원한을 통렬히 생각하여 독재와 싸우며 애국애족하고 정의감에 빛나는 내 자식들이기를 기원하면서 목메인 심정을 더 쓰지 못하고 필을 놓는다.

내 자식들에게 신의 가호가 있기를.

부인에게 이 글을 남기오. 오늘밤은 왜 이리 유치장의 실내 공기가 적막하고 스산한지 모르겠소. 밖에는 칠흑처럼 어둡고 봄에 뿌리는 밤비가 처량하기 그지 없구료.

여보! 당신께 할 말이 너무나 많소. 나를 만나서 오붓한 가정생활도 제대로 못 해 보고 1년이 멀다 하고 감옥 생활로 당신을 놀라게 했으니 말이오. 그런데 또 이 잔악한 독재자의 마수에 붙잡혔으니 어떤 극단적인 불행이 불시에 밀어 닥칠는 지 모르는 일 아니겠소.

마음을 가다듬고 단정한 자세로 내 마지막 글을 읽어 주시오.

부디 냉정하고 엄숙한 마음으로 나의 최후를 받아들이구려. 너무 감정에 휘말려 건강을 상하지 마오.

나는 억울한 죄명으로 독재자의 부정부패를 위하여 제물이 되었지만 나의 깊은 구국의 길이요. 뜻 있는 죽음이니 훗날 사가들이 이를 증명하여 줄 것이오. 당신은 내 뜻을 저버림 없이 현명한 여자로서 또 어머니로서 자식들을 잘 보살펴 주시라 믿소.

여보! 백년해로 하자하고 만났으나 먼저 떠나야 하는 심정이 몹시 울적하구려. 인간은 신이 아니기에, 이리도 많은 미련 때문에 몸부림쳐야 하나 보오.

　너무나 긴 얘기 많으오만 자꾸만 가슴이 산란해져서 여기서 아쉬운 대로 끝을 맺겠소. 부디 오래 정결하고 부덕이 높은 여자의 길을 닦아보시오.

　그럼 하루속히 마음의 평정을 찾으시길 빌겠소….38)

　암살자들의 '거사'는 실행되지 않았다. 사령탑의 의사인지 집행팀의 변심인지는 헤아릴 길이 없다. 분명한 것은 독 안에 갇혔는데 굳이 손에 피를 묻힐 필요가 없었을 것이란 추론이다. 하지만 '숨쉬기'의 생명이 연장되었을 뿐으로 그의 육신은 긴 세월을 감옥에 갇힌 신세가 되었다. 이후 그가 기록한 재판 과정의 고난에 찬 역정이다.

　△5월 22일 부산지방법원서 공판 개시.

　△6월 4일 영남고등군법회의로 이송.

　△6월 30일 대구고법 구류집행 정지 결정을 취소. 다시 구속.

　△7월 1일 고등군법회의 사형언도. 국회의원 130명 연서 재심리의 청원서 제출.

　△7월 4일 대통령이 원 게엄사령관에 재심지시.

　△8월 1일 군법회의 재심 끝에 8년 징역 선고.

　△1953년 5월 6일 계엄령 해제. 부산지검으로 이송.

　군법회의 7차 사형선고, 1차는 언도. 국회의원 엄상섭, 양병일, 윤형남 · 김의준 · 조재천 · 정구영 제씨 변호단 구성. 관선 변호인으로는 이일, 장우영 · 김달호 제씨.

　△7월 26일 검찰은 살인죄만으로는 무죄 가망성이 있으므로 돌연 부산지법은

---

38) 〈이 정권과의 투쟁(35)〉.

'배임'과 '업무횡령' 두 가지를 첨가 병합심리로 결정.

△10월 20일 판결. 배임은 징역 10월에 집행유예 2년, 미결구류 160일 통산. 살인, 업무횡령은 무죄. 법의 정의 건재. 관여 검사 불복공소, 나도 불복공소.

△1954년 4월 22일, 대구고법 판결. 배임 10월 집행유예 2년, 미결구류 270일 통산.

살인은 면소, 업무횡령 무죄언도. 나는 대법원에 상고, 검사도 상고.

△1955년 1월 16일 대법원은 '원 판결 파기 대구고법에 환송'의 판결을 내림.

△5월 24일 대구고법재심리, 배임 징역 10월 미결구류 2백 70일 통산, 살인면소, 업무횡령 무죄의 판결. 검사 또 대법원에 즉시 항고.

△9월 16일 대법원 상고 기각의 최종 판결을 내림.

그리하여 결국 1952년 5월 1일 영남고등군법회의가 선고한 징역 8년이 확정. 이상 4년 3개월 21일의 긴 재판기록을 수렴.

△그 결과 미결의 구류생활이 4년 3개월 21일, 부산형무소 1년 7개월(마산헌병대 잠시 이감) 대구형무소 3년, 대전형무소 3년 6개월 동안 복역타가 1960년 4월 29일 8년 5일 만에 출옥함.[39]

손자 이름 치이(治李) · 치승(治承) · 치만(治晩) 짓도록

서민호는 49세이던 1952년 4월 25일 서창선 대위 살해사건으로 경찰에 자수하여 구속된 이후 국회의 석방결의안으로 잠시 풀려났다가 계엄선포로 재구속되어 장장 8년을 대구와 대전형무소 등에서 복역하

39) 서민호, 《명인 옥중기》, 110~111쪽, 희망출판사, 1966.

였다.

1959년 11월 9일 어머니가 별세했으나 정부는 귀가조치를 해주지 않았다. 3일간 단식으로 못다한 효심을 표시했다. 면회도 월 1회로 제한하고, 신문과 잡지의 구독도 금지시켰다. 주위에서 이승만 대통령에게 진정서를 내면 풀려날 것이라는 제안도 있었으나 수용하지 않았다. 고혈압과 탈장으로 신음하면서 병감으로 옮겨 줄 것을 요청했으나 역시 받아들이지 않았다.

장남(원룡)이 결혼한다는 소식을 가족 면회에서 알게 되었으나 결혼식에도 참석할 수 없었다. 얼마 후 손녀가 태어났다고 한다.

> 손녀가 출생했다는 기쁜 소식을 들었고 손녀의 이름을 작명해주기를 바라는 것이었다. 그래서 나는 손녀의 이름을 치이治李라고 지어 주었다. 그리고 그 후 다시 손자를 보게 되어 손자 이름도 치승治承이라고 명명하라고 일러 주었다.
>
> 내가 손자 손녀의 이름을 그와 같이 작명토록 한 것은 꿈에도 잊지 못하고 나의 뼈에 사무치도록 증오하는 독재자에 대한 앙갚음을 깊이 잊지 않기 위한 심정에서였고 "이승만을 다스린다"는 뜻으로 손자 손녀에게까지 '반 이승만의 사상'을 고취한다는 뜻에서였다. 그리하여 내가 죽으면 자식이, 자식이 죽으면 손자 때까지라도 3대 사업의 정치적 신조로 삼자는 것이다.[40]

얼마나 한이 맺혔으면 손자들의 이름에 "이승만을 다스리라"는 의미를 담도록 하였을까. 이와 관련 서민호의 소견을 들어보자.

---

40) 《명인 옥중기》, 116쪽.

사실 나는 정치인으로서 이 나라 민주주의를 위하여 옳다고 생각하는 점에 대하여 굳은 신념과 정의를 가지고 싸웠다. 오직 여기에는 자연인이며 개인적인 관계에 있어서의 나와 이승만 씨 와의 모든 것을 초월하여 싸운 것이 그의 정적으로 낙인을 받게 되었고 결국에는 개인적이며 공적인 면에서까지 그의 미움을 받게 되어 생명의 위협을 여러 차례에 걸쳐 받았으며 그후 그가 사주한 듯한 서창선의 저격으로부터 내 몸을 수호하기 위한 순천사건이 정당방위임에도 불구하고, 그는 오직 내가 정적이라는 데서 끝까지 불법재판으로 나를 죽이려고 한 위인이기 때문에 정치적 대립 관계에서보다 인간적인 면에서 증오의 대상 인물이 아닐 수 없었던 것이다.

　　그의 정치적 공죄를 떠나서도 인간적인 면에서 논해 볼 때 아무리 그가 정치가인 면에서 정치적 자신의 재확대와 확충을 위하여 독재정치를 자행하기 위해서의 잔인한 방법을 썼다고 하더라도 그 방법과 비인간적인 처사는 전 세계적인 군주들의 수법 그대로였기에 나의 그에 대한 적개심과 분노는 더 한층 깊어진 것이다.

　　정치인도 정치인이기에 앞서 인간적이어야 한다. 이 인간적인 기조 위에 정치를 해 나가야만 이것이 옳은 정치요 민중과 통하는 정치가 되어 민중의 지지를 받게 되는 것이다. 그러나 불행히도 그의 정치에는 이 귀중한 휴머니즘이 결여되고 있었던 것이다.41)

---

41) 앞과 같음.

이승만 파멸의 무덤 3.15부정선거와 4월혁명

서민호가 양심수가 되어 혹독한 옥고를 치르고 있을 때 이승만 자유
당 정권은 신생정부 초기의 황금과 같은 시기를 1인 전재와 부정부패의
늪에서 허우적대고 있었다.

"독재자는 호랑이를 타고 이리저리 뛰어다닌다. 그는 결코 호랑이
등에서 내리려 하지 않는다. 호랑이는 점점 배가고파 간다." - 영국
수상을 지낸 처칠의 말이다. 이승만을 포함하여 세상의 크고 작은 독재
자들은 호랑이를 타고 위엄을 부리다가 종국에는 호랑이에게 잡혀 먹
히고 만다.

이승만은 호랑이 등에서 내리려 하지 않았다. 본인도 본인이지만,
그동안 호랑이의 위세를 빌려 행세해온 여우[狐假虎威]들이 늙은 독재
자를 끌어안고 놓아주지 않았다. 물론 거기에는 '국부'로 자처하면서
군주의식에 취해있는 이승만 자신이 도사리고 있었다. 왕조시대의 군
주의식에 사로잡혀 있는 이승만과 권력의 단맛을 즐겨온 측근들의 합
작품이었다.

이승만 집권 12년 동안 정치는 절제를 잃었고, 국민은 초근목피의
상태, 특권층의 사치는 극치를 이루고, 프란체스카와 박마리아 (이기붕
의 처)가 정치를 요리하고, 시장 · 군수 · 경찰서장 · 군장성의 진급에는
'정찰제'가 붙고, 생계형 살인강도 사건이 줄을 이었다.

이승만의 권력욕은 나이가 들어도 수그러들 지 않았다. 1960년 5월 무렵 실시 예정인 제4대 대통령선거에 다시 나서기로 했다. 1875년생이니 이때 나이가 만으로 치면 86세였다.

제3대 대통령선거가 1956년 5월 15일에 실시되었으니 제4대 대통령선거를 정상적으로 실시한다면 1960년 5월 중순경이라야 했다. 하지만 이승만 정부는 제1야당 조병옥 민주당 후보가 신병치료차 도미하고 있을 때, 3월 15일 조기 선거 실시를 공고했다. 명분은 농번기를 피한다는 것이지만 뻔한 속셈이었다. 조병옥의 병세를 알고 조기 선거를 공고했는데, 2월 15일 그가 미국에서 급서함으로써 민주당은 두 번째 대통령 후보를 잃게 되었다. 정부에 선거 연기를 요구했지만 들어줄 리 만무했다.

야권은 4년 전 신익희 후보가 사망하고, 이승만의 라이벌이었던 조봉암이 1949년 7월 처형당한 데 이어 조병옥 후보마저 잃게 되었다. 이런 연유로 세간에서는 "이승만은 하늘이 낸 사람"이란 말이 나돌았다. 물론 자유당과 어용언론들이 유포한 유언이었으나, 그렇게 믿는 국민도 적지 않았다.

이승만의 단독후보가 된 대통령선거는 이미 떼놓은 당상이지만 문제는 부통령 쪽이었다. 노령의 이승만에게 언제 유고가 발생할지 모르는 상황에서 부통령의 존재는 실로 막중하였다. 자유당 수뇌부가 장면 부통령을 암살하려 했던 것도 유사시 대통령직 승계를 막으려는 이유 때문이었다. 4년 전의 '악몽'을 잊지 못하는 이승만과 자유당은 수단 방법을 가리지 않고 이기붕을 당선시키고자 했다. 파멸의 길이었다.

이승만과 이기붕은 제4대 정·부통령선거에 대비하여 1959년 3월 가장 충직하다고 믿는 최인규를 내무장관으로 하고, 재무 송인상, 부흥

신현확, 농림 이근직, 교통 김일환을 각각 국무위원인 장관에 기용했다. 최인규는 조선생명보험주식회사 출신이지만 외자청장·제4대 민의원, 교통부장관을 지내면서 보인 충직성은 사활이 걸린 선거의 대사를 맡기기에 충분하다고 보았다.

최인규는 취임사에서 "공무원과 공무원 가족은 대통령과 정부의 업적을 국민에게 선전해야 하며 이 같은 일이 싫은 공무원은 그 자리에 있을 필요가 없다"고 공무원들을 공공연하게 협박하면서 선거에 동원했다. 최인규는 1959년 11월부터 전국 각 시도 경찰국장, 사찰 과장 및 경찰서장 그리고 군수·시장·구청장 회의를 수시로 소집하거나, 지역별 또는 직능별로 소집하여 부정선거를 지령하였다. 최인규는 각 지방의 도지사·시장·군수·경찰서장의 사표를 미리 받아놓고 부정선거에 협력하지 않거나 선거결과가 좋지 않으면 수리하겠다고 엄포를 놓았다.

자유당 말기 대학·언론·문화·예술계에는 이른바 '만송족晩松族'이란 해괴한 어용집단이 등장하여 주류를 이루었다. 이기붕의 아호를 따서 불리게 된 '만송족'은 이기붕 부통령 만들기의 전위그룹으로 활동하였다. 여기에는 많은 어용언론·지식인·예술인·종교인들이 참여하였다. 이승만은 '신성불가침'의 성역에 놓이고, 이제 유사시에 그를 이을 '이기붕 선생'을 부통령에 당선시키는 일이 이들의 급선무였다. 이것은 이승만의 지침이기도 하였다.

1960년이 열리자마자 진행되는 이승만 정권의 폭압과 부정선거운동이 민주주의의 기본마저 허물어뜨리고 전개되자 학생들은 더이상 침묵하지 않았다. 맨 먼저 나선 것은 고등학생들이었다.

민주혁명의 도화선이 된 것은 대구 경북고교생들이다. 2월 28일 학생들은 민주당 선거강연회 참석을 방해하기 위해 일요일의 등교에 항의하여, 그동안 관제 데모에만 동원되어 온 학생들이 최초로 반기를 들었다. 학생들은 학원의 정치 도구화에 더이상 침묵하지 않고 저항에 나섰던 것이다.

3월 15일 실시된 정·부통령 선거는 자유당 정권의 사전 계획대로 철저한 부정선거로 진행되었다. 4할 사전투표와 3인조, 9인조 공개투표 외에 △유령유권자 조작과 기권 강요 및 기권자의 대리 투표 △내통식 기표소 설치 △투표함 바꿔치기 △개표시 혼표와 환표 △득표수 조작·발표 등이 공공연하게 이루어졌다.

이성이 눈먼 시대에는 광기가 춤을 춘다. 전국에서 공무원, 교사들이 정부와 자유당의 지침에 따라 투개표소 참관인으로 선정되어 부정선거를 도왔다. 경찰과 반공청년단의 역할은 괄목할 만했다.

3·15선거가 부정과 폭력으로 자행되는 것을 지켜보고 많은 국민이 분노에 치를 떨었다. 그 가운데서도 가장 용기 있게 떨치고 일어선 것은 마산의 시민·학생들이었다.

마산시민·학생들은 3월 15일 오후 투표를 거부하고, 평화적으로 부정선거를 규탄하는 시위를 벌였다. 그런데 이를 강제해산시키려는 경찰과 투석전을 벌인 끝에 경찰의 무차별 발포와 체포·구금으로 다수의 희생자를 내게 되었다. 격분한 시민들이 남성동파출소를 비롯한 경찰관서와 변절한 국회의원 및 경찰서장 자택을 습격, 이 과정에서 경찰의 발포로 7명이 사망하는 등 80여 명의 사상자가 발생했다.

경찰은 주모자로 구속한 26명을 공산당으로 몰아 혹독한 고문을 가하고 정부는 마산의거를 국제 공산당의 조종으로 몰아붙여서 다시 시민들의 분노를 샀다. 경찰과 자유당. 반공청년단 단원들은 시위 학생들의 호주머니에 공산당을 찬양하는 삐라를 투입하여, 이들을 공산당으로 조작하려 들었다.

국민은 더이상 참으려 하지 않았다. 대통령의 담화나 경찰의 탄압에 더는 겁먹지 않았다. 3월 17일 진해고교생, 서울성남고교생, 전남여고생들이 데모를 벌였다.

3월 18일 부통령 당선자로 공고된 이기붕은 마산사건에 대한 기자들의 질문에 "총은 쏘라고 (일부는 '쓰라고'로 들었다 함) 준 것이지 가지고 놀라고 준 것은 아니다"고 말하였다. 명실공히 권력 2인자의 이 같은 발언은 시위진압에 나선 일선 경찰들에게 발포 명령으로 받아들여졌다.

제5대 국회의원 전국제1위 득표, 부의장

이승만이 하야한 다음 날(4월 27일) 국회는 서민호 석방결의안을 채택하였다. 이틀 뒤 그는 대전형무소에서 석방되었다. 서울역 광장에는 500여 환영인파가 독재자와 싸우다 긴 옥살이를 하고 풀려난 민주투사를 뜨겁게 맞았다. 민주당 동지들도 많이 나왔다.

서민호는 "우리 학생들의 그 많은 피의 댓가로 오늘의 이런 기쁜 해후를 갖게 되었다."고 소감을 밝히고 숭고한 젊은이들의 피에 보답하겠다는 다짐을 하였다. 큰아들 원룡의 집에서 꿈에도 그리던 손자 손녀(治李·治晩)를 만나 그들 이름을 지어 줄 때의 착잡했던 심경을 회상했다.

메디칼센터에서 감옥에서부터 앓았던 탈장 수술을 받고 요양 중일 때 이 대통령 암살 음모 사건으로 무기형을 선고받고 대구형무소에서 복역 중에 우의를 나눴던 김시현·유시태의 방문을 받았다. 동병상련의 선배들이었다.

국회에서는 윤형남·정일형 의원이 중심이 되고 12명이 서명하여 이승만 정권 아래 불법적으로 형사처벌된 서민호·김시현·유시태 등 6명을 사면·복권시킬 것을 제안하였다. 이를 위한 사면법 개정안을 제출한 윤형남 의원은 1인 독재에 반항하다가 투옥된 정치인들을 복권시키는 것이 4.19혁명 정신에 합치된다고 제안설명에서 강조했다.

전남의 유지들을 중심으로 '월파 동지회'가 구성되고, 서민호 복권운동이 전개되었다. 전주 시민 1,200여 명이 서명한 '복권 진정서'를 관계 당국에 제출하는 등 각계의 요청으로 허정 과도정부에서 서민호의 복권을 단행하였다. 서민호는 건강이 어느 정도 회복되자 어머니 상을 옥중에서 당했으므로 묘소를 참례하고 광주·벌교·고흥 등지에서 출옥강연회를 가졌다.

정국은 그동안 허정을 수반으로 하는 과도정부가 수립되고, 6월 15일 내각책임제 개헌안이 국회에서 통과되어 7월 29일 민·참의원 총선거에 임박했다. 그는 건강을 추스르면서 많은 생각을 하였다. 좀 더 요양을 하느냐 총선에 나가느냐의 고심이었다. 4월혁명으로 독재자가 쫓겨나고 과도기의 혼란을 수습하기 위해서는 정치적 안정이 시급한 과제였다. 그는 혁명정신을 수행하기 위해서는 원내진출이 중요하다고

▲ 국회 양원 합동회의에서 대통령에 당선한 윤보선 대통령에게 장면이 축하의 악수를 건네고 있다(왼쪽부터 윤보선 대통령, 장면 의원, 정일형 의원.1960. 8. 12.).

판단했다. 고향 유권자들의 요청을 뿌리치기도 쉽지 않았다.

　민의원선거에 민주당에서는 그가 복권되기 전에 이미 내정자가 있어서 무소속으로 고흥을구에서 입후보하였다. 투표 결과 전국 제1위 득표로 당선되었다. 그간의 반독재 민주투쟁을 유권자들이 평가해 준 것이다. 민·참의원 합동회의에서 선출한 대통령은 민주당 구파출신 윤보선이 당선되었다. 국무총리가 실권을 갖게 된 내각책임제의 총리후보로 자신을 천거하는 의원들이 있었지만, 8년여의 정치적 공백으로 엄중한 시기에 막중한 책임을 맡기에는 시기상조라고 판단, 이를 사양하였다.

　국무총리는 민주당 신파의 장면이 구파의 김도연과 경합 끝에 선출되었다. 서민호는 무소속으로 국회부의장에 선출되었다. 국회의장은 민주당의 곽상훈, 또 한 명의 부의장은 같은 당 이영준의원이었다.

　4월혁명 뒤, 한국사회는 오랫동안 계속되었던 압제가 풀리면서 과도한 주장과 욕구가 분출했다. 혁명의 주체였던 학생들 가운데는 당장 수용하기 어려운 정치적 요구를 들고나오고, 각종 시위가 그치지 않고 있었다. 정치인들은 학생들의 눈치를 살피느라 침묵하거나 외면할 때 서민호가 나섰다. 〈학생들에게 고한다〉는 논단의 뒷부분이다.

　　나는 여기서 학생들에게 일절의 세간사에 눈을 감고 상아탑 속에 끝내 창백하게 칩거해 있을 것을 요망하지는 않는다. 그리고 학생들이 제시한 주장의 어느 조목이고 너무나도 당연한 것이오, 그 하나하나에 젊은 학생들의 우국충정이 깃들어 있다는 것을 인정하는데 남의 뒤에 서기를 또한 원치 않는다.

　　그러나 학생들에게 감히 권하노니 4월 의거에서 한국의 학생들은 조국의 장래를 위하여 1세기를 단축했다는 찬사를 아끼지 아니한 온 세계 인민들이 그대들의 일거수일투족을 주시하고 있다는 것을 명심하고 그 감격적인 반독재 학생선언문의 정신을 상기하여 쇠말적인 사건에서 눈을 들어 좀 더 큰 것을 주시하면서 힘과 덕과 용기를 닦아 후일에 대비하기 위하여 되도록 초연히 학구속에 묻혀 연찬에 헌신함으로써 진실로 분노한 젊은이들이 얼마나 무서운가를….42)

유엔총회 한국대표단으로 참석

장면 정부는 집권과정에서 민주당이 신·구파로 분열하는 등 약체정권으로 출범했다. 그러다 보니 역사적인 혁명과업을 제대로 해내지 못하였다. 거국내각을 바라는 국민의 의견은 철저히 무시되었다. 서민호의 시각으로는 장 총리나 윤 대통령은 무능하고 박력이 없는 분들이었다.

장면 총리나 윤보선 대통령으로 말하자면 나의 선배요 존경하는 인격자이기는 하나, 한마디로 말해서 무능하고 박력이 없을 뿐만 아니라 뚜렷한 주관이 있지 않아서 도저히 그 당시의 난국을 극복할 수 있는 과단성을 보여줄 수 있는 가능성은 없었던 것이다. 차라리 학자풍의 원만하고 둥근 성격을 소유하고 있었던 장면 박사는 한국적 정치풍토에서는 어울리지 않는 정치인이기도 했다.43)

---

42) 서민호, 〈학생들에게 고한다〉, 《동아일보》, 1960년 11월 24일.
43) 〈이 정권과의 투쟁(49)〉.

그는 윤형남 의원 등과 자유당 치하에서 나라에 많은 과오를 저지른 사람들을 신상필벌의 원칙에 따라 공민권을 제한하는 법률안을 제안하였다. 이승만 정부가 친일반민족 행위자들을 처벌하는 반민특위를 짓밟으면서 남긴 폐악을 지켜봐 왔기에 이승만 정권 12년 동안 반민주·부패·부정선거 원흉들을 처벌하고 일정 기간 공민권을 제한하는 법률안이다.

그는 1961년 3월 28일부터 4월 29일까지 제15차 유엔총회 한국대표로 참석했다. 한국은 정식 회원국이 아니어서 옵서버 자격이었다. 1927년 귀국한 지 34년 만의 미국행이다. "내가 유엔에서 통렬히 깨달은 것은 한국의 통일을 유엔의 힘에만 의존할 것이 아니라 우리 스스로 연구 노력하는 자체의식을 보여줌으로써 유엔에서도 어떤 새로운 반응이 나올지 모르겠다는 것이었다. 나는 유엔에 참석하기 이전 그러니까 형무소에 있을 때부터 분단된 조국의 통일을 다각적인 면에서 연구 분석했고 좀 더 빠른 통일에의 길을 모색하려고 깊은 관심을 가져왔다."[44]

유엔총회를 다녀온 그는 5월 5일부터 9회에 걸쳐 《동아일보》에 〈유엔을 다녀와서〉란 제목으로 성과와 소감을 썼다. 주요 내용을 뽑았다.

내가 만나본 중립국가 대표들은 대다수가 한국문제는 먼저 당사자인 남북한 대표끼리 담판을 시작해서 이야기를 해보고 쌍방이 만족할만한 결론에 도달하지 못할 때 비로소 유엔에 돌고 나와 조정을 요청하는 것이 좋다는

---

44) 앞과 같음.

의견을 가지고 있었다. 대한민국이 유엔의 승인을 얻은 합법적인 정부임에는 틀림없으나 북한에 공산정권이 존재하고 있다는 엄연한 현실을 어떻게 무시 하느냐는 말투요, 앞에서도 말했듯이 유엔은 이미 해결의 장소가 아닌데 덮 어놓고 송두리째 들고 나오면 어떻게 하느냐는 말투였다.

그들은 한국이 북한과 한자리에 앉기를 꺼리고 무작정 유엔 일변도, 미국 일변도로 나오는 것이 못마땅한 모양이었다. 16개 참전국들의 태도에도 느 끼는 점이 많았다. 그들은 한국이 주장해온 종래의 통일방안에는 흥미를 잃 고 외면하기 시작하고 있는 것이다.

유엔은 상대하지 않고 독자적으로 해결하려면 모르되 적어도 상대로 하 려면 유엔의 공기를 알아야 하며 안다면 종래의 방식이 환영을 받지 못할 것 을 깨달아야 하지 않느냐는 것이다.

우리는 무엇을 해야 하는가? 우리는 지금 멀고 그러나 성스러운 목표 앞 에 서 있다. 그 도정이 형극의 길임은 말할 나위도 없다. 그러나 우리는 나아 가지 않으면 안 된다. 그리하여 이 운동은 마지막 단계에 이르기까지 계속되 어 나가야 할 것이다.

종적으로 몇 단계엔 가나 나누어질 우리들의 준비과정에는 횡적으로도 또한 몇 분야로 나누어가는 것이 효과적이리라.45)

그의 안목은 국내정치에서 통일문제로 넓어지고, 이후 정치인 가운 데는 드물게 통일문제에 관심을 쏟고 전문성을 갖추게 되었다.

---

45)《동아일보》, 1961년 5월 5일~13일, 발췌.

퇴행적 보수에 실망 혁신에 기대했으나

서민호는 4월혁명 후 집권한 민주당 신파의 장면 정부와 집권경쟁에서 패배하자 분당한 구파 신민당의 행태에 크게 실망하였다. 학생·청년들의 엄청난 희생의 대가로 독재자가 축출되고 새 공화국을 열었으면 의당 혁명정신으로 혁명과업을 추구해야 함에도, 극심한 분열과 정쟁으로 구태를 면치 못하고 있었다.

유엔총회 참석차 둘러본 국제사회는 급변하고 있는데 한국은 여전히 우물 안 개구리 모습이었다. 전면적인 변화와 변혁이 요구되었다. 그러나 기존의 체질화된 보수세력, 보수정당으로서는 감당키 어렵다고 보았다. 그는 일본유학 시절 대학 야구선수로서 정경과 교수이며 야구부장 이었던 아베 이소[安部磯雄]에게서 사회주의에 대해 많은 영향을 받았다. 아베는 교수직을 사임하고 민주사회주의 정당인 사회대중당의 초대 위원장이 된 인물이다.

해방 후 미군정기에 광주시장과 전남지사 시절 서민호는 치열한 반공주의자였다. 민주공화제의 새 나라, 새 정부를 수립하는 데 공산주의자들의 파괴행위에 단호하게 대처했다. 이후 이승만 정부의 극우적인 행태와 4.19공간에 보인 우파보수의 모습에 진저리를 치고 민주사회주의 이데올로기를 대안으로 인식한 것이다. 이 시기 혁신계의 움직임을 살펴본다.

이승만은 12년의 통치 기간 구호는 반공을 내걸면서 권력을 유지하였다. 평화통일론까지 탄압하면서 시대착오적인 북진통일론만 내세웠다. 따라서 4.19혁명은 단순히 독재정권을 타도한 정치혁명이 아니었다. 프랑스혁명이 앙시앙 레짐(구체제)을 타도하면서 자유·평등·박애의 세기적인 가치를 제시했듯이, 4월혁명은 이승만 정권에서 금기시했던 평화통일을 바라는 신세대들과 혁신계 활동의 물꼬를 텄다.

4월혁명과 더불어 새롭게 나타난 가장 특별한 현상 가운데 하나는 혁신세력의 등장이었다. 혁신세력은 이승만 치하에서 불법화되고 조봉암을 간첩혐의로 처형하는 등 가혹한 탄압으로 오랫동안 동면상태를 유지해오다가, 4월혁명의 물결을 타고 활동하기 시작했다.

혁신정당 가운데 4.19 직후에 정당간판을 내걸고 7·29총선에 입후보자를 낸 것은 사회대중당·한국사회당·혁신연맹 등이었다. 혁신정당의 재건을 목표로 구진보당 간부와 민주혁신당 일부가 결성한 사회대중당은 1960년 6월 17일 창당준비위원회를 조직하고, 서상일·윤길중 등을 간부로 선출하여 창당작업에 착수, 그해 11월 24일 출범했다.

통일사회당은 61년 1월 21일 결성되었으며, 민족자주통일중앙협의회(민자통)는 60년 9월 사회대중당, 혁신동지총동맹, 천도교, 유교회, 민주민족청년동맹, 4월혁명학생연합회 등 혁신계 정당 및 사회단체가 연합하여 결성했다. 중립화조국통일운동총연맹은 61년 2월 21일 통일사회당, 사회혁신당, 삼민회, 광복동지회 등 민자통을 이탈한 정당·사회단체가 결성한 통일운동단체다. 혁신연맹은 김창숙·장건상·유림·조경한·정화암·김학규 등 혁신계의 원로급이 중심이 되어 조직되었다.

대부분의 혁신정당은 7·29총선에 입후보자를 내세웠으나 이들 가운데는 사회대중당이 민의원 4명, 참의원 1명을, 한국사회당은 민·참의원 1명씩을 각각 당선시켰을 뿐이다. 혁신세력의 난립으로 유력한 후보들이 대부분 당선되지 못한 것이다.

통일사회당은 창당선언문에서 "폐쇄적 할거성을 지양하고 이념적 산회酸化를 시도할 겨를도 없이 산만하고 무력한 태세로 7·29 총선에 임한 것"을 철저히 자아비판하고, "조국을 통일·자주·독립의 훌륭한 민주적 복지국가로 발전시키는 역사적 대과업을 능히 담당, 완수할 수 있는 (…) 민주적사회주의 노선을 지향하는 (…) 대동적이고 단일화한 혁신정당을 창건하려 한다"고 밝혔다.

민족자주통일중앙협의회는 '자주·평화·민주'의 3대 원칙 아래 남북통일을 실현하기 위한 국민운동을 전개할 것을 결의하고, 그 구체적 실천방안으로 △즉각적인 남북정치협상 △남북민족대표들에 의한 민족통일건국최고위원회 구성 △외세배격 △통일 협의를 위한 남북대표자회담 개최 △통일 후 오스트리아식 중립 또는 영세중립이나 다른 형태의 선택 여부 결정 등의 중립화 통일방안 등을 주장했다.

민자통은 이와 함께 학생들의 남북학생회담 제의를 적극 지지하여 61년 5월 13일 '남북학생회담 환영 및 통일촉진 궐기대회'를 개최했다. 1만여 명의 시민·학생이 참석한 가운데 진행된 이 날 대회는 △남북학생회담의 전폭적 지지 △남북정치협상 준비 등 6개 항의 결의문을 채택하고 '가자, 북으로! 오라, 남으로!'라는 구호를 외치며 통일의 열기를 드높였다. 4.19혁명 공간에 나타난 대표적인 행사의 하나로 평가되었다.

중립화조국통일연맹은 민자통의 '자주·평화·민주'라는 원칙이 지나치게 여러 가지로 해석될 소지가 있고 또 통일의 기본방향이 될 수 없다는 두 가지 점을 들어 탈퇴 이유를 밝히고 △국제회의를 통한 국제적 보장 아래 영세중립통일을 기해야 하며 △영세중립화를 성취하기 위해 국민운동을 전개해야 한다는 '영세중립화방안'을 제시했다.

4월혁명으로 통일론의 금제가 풀리면서 대학생들은 다양한 통일론을 들고 나왔다. 대표적인 것은 60년 9월 24일 고려대학교가 주최한 '민족통일에 관한 제 문제'라는 논제로 전국대학생 시국대토론회였다. 여기서 영세중립통일방안의 의견이 압도적이었다. 이날 학생들의 통일방안을 요약하면 다음과 같다.

① 중립화 운동의 전개
② 중립적인 민주주의 통일정부 수립
③ 중립국가로서 남북한 통일.
④ 중립국이 되는 길은 민족이 자립 독립하는 길.
⑤ 중립화 통일을 국내에서 여론화시킬 것 등으로 되어 있다.

통일문제가 특히 젊은 층에 호소력이 있는 것을 인식한 혁신정당들은 통일과 관련한 조직체를 만들었다. 사회대중당은 민족자주통일연맹을 구성했으며, 통일사회당은 중립화통일연맹을 지원했다. 이 단체들은 혁신정당을 대신하여 적극적으로 시위운동을 주도하여 장면 정부가 통일에 더 적극적인 태도를 보일 것을 촉구했다.

혁신세력은 장면 민주당 정권에 의해 추진된 '반공법' 제정과 '집회와 시위에 관한 법률안'을 양대 악법으로 규정하고 대대적인 반대투쟁에 나섰다.

선거를 통해 원내정치세력으로 등장하는 데 실패한 혁신세력은 시위와 행동으로 국민의 지지를 확대하고자 벼르다가, 마침 정부에서 제안한 두 개의 안보법안에 대한 반대운동을 통해 세력확대를 위한 절호의 기회로 삼고자 했다. 두 가지 이슈는 혁신계의 급진파와 중도파 두 집단이 공동의 대의명분을 위해 협동할 수 있는 기회로 삼은 것이다.

혁신정당들과 노조세력, 일부 학생들은 61년 3월 22일 오후 2시를 기해 서울시청 앞 광장에서 대대적인 '2대 악법 반대성토대회'를 열었다. 1만여 명이 넘는 민중은 "밥달라 우는 백성, 악법으로 살릴소냐", "데모가 이적이냐, 악법이 이적이냐" 라는 플래카드를 앞세우고 시위를 벌이면서 2대악법을 철폐하라고 요구했다.

이들에 맞서 4개의 반공단체가 동원되어 안보법안을 지지하는 데모를 벌여 한때 서울의 중심 거리는 양측 시위대의 물결로 뒤덮였다. 그러나 물리적인 충돌은 없었다.

반공법 제정 반대의 성토대회에 참석했던 일부 학생들이 거리로 쏟아져나오고, 혁신계 인사들과 합류하여 밤 8시경부터 시청 앞에서 시작된 횃불 시위대가 시가행진을 하는가 하면 시위대의 일부는 미대사관 앞에 집결하여 연좌데모를 벌였다. 이날 밤의 횃불 시위대의 일부가 과격한 행동을 자행하면서 파출소를 파괴하는 등 난동을 부리기도 했다.

혁신세력의 횃불 데모는 그동안 혼미상태를 거듭해온 정계에 긴장 상태가 고조되고 4, 5월 위기설이 공공연히 나돌았다. 갓 출범한 장면 정부에 큰 타격을 주었다.

4월혁명의 공간에서 혁신계가 이합집산을 거듭하면서 일부 과격한 용어와 슬로건을 내거는 등의 활동은, 취약한 장면 정부와 지속된 정국의 혼미상태는 국민에게 불안감을 안겨주었다. 또 혼란의 틈새를 노리는 군부의 야심가들에게 기회를 제공해주는 측면도 없지 않았다. 다행히 61년 봄부터는 치안 질서가 정상을 유지하고 정국도 차츰 안정을 되찾아 가고 있었다.

8·15 해방공간에서 특히 신탁통치 문제와 미·소공동위원회, 단선·단정 문제 등에서 지혜롭게 대처하지 못했던 지도자들처럼, 4.19 공간에서 민주당의 분열과 보수·혁신계의 지도자들도 비슷한 양상을 보였다.

군사쿠데타, 새로운 고난과 투쟁

제2공화국에서 서민호가 정치역량을 발휘하는 기간은 오래가지 못하였다. 1961년 5월 박정희 소장이 주도한 5 · 16쿠데타로 국회가 해산되고 민주주의가 좌초되었기 때문이다. 8년 만의 석방과 국회 등원 1년여 만에 그가 다시 당하게 된 정치적 시련이었다.

그는 박정희 등 쿠데타 주도세력이 일본군(만군) 출신이라는데 참을 수 없는 분노와 적개심을 가졌다. 자신이 3 · 1혁명에 참여하고 조선어학회사건으로 옥고를 치를 때 일본 군인이 되어 민족을 배반한 사람들이라는 인식이었다.

쿠데타 세력은 서민호의 지명도와 꿋꿋하게 살아온 경력을 평가하여 유혹의 손길을 보냈다. 하지만 그는 단호히 선을 그었다. 주도자가 일본군 출신이라는 전력과, 숭고한 학생들의 피의 대가로 수립된 민주 정권을 8개월 만에 쿠데타로 타도한 군부세력을 지지하거나 여기에 참여할 수는 없었다. 그 결과 국회에서 제기했던 남북교류론을 빌미로 구속되어 10개월 동안 투옥되었다. 그리고 정치 활동정화법에 묶이게 되었다.

그는 5 · 16쿠데타 이후 금지되었던 정치 활동이 1년 7개월 만인 1963년 1월 1일부터 재개되고 정쟁법에서 해제되어 다시 정치 일선에 나섰다. 그리고 이해 11월 26일 실시된 제6대 국회의원 선거에 거주지인 서울 용산구에서 출마하여 당선되었다. 소속은 자유민주당(자민당)이었다. 그는 10월 19일 김도연 등과 함께 자민당에 입당, 최고위원으로 추대되었다.

자민당은 총선에서 9명이 당선, 원내교섭단체 구성이 불가능하여 군소정당의 비애를 감수하면서 박정희 군사정권의 각종 부정비리를 파헤치는 야권의 맹장 노릇을 하였다. 그는 11월 11일 국회에서 남북한 서신 교류 등을 제의했다. 1964년에는 자민당은 제1야당인 민정당民正黨과 통합하였다.

박정희의 굴욕적인 한일회담과 한국군의 베트남 파병 문제를 둘러싸고 야권은 분열하였다. 원인은 시국관의 차이였다. 서민호는 윤보선·윤재술 등과 강경 노선을 주장하면서 한일회담 반대 투쟁의 최전선에서 싸웠다. 어떤 명분으로도 일본군 출신 박정희 정권이 강행하는 대일 굴욕 회담을 용납할 수 없다는 것이 독립운동 출신으로서 신념이고 철학이었다.

박정희 정권은 반대세력을 계엄령으로 봉쇄하면서 굴욕 회담을 조인하기에 이르렀다. 서민호 등 8명의 야당 의원이 의원직 사퇴라는 배수진을 치고 반대했으나 끝내 막아내지 못하였다. 그는 정치적 신의를 이유로 원내에 복귀하지 않았다. 그리고 보수야당(인)에 많은 회의를 갖게 되었다. 의원총회에서 '의원직 총사퇴'를 결의하고도, 이런저런 명분을 대고 원내에 복귀하거나, 박정희 정권과의 투쟁에서도 적당히 발을 빼는 야당 정치인들이 적지 않았다.

외교는 내정의 연장이지만, 외교를 정치수단으로 활용하면 돌이키기 어려운 국가적 재난에 속한다. 합헌정부를 쿠데타로 짓밟고 권력을 찬탈한 박정희는 정치적 조급증에 시달렸다. 비록 민정이양을 통해 대통령 선거를 거치기는 했지만, 그것으로 정통성을 부여받기는 어려웠다.

그래서 무엇인가 가시적인 성과를 국민에게 보여주고자 했다. 그것이 졸속적인 한일회담 추진의 배경이 되었다. 여기에는 일본군 출신으로서 개인적인 '향수'도 크게 작용했을 터이다.

마침 1960년대에 들어 미국은 새로운 동아시아 전략의 일환으로 한일간의 국교 정상화 문제를 강력히 제기하고 나왔다. 군사쿠데타를 승인해주는 대가로 비교적 말을 잘 듣는 박정희 정권에 의해 한일간의 국교를 정상화시켜서 동아시아에서 소련의 남하정책을 저지하고 중국을 견제한다는 것이 미국의 기본 전략이었다.

박정희의 굴욕적인 한일협정 격렬반대

한일국교 정상화는 이승만 정권 이래 양국의 현안이기도 했다. 두 나라 사이 국교정상화를 위한 한일회담은 51년부터 시작되었지만 10여 년에 걸친 교섭에서도 일본 측의 고자세로 타결점을 찾지 못한 상태였다. 자유당 정부에 이어 4월혁명으로 집권한 민주당 정부도 한일회담을 추진하여, 60년 10월 25일 제5차 한일회담이 열렸으나 이후 5·16쿠데타로 중단되고 말았다.

박정희 군사정부는 미국의 원조가 대폭 삭감된 상황에서 무엇보다 5개년 경제개발계획에 따른 대규모 투자재원의 확보가 필요했다. 여기에 미국의 지역통합전략, 일본의 자본 해외 진출 욕구 등이 맞아떨어져 한일회담이 적극적으로 추진되는 배경으로 작용했다.

이밖에 간과할 수 없는 것은 박정희를 비롯한 군사정권 핵심요인들의 심정적인 친일성향을 들 수 있다. 이들은 대부분이 일본육사와 만주군관학교 출신들로서 일본에 대해 다분히 애정과 향수를 갖고 있었다.

이런 요인들로 말미암아 61년 10월 20일 제6차 한일회담이 재개되었는데, 합의사항을 둘러싸고 한일 양국의 이견과 양국 내의 격렬한 반대 분위기로 타결이 이루어지고 있었다. 이에 군사정부는 비밀리에 김종필 중앙정보부장을 특사로 파견, 이케다 수상과 비밀 회담을 갖고 타결조건에 대한 이면 합의를 이루도록 했다. 그러나 한국의 거듭된 양보에도 불구하고 일본은 여전히 고자세의 버티기 전략으로 맞섰다.

박정희 정권으로서는 62년은 경제개발 5개년계획의 첫해로서 시급한 자본도입이 요구되었고, 충분한 검토과정 없이 감행한 화폐개혁의 실패로 경제 상황이 매우 불안정한 상태여서 한일회담의 조기타결을 서둘렀다.

그래서 김종필이 다시 일본으로 건너가 김종필·오히라(大平) 회담을 열고 여기서 비밀메모(김·오히라 메모)를 통해 대일청구권 문제 등에서 우리에게 크게 불리한 합의를 맺었다. 이에 따라 청구권 협상의 타결로 무상 3억 달러를 10년간에 걸쳐 지불하고, 경제협력의 명목으로 정부간의 차관 2억 달러를 연리 35%로 제공하며, 상업 베이스에 의한 무역차관 1억 달러를 제공하기로 약정하였다.

이때 대일청구권이라는 용어도 사용하지 못하고 일본이 '독립축하금'이란 이름으로 무상 3억 달러에 일제 36년 식민통치에 따른 모든 배상문제를 마무리하기에 이른 것이다. 특히 독도를 폭파해서 분쟁의 요인을 없애자는 등 그야말로 굴욕적인 협상이 이면에 깔렸다.

▲ 굴욕외교라는 거센 비판 속에 1965년 박정희 대통령이 한일회담 비준서에 서명하고 있는 모습.

서민호는 박정희의 굴욕적인 한일국교정상화에 격렬하게 반대하였다. 소속한 자민당과 제1야당인 민정당도 반대하고 대학가는 말할 것도 없고, 대다수 국민이 반대했다. 서민호는 자신이 겪었던 일본의 본질과 현재 동북아정세 그리고 박정희 정권이 서둘러 체결하고자 하는 배경 등을 몇 차례 걸쳐 비판했다. 그리고 학생들의 요청으로 강연을 통해 반대하는 이유를 피력했다.

과거부터 일본을 잘 알고 있는 나로서 단언하노니 이와 같은 조건하에서 한일회담이 체결된다면 3~4년 안으로 한국의 어시장은 일본의 어시장이 되고 10년 내외에 우리는 그들의 소비시장이 되고 말 것이다. 그러기에 나는 제2의 을사조약이 될까 두려워하는 것이다. 우리의 상식으로는 일본은 지금 생산 과잉상태에서 해외시장을 개척하기 위하여 공산국가들과의 통상확대를 추진하고 있으며, 한국과의 국교를 정상화한 뒤에는 북괴측과도 국교를 맺으려 할지도 모를 일이다. 그들은 재일교포들을 강제로 북송시켜 우리 한국을 배반한 지 이미 오래된 일이다. 차라리 지금이야말로 힘의 외교를 뒷받침하기 위하여 비평은 이럴 때 쓰는 것이지 쿠데타를 일으킬 때만 쓰는 것은 아니다.

그리하여 저자세를 버리고 강력한 외교를 추진한다면 그들이 오히려 저자세가 되어 굴복할 것은 틀림없다. 그러한 힘을 뒷받침하기 위하여 우리들은 10만 영세어민들의 궐기를 촉구하면서 평화선을 양보하는 따위의 한일회담에 반대하는 데모를 일으켜야 될 것이다.46)

서민호는 여타 정치인들처럼 목소리만 높혀 한일국교정상화를 반대한 것이 아니라 역사적으로 일제의 죄악상을 적시하면서 대안을 제시하였다.

일본이 우리를 수탈하고 우리 민족을 학살한 사례는 일일이 예시할 겨를이 없다. 그러나 기미독립운동 때에만 6천6백여 명이 현장에서 피살되고 1만4천여 명이 부상을 입었으며 의병봉기 때 4만여 명, 경신庚申 만주대학살 때 3만8천여 명, 동경대지진 때 6천여 명이 학살당하고 만주국 건립 후 8.15해방까지 만주에서 2만여 명이 학살당한 사실은 우리가 다 알고 있는 사실이다.

---

46) 서민호, 〈한일회담과 나의 의견〉,《이래서야 되겠는가》, 121쪽, 환문사, 1970.

이밖에도 일본은 전쟁 당시에 징병, 학병·지원병들을 제외하고서도 징용으로 끌고 간 10여만 동포들을 희생시키고 정신대란 명목으로 8천5백여 명의 부녀자를 끌고 가 억울한 죽음을 당하게 했던 것이다. 더욱이 국내·국외에서 처형을 당한 순국선열들의 희생은 이루 다 말할 수 없으며 광복군이 대일 선전포고를 했으니 마땅히 우리는 전승국으로서 일본 전쟁범들을 우리의 손으로 처형하고 정정당당하게 배상금을 청구할 권리가 있었던 것이다.

그런 까닭에 비록 유항(샌프란시스코)강화조약에서 전승국 취급을 받지 못했다 하더라도 희생당한 동포와 착취당한 대가로 상환을 받아야 할 부채는 최소한 15억 불은 될 것이다. 이와 동시에 속죄하는 뜻에서라도 공식기구를 통하여 사과하고 다시는 침략을 하지 않겠다는 태도를 표해야 될 것이며 독립 축하금이니 뭐니 하면서 생색을 내는 것보다는 차라리 속죄 겸 피해보상을 하는 의미에서 적어도 10년간은 우리나라의 생산품을 사들여 한국의 경제부흥에 이바지하겠다는 성의 표시가 있어야 될 것으로 나는 믿는다.47)

'박정희대통령 하야권고결의안' 제출

그는 국회에서 군소정당에 속했지만 의정 활동은 거대정당 어느 누구 못지않은 활기찬 모습이었다. 박정희 정권에 대한 비판의 순도는 당대 최고 수준에 이르렀다. 국회의 정책질의는 비판과 함께 대안을 제시함으로써 그가 단상에 오르면 여야의원은 물론 국무위원들과 기자단, 정보기관이 긴장했다.

---

47) 〈한일회담과 우리가 취할 자세〉, 앞의 책, 116~117쪽.

서민호의 반反 박정희 투쟁은 거칠 것이 없었다. 박정희가 굴욕적인 회담을 강행하자 정치생명을 내걸고 싸웠다. 제6대 국회의원 시절인 1964년 가을 정기국회에서〈대통령을 탄핵한다〉는 제목 아래 박정희의 퇴진을 촉구하는 대정부 정책질의를 폈다. "헌정사상 그 유래를 찾아볼 수 없는 독재와 부패, 부정과 불의가 난무하고 있는 가운데 매국적인 외교로 국가의 기강이 흔들리고 있는 오늘의 사태를 더 묵과할 수가 없어 현정권의 최고 책임자이며 행정부의 수반인 박정희씨의 대통령하야 권고결의안을 제출하게 된 것을 슬프게 생각한다."고 전제하고 몇 가지 이유를 들었다.(요지)

△ 반공을 국시國是로 삼고 민생고를 해결하여 국토 통일을 이룩하겠노라는 미명의 슬로간으로써 합헌정부를 도괴시키고 정권을 탈취한 그날로부터 국민의 각계 각층의 열화같은 비준 반대를 무릅쓰고 정권연장에 혈안이 되어 망국의 역사를 창조하려는 오늘에 이르기까지 종횡무진한 박정희 씨의 위헌행위는 급기야 민생을 아사 직전에 몰아넣었고 국권을 송두리째 팔아넘기는 결과를 초래하였습니다.

△ 과연 박정희씨가 이 나라의 대통령이라는 국가기관의 최고책임자로서 자격이 있느냐 하는 것입니다. 소위 민족적 민주주의라는 불투명한 정치이념을 내걸고 여순반란사건에 연루되어 무기징역을 언도받은 전력을 지닌 자신을 필두로 하여 과거 용공분자의 혐의를 지닌 많은 사람이 오늘날 이 나라 국정을 요리하고 있다는 사실은 실로 반공국가라는 우리 민족의 입장으로서 중요한 문제라 하지 않을 수 없습니다.

△ 중앙정보부의 운영예산으로써 현역군인들이 증권회사를 설립하고 그것도 부족하여 농협이 소유하고 있는 한국전력주식회사를 갖은 공갈과 협박으로써 인출하고 증권거래소와 금융통화위원회까지 협박, 공갈하여 자금을 인출함으로써 5천3백40여 명에 달하는 선의의 투자자들에게 357억이라는 막대한 재산 피해를 줌으로써 패가망신을 시키고 심지어는 자살까지 하는 비극을 연출하였던 것입니다.

△ 헌정 20년을 통하여 국가 정책에 대한 반대 여론과 투쟁이 오늘날만큼 극심한 적도 일찍이 없었습니다. 학생과 교수를 비롯하여 종교인, 언론인, 심지어는 생활고에 허덕이는 영세 소시민에 이르기까지 그 잔인무도한 탄압과 폭압을 무릅쓰고 굴욕외교 비준 반대를 외치고 있는 이 긴박한 사태에서 더욱이 야당 의원들의 총사퇴마저 도외시하면서 강행하고 있는 한일외교는 민족반역 행위요, 민주주의를 거부하는 행위라 규탄하지 않을 수 없습니다.

△누구를 위한 정치이며 누구를 위한 외교입니까?

국민을 위한, 국민에 의한, 국민의 정치가 박정희씨를 위하여, 박정희씨에 의해서 박정희 씨의 자의대로 시행되는 이 정치 현실은 정치적, 비판의 대상을 초월한 망국의 지경으로 변하고 만 것입니다.

이와 같은 현실에 대한 책임과 원인이 박정희 씨의 고의에 의한 결과이건 무능의 소치이건 간에 일국의 국정이 개인의 정치학 실습 장소가 아니고 정치의 수련도장이 아니라면 냉엄한 심판과 역사적 책임은 결코 면할 수 없을 줄 압니다.

이제 본 의원은 박정희 씨에 대한 개인적인 위헌행위와 실정을 말씀드렸습니다마는 이와 같은 일련의 사실은 결코 새삼스러운 일이 아니요 현역정치인인 의원 여러분을 비롯하여 국민 각자가 주지하고 있는 사실이기 때문에 상세한 증거는 증언을 통하여 말씀드리기로 하겠습니다.[48]

박정희 정권에서 서민호는 언제나 '태풍의 눈'이었다. 야권 일각이 중앙정보부의 공작에 말려 '낮에는 야당 밤에는 여당'의 이른바 '사쿠라'가 판치는 정치판에서 그는 남달랐다. 한일굴욕회담과 베트남 파병을 둘러싸고 서민호는 선명한 반대투쟁의 맹장이었다. 시시비비를 가리는 강직한 성품으로 비록 군소정당이나 무소속의 소수파 신분이었으나, 그의 발언과 투쟁은 정부여당을 긴장시키고 언론의 주목을 받았으며 무기력한 야당을 분발시켰다.

이승만에 이어 박정희와 격렬하게 대척점에 서게 되면서 정치자금의 파이프라인이 동결되고, 그로 말미암아 큰 조직을 이끌 수 없었다. 해서 독립운동과 반독재 투쟁의 화려한 경력과, 추종을 불허하는 능력과 언변 등 정치인으로서 모든 조건을 갖추고도 야당의 '실력자'가 되지 못한 것은 그 개인은 물론 한국 정치의 큰 손실이었다.

헌정 80년이 되어가는 한국정치사에서 자신의 정치철학을 가지고 정치 활동을 한 정치인은 극소수에 불과하다. 4, 5선 이상의 다선 의원 출신도 적지 않았지만, 대부분이 헌정사에 남을 그리고 국정의 민주화와 국민복지, 민족통일에 대한 경륜과 비전을 제시하지 못한 채 사라졌다.

---

48) 서민호,《이래서 되겠는가》, 166~172쪽.(발췌)

▲ 한일회담 반대 운동(국가기록원)

굴욕회담반대 의원직 던져

　폭압적인 방법으로 집권한 박정희는 민주주의 방식보다 변칙의 수법을 선호했다. 죽을 때까지 달라지지 않았다. 4월혁명이라는 위대한 민주주의 가치를 쟁취한 한국은 다시 억압통치의 압제자를 만나게 되고 정치적 시련기를 겪어야만 했다. 국난기마다 가장 먼저 금기를 맨 것은 학생들이다.

　굴욕회담을 반대하는 학생들의 시위는 전국으로 번져나가고 65년

5월 20일 서울 시내의 대학생연합으로 박정권이 표방한 '민족적 민주주의 장례식'을 거행하고, 4.19민족·민주이념에 정면 도전한 군사쿠데타 정권의 타도 투쟁을 선언했다. 이날 시위는 경찰의 난폭한 진압으로 학생 1백여 명이 부상당하고 2백여 명이 연행되었다.

그러나 학생들은 굴하지 않고 단식 투쟁과 연좌농성 등을 벌이면서 투쟁을 계속하여 6월 3일에 이르러 1만여 명의 시위대가 광화문까지 진출, 일부 파출소가 불붙기에 이르렀으며, 군사쿠데타, 부정부패, 정보정치, 매판독점자본, 외세의존 등 박정희 정권의 본질적인 문제제기로 확대·고조되어 정권퇴진을 요구하기에 이르렀다.

학생들의 데모에 많은 시민이 가담하면서 시위의 규모가 커지자 정부는 위기감을 느끼게 되어, 그날 밤 8시를 기해 서울시 일원에 비상계엄을 선포하고 대대적인 탄압을 개시했다. 계엄사령부는 포고령으로 일체의 시위금지와 언론·출판의 사전검열, 모든 학교의 휴교를 명령했다.

박정희 정부는 4개 사단 병력을 서울 시내에 투입하여 3개월 동안 계속 계엄통치를 실시했다. 7월 29일 계엄령이 해제되기까지 학생 168명, 민간인 173명, 언론인 7명을 구속하고, 이 기간 포고령 위반으로 890건에 1,120명을 검거하였으며, 그 가운데서 540명이 군사재판, 68명이 민간재판, 216명이 즉결심판에 회부되었다. 정부는 굴욕회담을 비판하는 시민·학생들을 폭압적으로 탄압했다.

정부에서는 계엄이 선포된 지 이틀 후인 6월 5일 공화당의장 김종필을 문책, 당의장직에서 사임시키고 두 번째 외유에 나서도록 조처했다. 박정희의 지침에 따라 움직인 김종필을 희생양으로 삼은 것이다.

정부는 야당과 학생들의 격렬한 반대투쟁을 위수령·계엄령으로 억압하면서 6월 22일 한일기본조약을 체결하기에 이르렀다. 한국 외무장관 이동원, 한일회담 수석대표 김동조와 일본외상 시이나, 수석대표 다카스키 사이에 〈대한민국과 일본국 간의 기본관계에 관한 조약〉(기본조약)과 부속된 4개의 협정 및 25개의 부속문서로 된 '한일협정'을 일괄 타결했다.

이 협정에 따라 평화선이 철폐되었으며, 우리 측의 40해리 전관수역 주장이 철회되고 일본의 주장대로 12해리 전관수역이 설정되었다. 이 역시 국가이익이 크게 손상되는 내용이었다.

또한 재일교포의 법적 지위 및 영주권 문제 등이 일본 정부의 임의적 처분에 맡겨지게 되었고, 문화재 및 문화협력에 관한 협정은 일제가 불법으로 강탈해 간 모든 한국문화재를 일본의 소유물로 인정해버리고, 여성위안부·사할린교포·원폭피해자 등의 문제는 거론조차 하지 못한 채 그야말로 졸속·굴욕회담으로 끝나게 되었다.

박정희 정권의 굴욕적이고 졸속적인 한일국교정상화 추진은 일제의 침략과 식민지배에 대한 사죄와 각종 침략조약의 원천무효, 그리고 정당한 배상도 받지 못하였다. 일본은 태평양전쟁 기간 3~4년 동안 지배한 동남아 각국에도 5~10억 달러의 배상금을 주었다. 이에 비하면 한국은 턱없이 부족한, 그마저 배상금이 아닌 '독립축하금' 명목으로 받았다. 그 이면은 여전히 암막에 싸여 있다. 지금 일본이 독도를 자국의 영토라고 우기고, 성노예(위안부) 문제, 한국인 강제노동자 임금 체불 문제 등에서 억지를 부리면서 65년 한일회담에서 모두 해결됐다고 잡아떼는 것은, 잘못된 한일회담이 남긴 업보이기도 한다.

박정희 정권은 한일국교 정상화와 베트남파병 등을 단행하면서 미국·일본과의 우호협력 관계를 돈독히 하는 한편, 경제개발 5개년 계획을 세워 권력의 기반을 강화시켜 나갔다. 이와 달리 야당은 시국관의 차이와 고질적인 파쟁으로 이합집산을 거듭했다. 65년 6월 14일 원내 제1야당인 민정당과 제2야당인 민주당이 통합하여 제3공화국 출범 후 최초의 통합야당으로 출범했다. 민중당의 초대 대표최고위원은 박순천이었다. 그러나 민중당은 65년 8월 한일협정 비준안과 베트남 파병안을 둘러싸고 당론이 양분되어, 의원직 사퇴와 당 해산을 주장하는 강경파가 결별, 66년 3월 30일 신한당을 창당함으로써 통합 5개월 만에 다시 분당되었다.

박정희 정권의 굴욕적인 한일회담을 도저히 용납할 수 없었던 서민호는 윤보선·김도연·정일형·김재광 등 소신파 의원들과 6월 22일 한일 기본조약이 체결되고 8월 14일 공화당 단독으로 이 조약이 국회에서 비준되자 이에 반발하여 의원직을 사퇴하고 민중당을 탈당하였다.

혁신 정책 꺾이지만 비전은 남아

박정희 정권 아래 서민호는 언제나 '태풍의 눈'이었다. 야권 일각이 중앙정보부의 공작에 말려 '낮에는 야당 밤에는 여당'의 이른바 '사쿠라'가 판치는 정치판에서 그는 남달랐다. 한일굴욕회담과 베트남 파병을 둘러싸고 그는 선명한 반대투쟁의 맹장이었다. 시시비비를 가리는 강직한 성품으로 비록 군소정당이나 무소속의 소수파 신분이었으나, 그의 발언과 투쟁은 정부여당을 긴장시키고 언론의 주목을 받았으며 무기력한 야당을 분발시켰다.

이승만에 이어 박정희와 격렬하게 대척점에 서게 되면서 정치자금의 파이프라인이 동결되고, 그로 말미암아 조직을 이끌 수 없었다. 해서 독립운동과 반독재 투쟁의 화려한 경력과, 추종을 불허하는 능력과 언변 등 정치인으로서 모든 조건을 갖추고도 야당의 '실력자'가 되지 못한 것은 그 개인은 물론 한국정치의 큰 손실이었다.

헌정 80년이 되어가는 한국정치사에서 자신의 정치철학을 지니고 정치 활동을 한 정치인은 극소수에 불과하다. 4, 5선 이상의 다선의원 출신도 적지않지만, 대부분이 헌정사에 남을 그리고 국정의 민주화와 국민복지, 민족통일에 대한 경륜과 비전을 제시하지 못한 채 사라졌다.

그는 1960년대 초기, 군사독재의 살벌한 반공체제에서도 시세에 영합하지 않고 민주사회주의 이념을 제시하였다. 자본주의와 사회주의의 모순, 병폐를 지양하는 그리고 두 체제의 긍정적인 분야를 수렴하여 발전시키자는 체제였다. 1951년의 프랑크푸르트선언과 1962년의 오슬로선언을 소개하면서 공산독재와 자본독점체제를 함께 비판하였다.

> 19세기 이후 자본주의 아래서 형성되어온 빈곤, 실업, 불평등을 극복하고 사회보장, 완전고용, 경제성장, 소득과 이윤분배의 공정성을 실현하는 경제적 민주화를 추구하며 나아가서 권력의 전제독재화로부터 개인의 권리와 자유를 수호함으로써 정치적 민주화를 추구해야 한다는 주장이었다.[49]

지난 18대 대선 당시 여야 후보가 한결같이 선거의 핵심공약으로 내건 '경제민주화'는 50여 년 전에 서민호가 제시한 것이다. 반세기 앞선 선견지명을 찾을 수 있다. 오늘의 '경제민주화' 정책의 저작권은 서민호에게 있다고 할 것이다. 다음의 주장을 들으면 현재성을 느끼게 된다.

> 민주사회주의야말로 민주주의의 정확한 것이며 인류의 복지를 위하여 지금까지의 제도 가운데서는 최상의 것이라고 보지 않을 수 없는 동시에 반공과 멸공에도 최선의 책策이 되는 것이다. 영국노동당의 러스키는 진정한 민주주의는 권력 분산 뿐만 아니라 마땅히 부의 분산도 동반해야 된다고 갈파했으며, 역시 영국 노동당의 스트렐러는 《현대와 자본주의》라는 그의 저서에서 "우리가 할 일은 자본주의부터 구성하되 민주사회주의와 공존할 수 있는 정치체제가 필요하다"고 역설, "만일 공존할 수 있는 민주사회가 무시된

---

49) 서민호,《이래서 되겠는가》, 253쪽.

다면 마르크스에 의하여 지적된 자본주의의 필연적 붕괴론이 적중될 지도 모르기 때문에 민주사회주의의 존립을 위해서도 필요한 것"이라고 지적했다.[50]

그는 민주사회주의만이 정치·경제·사회·문화적으로 그리고 국제적으로 인간의 생존권과 인격, 자유를 존중하며 자주자립, 자존을 토대로 한 삶의 향상을 추구하는 민주주의가 가능하다고 내다보았다. 하지만 낡은 자본주의 이론과 반공 논리로 여야 보수정치인들과 무지한 군사독재 정권은 선각적 정치지도자의 혜안을 수용하기는커녕, 걸핏하면 국가보안법으로 묶어 그의 이념과 활동을 차단했다.

서민호는 민주사회주의를 기본이념으로 하는 혁신정당의 필요성을 절감하게 되었다. 국제사회의 변화 추세와 남북통일문제, 소외 계층을 대변하기 위해서는 보수 양당제로는 불가능하다는 정치적 신념이었다. 하여 1966년 4월 13일 민주사회당(민사당) 창당준비위원회를 구성하였다. 같은 달 27일 민사당 창당준비확대대회에서 창당 발기위원장에 선임되었다.

그러자 정부의 탄압이 따랐다. 이승만 정권 때 조봉암이 진보당의 창당을 준비하자 간첩혐의로 구속했듯이, 박정희 정권은 서민호의 민사당 창당을 초반부터 막았다. 평화통일문제와 베트남 파병 관련 발언이 반공법 위반이란 혐의로 그를 구속한 것이다. 다음은 공소장에 나타난 서민호의 베트남 파병에 대한 비판 성명서의 요지다.

---

50) 앞의 책, 254쪽.

박정희 정권은 민족의 고귀한 피를 진흙탕과 정글의 땅 죽음의 나라 월남으로 헐값으로 팔아넘기고 있다. 우리는 1개 정파의 정권유지와 내외 상인의 자본축적 수법으로 이땅의 숭고한 젊은 피를 전쟁의 제물로 바칠 수는 없다.

우리는 쓰러져가는 월남의 피투성이 전선을 담당할 하등의 의무를 진 것이 아니다. 미국이 우리 전선을 담당하고 우리가 월남 전쟁을 대리 수행한다는 것은 천만 부당한 것이 아니겠는가? 나는 이 박정희 정권의 반민족적 처사를 단호히 규탄하며 비상식적인 용병정책에 엄중 항의함과 동시에 월남증파를 단호히 저지하고, 이미 파병된 국군의 송환을 관철시키기 위하여 월남증파 반대 범국민투쟁위원회를 구성할 것을 제의하며, 전체 애국적인 국민들의 적극적인 참여와 간단없는 성원을 간곡히 호소한다.[51]

검찰이 6월 3일 서민호를 남북서신·기자교류 주장 및 조총련계 자금 수수 등 혐의로 구속했으나 88일 만에 보석으로 풀려났다. 일제강점기와 이승만 정권에 이어 박정희 정권에서까지 잇따른 구속이었다. 다행히 이번에는 긴 옥살이는 면할 수 있었다. 이슈가 민감하여 논란이 확산될수록 정부에 불리하다는 인식 때문이었다.

그는 본격적으로 혁신정당의 창당에 나섰다. 1966년 12월 22일 혁신계 인사들과 민사당 창당대회를 열고 대표최고위원으로 선출되었다. 이날 서민호는 통일운동사에 기록될만한 중요한 연설을 하였다.

남북서신교환과 기자교류, 문화인교류 등 남북 간의 부분적 교류를 제안하고, 며칠 뒤 열린 창당준비 확대대회에서는 한일기본조약의 폐기와 주월 한국군의 철수를 주장했다. 이어서 "내가 만약 집권한다면

---

51) 오소백 편,《해방 20년》, 765쪽, 세문사, 1966.

북한의 김일성과 국제기구를 통하거나 해서 면담, 대화할 용의가 있다"
고 발언하였다. 당시 정국에서는 아무나 하기 어려운 '폭탄선언'이었
다.

박정희 정권은 1주일 뒤 서민호를 다시 반공법위반혐의로 구속했다.
재판에 넘겨져, 남북교류론과 베트남 파병반대 부분에 대해서는 무죄
를 인정했으나, 김일성 면담 부분은 "반국가단체의 수괴를 자신과 대등
한 위치로 끌어올림으로써 반국가단체인 북괴를 합법 정부인 대한민국
과 동등하게 취급했다"는 이유로 유죄를 인정했다.

재판이 진행되면서 서울형사지법은 징역 2년, 자격정지 2년을 선고
했다. 고법에서는 무죄가 선고되어, 정치적으로 묶으려 했던 박정희
정권의 의도는 무산되었다.

서민호는 박정희 정권의 반민주·반민족·반통일 노선을 지켜보면
서 이를 시정하기 위해 자신이 집권하겠다는 꿈을 가졌다. 민사당을
대중당으로 확대, 개편하고 진보적인 정책을 제시했다. 보수야당의 정
책과는 차이가 많았다. 1950년대 말기 진보당 조봉암의 혁신적인 정책
이래 처음이었다.

서민호는 1967년 5월 3일 실시되는 제6대 대통령선거에 대중당의
후보로 지명되었다. 보수야당의 윤보선 후보로는 승산이 없다고 보았
기에 이를 수락하였다. 혁신정책을 제시하고 정책대결을 시도했다. 하
지만 국민은 야권후보 단일화를 염원했다. 이를 위해 서민호는 후보에
서 사퇴하고, 신민당과 함께 공명선거투쟁위원회를 결성, 위원장을 맡
아서 윤보선의 당선을 위해 노력했지만 박정희를 꺾지 못했다. 선거유
세에서 국방비를 줄여 민생을 살리고, 남북의 군축을 제의하겠다는 발
언으로 5월 8일 구속되었다. 반공법위반 혐의였다. 박정권에서만 세

번째 구속이었다. 5월 27일 보석으로 풀려났다.

'민주사회주의' 제창하다

한국의 독재자들은 진보 · 개혁 · 혁신세력과 그 정책을 적대시한다. 이승만과 박정희가 다르지 않았다. 이승만이 조봉암과 진보당을 '사법살인' 했듯이 박정희는 서민호와 혁신계 인사들, 혁신정당을 반공법과 국가보안법으로 묶고 억압했다.

한국의 정치풍토는 1950년대나 1960년대가 별로 다르지 않았다. 4.19혁명이 있었으나 반동적인 쿠데타 세력이 역사의 전진을 가로막고 퇴행시킨 것이다. 그래서 대다수 정치인들은 저항보다 순응과 동화의 길을 택했다. 고루한 보수의 늪에서 허우적거리며 기껏 '100미터 달리기' 선수가 되었다. 이미 서구에서는 1962년 6월 노르웨이 오슬로에서 민주사회주의 인터내셔날은 프랑크푸르트선언을 재확인하고 있었는데도 이땅에서는 민주사회주의와 사회민주주의를 혼동하거나 아예 동류, 혹은 공산주의와 사촌간 정도로 인식하였다.(이 같은 현상은 2024년 현재도 크게 다르지 않는 듯)

서민호는 1965년 11월 8일 민사당을 창당하면서 "신당의 이념은 민주사회주의를 지향한다"고 선언하였다. 공산주의를 배격하면서 자본주의의 모순점을 극복하며 프랑크푸르트 선언이 명시한 경제적 민주화를 추구한다는 주장이다. 공화당은 물론 야당진영에서도 거센 반발이 나타났다. 예의 공산당, 빨갱이라 몰아치는 자들도 많았다.

이 시기에 발표한 〈민주사회주의란〉 시론은 서민호의 이념과 철학,

정책을 압축하고 있다. 주요 대목을 발췌한다.

매국적인 한일협정비준에 반대 투쟁한 민주 애국 세력이 중심이 되어 '선명야당'의 기치아래 추진 중에 있는 신당의 창당이념으로서 이 사람이 '민주사회주의'적인 쇄신있는 정치의 구현을 제창한데 대하여 그 진의를 이해하지 못한 일부 인사들의 오해가 있을 뿐만 아니라 정권획득만을 목표지향으로 삼아 방향감각을 상실한 일부 정치인들이 얼토당토않은 말을 의식적으로 방언하고 있는 것 같다.

유폐된 봉건사회에서 살고 있는 우리가 아니고 메스 미디어가 극도로 발달되어 있는 국제사회에 살고 있는 일원으로서 명색이 국리만복에 이바지하고 대중의 길잡이가 되겠다는 자부심에서 정치에 참여하고 있는 인사들이 이처럼 근대적인 사고에서 탈피치 못하고 자각상실증에 걸려있는 데 대하여는 경악을 금치못해 왈가왈부할 생각조차 없으나 신인들이 참여하지 않고 민주사회주의적 이념이 구현되지 않은 한 신당을 창당하는 이유를 발견할 수 없다는 신념에서 이 사람은 다시 한번 신당의 진로와 창당이념에 논급하려고 한다.

볼셰비키 혁명 이후에 자본주의의 붕괴를 획책해온 그들 공산주의자들이 민주주의 이념에 혼선을 일으키기 위하여 '인민민주주의'란 술어를 내걸고 마치 그들도 민주주의를 하는 것처럼 선전해 왔다는 것은 주지의 사실이지만 민주사회주의가 이들 공산주의의 침투를 막고 진정한 민주주의 실현을 위하여 전후 세계 여러 나라에서 특히 자유진영에서 성장해 왔다는 것은 새삼스레 거론할 필요가 없을 것으로 본다.

일부 몰지각한 사람들은 민주사회주의의 이념과 정의를 마치 공산진영에서 즐겨 쓰고 있는 인민주의나 또는 사회민주주의 그것과 혼돈하며 착각하고 있다고 듣고 있는데 민주사회주의 이념이 무엇인가 하는 정도의 연구도 없이 덮어놓고 매카시즘적 수법과 방언을 서슴지 않고 하고 있는 정치인이 아직도 정계에 머물러 있다면 한국의 정치적 현대화, 경제적 근대화는 백년하청 격이 되지 않을 수 없다고 본다.

그렇다면 이 민주사회주의야 말로 민주주의 정화精華인 것이며 인류의 복지를 위하여 지금까지의 제도 가운데서는 최상의 것이라고 보지 않을 수 없는 동시에 반공과 멸공에도 최선의 책이 되는 것이다. 영국 노동당의 러스키는 진정한 민주주의는 권력분산뿐만 아니라 마땅히 부의 분산도 동반해야 된다고 설파했으며 역시 영국 노동당의 스트렐리는《현대와 자본주의》란 그의 저서에서 "우리가 할 일은 자본주의부터 구성하되 민주사회주의와 공존할 수 있는 정치체제가 필요하다"고 역설 "만일 공존할 수 있는 민주사회가 무시된다면 〈마르크스〉에 의하여 지적된 자본주의의 필연적 붕괴론이 적중될지도 모르기 때문에 민주사회주의는 자본주의의 존립을 위해서도 필요한 것"이라고 지적했다.

민주사회주의는 결국 정치적, 경제적, 국제적, 사회적·문화적 모든 분야에서 민주주의를 실현하자는 것이고 인간의 생존권과 인격 자유를 존중하며 자주자립, 자존을 토대로 한 삶의 향상을 추구하는 길이기 때문이다.
매국협정의 불법발효로 일제의 경제적 재침략이 우려되고 부익부 빈익빈의 틈을 타서 이북 공산당의 재침이 염려되는 이 마당에서 신당을 형성한다면 계획성 있는 경제정책과 자유자립 노선의 민족주의에 입각한 민주사회주의적 정책을 창당이념으로 또는 통일문제에 있어서 국민이 납득할 수 있는

선명한 방안과 한일협정비준무효화 또는 다원시대의 본질인 실리외교 정책
등을 제시하여 보수 혁신 양당정치를 실시하는 것이 참된 의미에서 헌법에
명시된 바 양당정치 제도의 정신이라 할 것이다. 만일 내가 이상 제시한 데
대하여 대안도 없이 단순히 사회주의란 술어가 있다 하여 맹목적으로 비난
공격한다면 그러면 무엇을 어떻게 하자는 말인지 그들의 근시안적이며 낙후
된 사고를 슬퍼하지 않을 수 없다.[52]

대중당을 발기하는 우리의 뜻

서민호는 1967년 3월 민주사회당명을 대중당으로 바꾸면서 다음과
같이 밝혔다.

낡은 정당의 생리 속에 도사리고 있는 무서운 병폐는 오늘의 조국을 걷잡을
수 없는 혼란 속으로 몰아넣고 말았다.

1. 돈으로 모든 것을 해결하려는 황금만능의 그들의 생각.
2. 다수의 횡포를 민주주의의 본질로 착각하고 있는 그릇된 그들의 행동.
3. 목적 달성을 위해서는 수단 방법을 가리지 않으려는 그들의 행패는 마침
내 정권과 이기주의의 극치를 이루어 오늘의 조국은 부조리와 모순투성이를
않은 채 기약없는 진통만을 되풀이 하고 있는 것이다.

---

52) 〈민주사회주의란?〉, 《이래서 되겠는가》, 249~254쪽, 발췌.

국토의 통일을 목마르게 바라고 있는 겨레의 비원, 빈곤에 시달리고 있는 대중의 비명은 날로 높아만 가고 있으나 이미 사회정의도 국민도의도 찾을 길 없는 각박한 현실은 민주사회의 기본이 되는 국민의 동질성을 극도로 파괴하여 내일에 기대를 걸 수 있는 미래상조차 엿볼 수 없다.

사상 유례없는 부정부패와 일부 특수층에 대한 두드러진 특혜로 부익부하고 빈익빈하는 현상이 노출되어 대다수 국민들은 불안과 궁핍의 절망 속에서 목자를 잃은 양 떼처럼 방황하고 있으나 집권당의 권세도 보수야당의 집권욕도 우리에게 한 가닥의 희망조차 제시하지 못한 채 대중의 생존권을 극도로 위협하고만 있다.

오직 낡은 생리에 젖은 그들 보수정당들은 정권 도득에만 집착하여 가냘픈 대중의 비명을 끝내 외면한 채 권력의 아귀다툼에만 여념이 없는 것이다. 이에 우리들 서민대중은 그 어느 보수정당에도 기대를 걸 수 없다는 것을 깨닫게 되고 앉아서 죽음을 기다릴 수도 없어 억센 역사의 흐름과 시대의 요청에 따라 뜻을 같이하는 동지들을 규합하여 민족자강(자주 · 자립 · 자존)을 토대로 한 민주사회주의의 이념을 구현시키는 혁신정당의 창당으로서 인간이 인간답게 삶을 영위할 수 있는 성스러운 작업에 나서게 된 것이다.

우리들이 지향하는 민주사회주의야말로 19세기 이래 자본주의 아래서 형성된 빈곤과 실업, 인간의 노예 상태를 극복하고 사회보장, 완전고용, 경제성장, 소득과 재산분배의 합리적 실현으로써 경제적 민주화를 촉구키 위하여 계획성 있는 정책을 구현하며 나아가서는 권력의 독제화로부터 개인의 권리와 자유를 수호하여 민주의회를 통한 사회정의의 완미로운 정치를 실현시키는 것, 이것이 곧 모든 인류의 최대 희구요 최상의 이상이며 엄숙한 역사적 과업이다. 우리는 이 같은 민주사회주의의 실현으로서,

1. 모든 국민들에게 일터를 주게 하고 일을 하게 하면 최저한의 생활이 보장

될 수 있는 정치의 실현.

2. 권력분산에 수반되는 부의 분산으로서 빈부의 양극화를 맞아 공산주의의 침투를 방어할 수 있는 정치의 실현.

3. 소시민·노동자·농어민의 권익과 생활이 향상될 수 있는 수탈 없는 정치의 실현.

4. 매판자본·독점자본·부패자본의 성장을 막아 근로자의 편에 설 수 있는 중산층이 육성되는 정치의 실현.

5. 사회보장 제도의 확립으로써 복지사회가 건설될 수 있는 정치의 실현.

6. 온 겨레가 염원하고 있는 국토의 통일 목표를 달성하기 위하여 국제적 여건을 감안해서 민족자결을 토대로 부분적 통일로부터 완전통일을 성취할 수 있는 정의의 실현

7. 세계평화에 이바지하기 위하여 모든 우방과의 국교를 돈독히 하겠으나 민족정기와 주체성을 이탈하여 호혜평등의 대원칙이 무시당하고 있는 현재의 한일국교조약 같은 것은 이를 전면적으로 용납하지 않으며 국토수호를 위한 우리의 귀중한 국방력도 외압에 의하여 추호도 희생되지 않을 정치의 실현을 위하여 우리의 자주·자립·자존의 과업을 과감히 성취하려는 것이다. 이것이 곧 온 겨레가 절실히 바라고 있는

※정치의 현대화

※경제의 현대화

※생활의 현대화

를 구현함이 창당이념이요 근로대중의 지상의 목표인 것이다. 뜻을 같이하는 정수 의식층의 헌공에 거점을 두고 국민의 절대다수인 노동자·농어민·소시민의 권익을 대변하고 삶의 향상을 기하기 위하여 여기 창당을 준비하게 된 우리의 대중당은 욕된 과거의 역사를 씻고 조국의 장래에 푸른 꿈을 심어주는

창조의식에서 출발하는 새정당이 될 것을 다짐하는 바이다.

올바른 세계관과 역사적 사명감에서 오늘 비로소 창당의 뜻을 밝히게 된 것은 우리의 고충과 불퇴전의 의지에 공감하는 많은 동지들의 참여 있기를 중심으로 바라며 이와 같은 우리의 뜻을 널리 온 국민 앞에 밝히는 바이다.[53]

---

53) 《월파 서민호 관련 자료집(03)》, 각종 성명서, 신문 기고글과 인터뷰,(이후 〈자료집03〉, 표기)

대중당 창당을 주도

  박정희 군사정권의 비민주·반민족성에 분개한 서민호는 한일굴욕
회담에 저항하여 국회의원직을 내던지고 새로운 혁신정당의 창당에 나
섰다. 여기에는 보수야당에 대한 실망감도 담겼다. 정화암을 중심으로
하는 혁신계 인사들과 민주사회주의를 기본이념으로 하는 민주사회당
(가칭)준비대책위원회를 조직하였다.

  곡절 끝에 정화암 측과 결별하고 1967년 3월 9일 민주사회당(가칭)
은 창당대회를 열고 당명을 대중당으로 변경하는 등 공식 출범하였다.
서민호가 중심이 되어 처음으로 조직한 정당이다. 강령에서 민주적 사
회주의를 당의 기본이념으로 삼고 근로 대중의 권익을 대변하는 대중
적인 국민정당임을 밝혔다. 강령과 정책에 그가 평소에 품었던 정치철
학이 담긴다. 강령과 정책을 차례로 살펴본다.

강 령

(1) 당의 이념

  우리 당의 이념은 민주적 사회주의이다(민주사회주의는 인도주의에 근거를
  두고 있으며 민주적 독립과 시민의 자유와 평등 사회주의라는 기본적 가치
  의 실현을 추구하는 사상이요 운동이다.)

(2) 당의 성격

1. 우리 당은 근로대중의 권익을 대변함은 물론 국민전체의 이익을 추구하는 대중적인 국민정당으로서 사회 각층의 집단적 이해를 조정하며 의회를 통하여 참다운 민주주의를 실현하는 정당이다.

2. 우리 당은 본당이념에 찬동하는 자에게는 사회적 신분 여하를 막론하고 문호를 개방하여 범국민적인 참여를 기초로 하여 대중의 정치적인 의사를 형성하는 정당이다.

(3) 당의 노선

1. 우리 당은 민족의 주체성을 확립하고 자유와 평등을 이상으로 하는 민주적 사회주의 정치체제의 확립을 기하고 일당독재를 일삼는 공산주의와 기타 모든 독재세력을 배제하고 참다운 민주정치의 실현을 목표로 한다.

2. 우리 당은 사적 이윤추구를 기본법칙으로 하는 자유자본주의적 경제체제를 시정하고 공익우선과 자유경쟁을 조화한 민주적인 사회경제체제를 확립함으로써 생산력을 발전시키고 후진성을 극복하여 국민대중의 기본생활을 보장하고 그 향상을 기한다.

3. 우리 당은 완전고용의 달성, 사회보장의 충실, 국민소득의 인상 균등화를 통하여 점진적으로 복지국가건설을 기한다.

4. 우리 당은 민주적 윤리의 확립과 교육의 균등화를 실현하며 과학기술의 진흥으로 민족문화를 향상시킨다.

5. 우리 당은 국제적 여건을 감안하여 민족자강을 토대로 부분적 통일로부터 완전통일을 기한다.

6. 우리 당은 국군의 정병화와 장비의 현대화를 실현한다.

7. 우리 당은 유엔헌장을 준수하고 국력신장을 위한 외교로써 국제질서에 참여

한다.

대중당의 정책은 정치, 경제, 사회, 교육, 문화, 국방, 외교, 통일, 환경 등 7개 분야로 나누어 제시하였다. 여야 어느 정당에 못지 않는 참신하고 개혁적인 정책이라는 평가를 받았다. 역시 서민호의 정치철학이 담긴 내용이다. 먼저 정치와 경제 분야를 소개한다.

정치 · 경제분야 정책

(1) 정치

1. 개인의 기본권을 옹호하며 기회균등의 사회발전에 이바지하기 위하여 인권을 침해하는 어떠한 요소도 단호히 배격한다.
2. 복수 정당제를 원칙으로 하며 소수당의 의견을 충분히 존중한다.
3. 비민주적인 악법(특히) 사형제도를 폐지하고 비민주적인 재판절차를 개선 시행한다.
4. 언론, 출판, 결사의 자율적인 활동을 보장한다.
5. 모든 국가공무원에 대하여 본연의 임무인 공정성과 중립성 특히 군경의 정치적 중립을 실현한다.
6. 선거법을 개정하여 참다운 국민의 대표가 선출될 수 있는 선거제도를 수립한다.
7. 국가 권력 가운데 사법권의 독립을 철저히 보장하며 지방자치제의 실시로 행정권을 중앙에서 지방으로 분산한다.
8. 현저한 반민주적 행위 및 부정축재를 막기 위한 입법조치를 실시한다.

(2) 경제

1. 모든 사적 이윤추구는 공익에 우선할 수 없으며 불순자본의 형성이나 독점 재벌의 횡포는 이를 단호히 배격한다.

2. 건전재정을 확립함으로써 통화가치를 안정시키고 균형예산으로서 경제안전 과 그 성장을 기한다.

3. 세제개혁을 단행함으로써 국민부담을 공정히 함과 동시에 특히 저소득근로 대중이나 영세농·어민의 면세점을 대폭 인상하며 불로소득에 대하여 누진 세재를 강화한다.

4. 금융의 대중화와 금리의 적응화로서 화폐의 유통질서를 확립하고 고액고리 의 사채를 억제한다.

5. 국책은행의 경영을 합리화하고 특혜대부 특정업체의 장기체납에 대한 음성 적 보호를 단호히 배격한다.

6. 서민대중의 생필품에 대해서는 국세를 인하하며 특히 연료 등은 철저한 가 격관리를 행한다.

7. 중공업을 주간으로 하는 산업의 구조를 점진적으로 개혁하고 국책산업 및 시장을 독점하는 대기업은 이를 필요에 따라 국유화하며 특히 공익에 속한 용역사업은 이를 공유화한다.

8. 국제수지 향상을 도모하기 위하여 수출산업을 적극 지원하며 외환의 효율적 관리를 기한다.

9. 밀수 근절에 대한 단호한 대책을 수립한다.

10. 주곡일원정책으로부터 다원농업으로의 전환을 기하며 동시에 입체농업을 권장한다.

11. 안정 농가를 이룩할 수 있는 농지의 재조정과 농업의 협업화, 기계화를 적 극 지원하여 영농의 현대화를 기한다.

12. 획기적인 비료정책을 단행하고 재해를 보험 보상하여 농가의 안정을 기한

다.

13. 식량대책을 합리적으로 수립하고 식량증권제를 실시함으로써 곡가를 안정시킨다.

14. 농·어촌의 전력부족 해결은 주로 소계곡 발전소로 하되 이는 국가보조사업으로 건설한다.

15. 수산자원의 보호 및 개발과 어로기술 및 어구의 현대화를 촉진하여 어민소득을 증가시킨다.

16. 외화획득을 위주로 하는 원양어업은 국가 관리하에 둘 것을 원칙으로 한다.

17. 영세어민, 해양기술원, 선원 등에 대해서는 소득세를 감면하고 선원의 보험제도를 실시한다.

18. 농·어민협동조합의 자립성과 민주화를 적극 보장하여 그 운영체제를 개선하여 진정한 복리기관으로서 그 기능을 살린다.

19. 중소기업은 수출산업 및 수입대체산업으로 전환하고 국가는 이를 적극 보호한다.

20. 중소기업 육성을 위하여 금융부분에서의 적극지원과 하청기관 안전법 등을 마련하여 대기업으로부터 보호한다.

21. 상공회의소의 운영을 민주화하여 중소기업가의 참여를 보장한다.

22. 외원의 효율적 사용을 위하여 특별기구를 설치하며 그 운영을 합리화한다.

23. 국토건설로서 간척사업 및 유휴지의 개간과 산업도로를 정비하고 몽리면적을 확장하여 산업부흥의 기틀을 확립한다.

24. 지하자원의 적극적인 개발을 추진하고 국가는 이를 더욱 지원한다.

25. 물동계획을 엄밀히 검토책정하여 경제개발계획에 차질이 없도록 한다.

사회·교육·문화·국방·외교·통일·환경정책

(3) 사회

1. 근로대중은 일할 권리와 사회적으로 자주 생활할 수 있는 보수를 받을 권리와 또는 기업경영과 이익분배에 참여할 권리를 부여하도록 적극 노력한다.

2. 노동운동을 완전 자주화하고 노동단체의 정치참여를 자유화하며 국제노동 운동기구의 가입을 적극 추진한다.

3. 산업시설을 지방에 분산하고 실업자의 완전 취업을 실현하여 실업보험제를 실시한다.

4. 상이군·경 및 전몰 유가족은 우선적으로 원호한다.

5. 국가에 봉사한 공로가 현저한 자, 고아, 무의탁 연로자 및 불구자는 국가의 특별한 보호를 받도록 한다.

6. 무의촌의 완전해소와 영세민에 대한 무료치료 시설을 확충한다.

7. 여성의 사회진출을 최대한 보장하며 소년은 국가의 선도와 보호를 받는다.

8. 주택난은 합리적인 계획으로 해소시키며 농촌주택의 현대화를 촉진한다.

9. 차가인보호법을 제정하여 입주자의 권익을 보호한다.

10. 사회복지시설의 확충과 지역개발은 국가의 지원을 받도록 한다.

11. 실질적인 신분균등을 실현하기 위한 새로운 윤리형성에 적극 노력하며 직업에 대한 차별 의식을 철저히 부식토록 한다.

12. 이민은 국가의 지원하에 실시한다.

13. 해외교포는 그의 생명, 재산, 지위 등을 국가가 보호하도록 하기 위한 특별법을 제정한다.

14. 복지사회를 이룰 수 있는 사회입법의 재정비를 촉진한다.

(4) 교육·문화

1. 의무교육연한을 연장하고 그 합리적인 실효를 얻기 위하여 특별법을 제정하

며 산업기술교육을 장려한다.

2. 국립 장학제도를 확충하여 영재 교육제도를 강화한다.

3. 종교, 교육은 물론 모든 문화활동의 자유를 보장한다.

4. 농촌의 문화향상을 위하여 우선 면단위로 문화관을 설치한다.

5. 국민의 체위향상을 도모하는 체육시설을 확충하여 건전한 오락을 장려한다.

6. 해외 교포의 교육을 국가 관리하에 강화한다.

7. 원자력의 평화적 이용을 적극 추진한다.

8. 사학재단에 의한 모리적 수단은 강력히 규제한다.

9. 학술원과 예술원의 재정적 지원을 강화한다.

(5) 국방·외교

1. 한·일 협정은 이를 전면 재검토한다.

2. 허식성 외교를 지양하고 자립·적극·다원외교를 지향한다.

3. 대외선전, 문화교류, 경제외교를 강화한다.

4. 정병주의와 군장비의 현대화를 실현한다.

5. 병무행정의 합리적 운영과 의무연한을 단축하며 장병 처우개선과 직업군인
제를 채택한다.

(6) 통일

1. 초당적 통일협의기구를 통하여 승공통일의 기초를 마련한다.

2. 유엔, 기타 국제기구를 통하여 부분적 통일로부터 완전통일에 이르도록 합
법적인 남북교류를 실시한다.

3. 분단된 국가간의 통일을 위한 합의기구를 설치하고 통일방안을 연구 모색한
다.

(7) 환경

민중이 쾌적한 환경속에서 건강하게 생활하고 창조적으로 노동할 수 있도록 환경권을 완전하게 보장한다.

1. 환경을 파괴하고 민중의 생명을 좀먹는 공해를 완전하게 퇴치한다.

① 민중의 이익과 무관한 공해 다발형 외국자본의 진출을 전면 규제한다.

② 환경에 중대한 영향을 끼치는 각종의 대규모 사업 및 공업단지의 신규 건설 시에는 민중의 자주적 참여하에 환경에 대한 영향을 엄밀히 평가하여 그 가부를 결정한다.

③ 모든 공장의 공해방지 설비를 의무화한다.

④ 환경 파괴적이고 자원 낭비적인 유해상품의 생산 판매를 억제하고, 무공해형 상품의 개발을 적극 지원한다.

2. 핵의 평화적 이용을 실현하여 핵에 의한 환경의 파괴와 생존의 위협으로부터 민중을 해방시킨다.

① 한반도의 모든 핵무기를 철거하여 한반도의 비핵지대화를 실현한다.

② 평화적 목적 이외에 핵을 이용하는 것을 반대하여 투쟁함으로써 전 세계를 핵전쟁의 공포로부터 해방시키는 데 전력한다.

③ 핵을 평화적으로 이용할 시에도 그 환경파괴 위험을 최소화시키기 위한 철저한 방지책을 마련한다.[54]

---

54) 이기홍, 《호남의 정치》, 200~206쪽, 1996.

혐의 풀리자 '조총련계 자금' 엮어

독재자들의 패악 가운데 하나는 라이벌이나 유능한 인재를 중절시켜 버리는 행위다. 수법에는 암살·테러·납치·사법조치(살인) 등 다양하다. 마치 도벌꾼이 잘 자란 나무를 골라 도끼질을 하듯이, 독재(세력)자는 유능한 인재를 골라 찍어 낸다.

박정희 정권은 서민호를 찍었다. 이승만이 8년 동안 투옥했던 수법의 연장선이다. 특히 박정희는 일본군 출신의 콤플렉스였는지, 일제강점기 조선어학회사건에 연루되어 옥고를 치룬 서민호 등 독립운동가 출신을 박해하였다.

박정권은 서민호를 줄곧 주시해 왔다. 보수야당을 배격하고 혁신계에서 고고한 모습으로 고군분투하지만 정책과 철학 그리고 처신에서 웅지가 깃들어 있었다. 더이상 자라기 전에 싹부터 잘라내야 했다. 민주사회주의 이념이나 남북서신교류, 기자교류 등은 국가보안법과 반공법으로 묶기에 차고 넘쳤다.

그러나 이것만으로 국민 속에 뿌리를 둔 거물급 정치인을 톱질하기에는 부족했다. 해서 당시 약효가 큰 '조총련 관련'으로 엮었다. 조총련과 엮으면 국민이 쉽게 접근하기 어려운 경계 이어서 도벌작업이 그만큼 쉬웠다. 한 신문기사를 소개한다. 검은 바탕에 흰 글자로 "서민호씨 구속, '조총계 자금'받아 쓴 혐의 첨가"란 제목의 기사다.

민주사회당(가칭) 창당준비위대표 서민호씨의 발언을 수사해온 검찰은 3일 오후 1시 서씨를 반공법 4조1항 위반혐의로 구속, 서울교도소에 수감했다. 서씨의 구속영장을 검토한 서울형사지법 김용철 부장판사는 2일 오후 영장을 기각했다가 검찰의 2차 신청을 받고 새로운 소명자료가 첨부됐다는 이유로 이날 오전 11시 반에 영장을 발부했다.

　김부장 판사는 검찰의 1차 영장신청을 받고 3시간에 걸친 검토 후 구속사유로는 소명자료가 부족하다고 기각했었는데 검찰은 3일 아침 서씨가 ① 민사당 창당 자금 등으로 조총련에서 일화 4백만 원을 유입, 사용했고 ②지난 4월 13일 "온 국민은 일어나라, 미국의 대리전쟁을 하는 것은 참을 수 없다"는 등의 내용을 실은 전단을 뿌렸다는 새로운 소명자료를 보강, 영장을 재신청했던 것이다.

　이날 아침 새로 첨부된 소명자료인 전단의 내용은 "···민족의 고귀한 피를 진흙탕과 정글의 흙덩이 나라에 팔아넘기고 있다. 이것은 정권유지와 내외 상인들의 자본축적 수단으로 하는 것이다. 미국의 대리전쟁을 하는 것은 참을 수 없다. 온 국민은 궐기하여 일어나라"는 등으로 되어있다 한다.

　서울지방검찰청 공안부 박종인 검사는 2일 중앙정보부의 수사보고를 받고 검찰총장과 법무장관의 승인을 얻어 서씨의 구속을 서둘렀다. 서씨의 구속 사유는 남북한 서신교류 및 언론인 등의 교류와 김일성 면담 용의, 국군파월은 대리전쟁이라는 주장 등으로 반공법 제4조 1항(적에의 고무 동조 등)을 위반했고, 지난 4월 조련계 김 모 씨로부터 4백만 원을 받다아 동당 자금에 사용함으로써 동법 5조 1항(반국가단체와의 접촉 및 자금제공)을 위반했다는 것이다.

　서민호 민사당 대표는 3일 구속이 집행되기에 앞서 "검찰이 일단 기각된

영장을 다시 딴 죄명을 붙여 발부받는 것은 연극이나 장난으로 밖에 볼 수 없다"고 말하고 "국민을 위해서나 정부를 위해서도 불행한 일이 될 것"이라고 말했다.

그는 그의 구속 이유 중의 하나인 조련계 자금유입 문제에 대해서 "중앙정보부에서도 이 문제에 대해 조사를 받았다"고 말하고 민주당 정권 때(당시 국회부의장) 재일교포의 국회옵서버 파견교섭을 위해 찾아온 김금석(현 민단 고문) 씨가 교포 중에 나를 도와주겠다는 사람이 있다길래 깨끗한 돈이면 받겠다고 했고 또 돌아가면 서상록 씨를 만나 인하공대를 맡아보도록 일러 보냈는데 그후 김씨로부터 서상록 씨가 약 3천만 원 가치의 마산과 인천에 있는 재산이 처분되면 맡아보겠다 하더라는 편지가 왔는데 이 편지가 이번 사건으로 압수됐다"고 말했다.

그는 또 "고 조봉암 씨 비서 이영근 씨와 접촉을 하고 양한모 씨 한테 돈을 얻어 썼다고 하나 이씨는 교도소에서 한 번 본일이 있을 뿐이고 양씨는 만난 일조차 없다"고 주장했다.[55]

대중당 대선후보에 지명되고

1967년은 서민호 개인사와 한국정치사에 많은 이슈가 제기된 해이다. 부인 정희련 여사가 별세하고 하상희 여사와 재혼하였다. 이해 5월 3일 제6대 대통령선거를 앞두고 여야는 물론 군소정당에서도 체제 정비가 진행되었다.

---

55) 《대한일보》, 1966년 6월 3일.

공화당은 2월 2일 장충체육관에서 제4차 전당대회를 열어 박정희 대통령을 대통령 후보로 지명하였다. 제1야당 신민당은 윤보선을 다시 지명하여, 1963년 제5대 대선 때와 같은 후보자가 맞붙는 양상이었다.

서민호는 3월 9일 대중당 창당대회 및 대통령 후보 지명대회에서 당 대표와 후보로 지명되었다. 그는 〈왜 나는 대통령 후보 지명을 수락하지 않으면 안 되었는가〉라는 성명을 통해 후보를 수락하게 된 다섯 가지 이유를 밝혔다.

첫째 이유, 국민의 여망인 단일야당이란 재야세력의 총규합을 뜻하는 것이지 결코 전민주당 신구파의 화신인 민중·신한 양당만의 합류 재탕을 의미하는 것이 아닌데도 불구하고 신민당의 간판을 걸고 5.16 이전 상태로 후퇴한 그들은 다른 재야 세력의 참여를 봉쇄했을 뿐만 아니라 더욱이 4자회담이란 명칭을 들고나와 그들만이 재야 지도자임을 자처하고 지도층 인사들은 협의대상에서 제외하였음으로 진정한 단일 야당이나 야당 단일후보가 실현되지 못한 것으로 보기 때문에 협의대상과 참여대상에서 제외된 재야정치세력을 총규합하여 제3당의 입장에서 국민의 여망은 대신하고 실현시키려는 사명감에 의한 것이다.

둘째 이유, 헌법상의 양당정치제도는 정책이 대동소이한 초록동색격의 보수양당제도를 의미하는 것이 아니라 서로 정책과 이념에 차이가 있는 보수·진보 양당제도를 뜻하는 것인데도 불구하고 보수일변도인 양당정치를 하고 있다는 것은 결과적으로 서민대중의 권익을 옹호해주며 대변해주는 정당이 없는 것과 다름이 없으므로 보수·진보 양당정치를 구현시키고 진보적인 정책의 실현으로서 대중의 권익을 옹호하기 위한 것이다.

셋째 이유, 이념정당인 우리 진보세력은 독자적 견지에서 대통령 후보를 지명하는 것이 당연하나 국민의 여망에 부응키 위하여 연합전선을 펴서라도 협조할려고 제1차 지명을 보류하였고 야당 대통령 후보의 단일화를 위해 양차에 걸쳐 협상을 제의하였으나 그들 재야 보수세력은 구태의연한 고식적인 사고방식과 독선적인 우월감에서 이를 도외시 또는 묵살하였다.

그러므로 부득이 당 동지들과 뜻을 같이하는 국민들의 입후보 요구를 이상 거부할 수 없었기 때문이다.

넷째 이유, 현재로는 참된 선명야당이 부재 상태에 있기 때문이다. 전 신민당은 매국적인 한일협정의 비준저지 · 월남청부 전쟁 반대 및 파월국군 즉시 철수 또는 의원직 사퇴를 금과옥조로 내세우고 전 민중당을 준여당시 또는 반역시하였을 뿐 아니라 이를 방방곡곡에 선전하였고 따라서 많은 지식인 · 종교인 · 학생 등을 선동시켜놓고 이제 그 민중당과 합당했다고 해서 그들이 반대해 오던 것을 합리화 내지 시인함으로써 우리가 바라는 선명야당은 부재상태로 돌아갔으므로 선명야당의 가치를 들지 않을 수 없는 사명감에서 입후보 지명을 수락하지 않을 수 없는 입장에 섰기 때문이다.

다섯째 이유, 지금까지의 집권당이나 보수 야당들의 조국통일관은 지극히 소극적이었고 미온적인 반면 집권욕과 이해관계만 급급해 왔다. 오늘날 국제정세와 국내실정에 비추어볼 때 언제 다가올 지 모르는 이 통일문제를 실질적으로 다룰 수 있는 정당은 오직 양극을 피한 민주사회주의를 이념으로 하는 우리 정당만이 추진할 수 있다는 역사적 사명감에서 대통령 후보 지명을 수락하지 않을 수 없게 된 것이다. 이상 다섯 가지 이유로 본인이 대통령 후보 지명을 수락하게 되었다는 것을 밝혀두는 바이다.56)

---

56) 《자료집 03》.

▲ 제6대 대통령선거 서민호 후보 벽보 1967.05.03. 제6대 대통령
선거일 선거운동 벽보

정권 교체 위해 후보사퇴 용단

제5대 대통령선거는 공화당의 박정희, 신민당의 윤보선 외에 대중당
의 서민호, 통한당의 오재영, 민중당의 김준연, 한독당의 전진한, 정의
당의 이세진이 각각 입후보하였다. 막강한 여당 후보에 견주어 야권은

6명이 나선 것이다.

공화당은 "틀림없이 공화당! 황소 힘이 제일이다", "박대통령 다시 뽑아 경제건설 계속하자", "중단하면 후회하고 전진하면 자립한다"는 선거구호를 내걸었고, 신민당은 "빈익빈이 근대화냐 썩은 정치 갈아치자" "지난 농사 망친 황소 올봄에는 갈아치자" "박정해서 못 살겠다 윤택하게 살길 찾자"는 구호 아래 선거전에 나섰다. 대중당을 비롯, 군소정당도 각기 구호와 공약을 내걸었다.

박후보는 조국근대화를 위해 농공병진정책과 경제개발 5개년계획의 추진을 역설했고, 윤 후보는 정권교체를 제도적으로 보장하기 위해 현재의 대통령 중임제를 폐지할 것을 주장하면서 정부의 경제정책을 수탈정책이라고 비판했다. 유독 이념정당을 표방하고 나선 대중당의 서민호 후보는 농지개혁의 재조정, 독점재벌의 배격 등을 공약으로 내세웠다.

선거전은 박·윤 두 후보로 압축된 가운데 치열한 접전을 벌였다. 그러나 집권당의 이점에다 야권의 분열로 박정희 후보의 우세가 나타났다.

서민호는 고심을 거듭했다. 야권의 분열로 박정희의 재집권을 허용하느냐, 그럼에도 대중당의 정치적 존립과 민주사회주의이념·정책을 홍보하기 위해서라도 완주하느냐의 고심이었다. 그는 누구 못지않게 박정희의 재집권을 바라지 않았다. 재벌중심의 경제정책, 굴욕적인 한일회담, 용병격의 베트남 파병 등 박정권의 내·외정 어느 것 하나도 용납하기 어려웠다.

5월 3일로 투표일이 다가왔다. 투표를 5일 앞둔 4월 28일 서민호는 후보사퇴를 선언했다. 다음은 고심에 찬 〈사퇴성명서〉이다.

나는 지금 엄숙한 역사의 심판대에 서 있다. 민주사회주의정책을 당 이념으로 삼고 있는 이념정당인 우리 대중당은 이 나라에 진보·보수의 건전한 양당제도를 실현하고 민주통일의 대업을 성취하기 위하여 대통령 후보를 내지 않을 수 없는 역사적 필연성에 입각하여 내가 대통령 후보직을 수락하였고 지금까지 피눈물 나는 선거전을 벌여왔다.

그리고 소위 단일야당의 형성은 재야세력의 총집결체가 되지 못하였기 때문에 진정한 단일야당의 내용을 이루지 못하였고 우리가 이에 협조할 의미를 발견할 수 없었다. 그러나 나는 많은 순박한 국민들이 현 집권당의 부패·부정에 시달린 나머지 우리가 시도하는 국가백년대계의 확립에 한걸음 앞서서 과도기적인 긴급피난의 방편으로 우선 정권교체부터 갈망하고 있는 절실하고 안타까운 현실을 분명히 파악하였다.

내 평생을 국민의 편에 서서 국민을 위해 투쟁해온 민주신봉자임을 자임하는 나는 이러한 국민의 여망에 외면할 수 없어 나와 당의 눈물겨운 희생을 각오하면서 나는 국민의 한 사람으로 국민적 투쟁대열에 참여할 것을 결심하였다.

그런고로 나는 대중당의 대통령 후보직을 사퇴하는 것이니, 모든 국민은 누구에게든지 옳다고 믿는 후보에게 표를 몰아서 던져줌으로써 이 나라의 민주주의를 꽃피게 하여주기 바란다.

내가 사퇴를 결행함으로써 역사와 국민 앞에 떳떳함을 느끼는 동시에 내 눈동자처럼 귀중히 여겨온 당과 나와 민주사회주의정책을 지지하는 모든 동지들 앞에 책임을 져야 하는 정치지도자로서 고개를 들지 못하는 바이다.

그러나 기구한 역사의 가시밭길을 걷고 있는 서민호는 보다 강력한 행진을 위해 잠시 발을 멈추었을 뿐 결코 영원히 사라져 가지 않을 것임을 가슴

깊이 새겨두기 바란다.57)

　서민호는 수평적인 정권교체를 위해 후보를 사퇴하고 신민당과 같이
공명선거투쟁위원회를 결성하고 위원장이 되었다. 투표 결과 박정희가
총 유효 투표의 51.44%에 해당하는 568만 6,666표를 얻어 452만
6,541표를 차지한 윤 후보를 앞질렀다. 박정희는 두 번째 대통령에
당선되었다.

---

57) 앞과 같음.

7대 국회의원 옥중당선

대통령 선거가 끝난 3일 뒤 박정희 정권은 민중당 대표 서민호를
반공법위반 혐의로 구속했다. 문제가 된 발언은 북한을 현실적으로 국
가로 인정해야 된다는 것과 국방비를 줄이기 위해 남북군축을 제의하
겠다는 내용이었다. 국가보안법과 쌍벽을 이루며 민주인사·통일운동
가들을 옭아매는 것이 반공법이다.

박정희 정권은 서민호가 야권후보 단일화를 명목으로 후보를 사퇴하
고 신민당과 함께 공명선거투쟁기구의 책임을 맡아 매섭게 활동한 것
에 '괘씸죄'를 찍고 구속한 것이다. 북한을 현실적으로 인정해야 한다는
주장은 유엔에서 제기되고, 군축문제는 공식 제의한 것도 아닌 '제의하
겠다'는 예고편이었다. 그럼에도 박정권은 그를 다시 구속한 것이다.
박정권에서만 네 번째 구속이다.

재집권에 성공한 박정희 정권은 같은 해 6월 8일로 다가온 제7대
국회의원 총선거에 전력투구했다. 공화당은 박정희가 대통령에 재선된
여세를 몰아 집권당의 입장에서 행정조직의 측면지원을 받은 데다 풍
부한 자금을 동원해 유리한 조건 아래 선거운동을 전개했다. 여전히
분열상태의 야당은 자금·조직면에서 열세를 면치 못했다.

5월 15일 후보등록이 마감되자 전국 131개 선거구와 전국구에 출마
한 입후보자는 모두 821명으로 평균 5,4 대 1의 경쟁률을 보였다. 선

거전이 시작되면서 공공연한 관권의 개입과 금품수수, 각종 선심공세와 향응 제공, 유령유권자의 조작과 대리투표 · 공개투표 · 폭력행위 등 온갖 부정과 타락이 공화당 측에 의해 자행되어 선거 분위기가 극도로 흐려졌다.

공화당은 득표를 위해 들놀이 · 친목회 · 동창회 · 화수회 · 부인계 등을 벌이게 하고 타월 · 비누 · 수저 · 돈봉투를 돌리는 등 3 · 15부정선거를 뺨치는 광범위한 부패선거를 거침없이 자행하였다.

여 야당은 '안전세력 확보'와 '공화당 독재 견제'를 선거구호로 내세웠으나, 정책이나 선거구호는 이미 관심권 밖이고 선심공세와 각종 탈법 · 폭력행위가 공공연하게 난무하는 타락상을 보였다.

6 · 8총선이 이렇게 타락 선거로 시종하게 된 것은 공화당이 71년 이후를 내다보고 원내에서 개헌선을 확보하려는 속셈이 있었고, 야당은 결코 개헌선을 허용할 수 없다는 데서 과열경쟁이 나타나게 된 것이다. 박정희 대통령은 이때 이미 장기집권을 구상하면서 재선의 임기가 끝나는 7대국회에서 개헌을 강행해서라도 계속 집권할 생각에서 6.8총선을 무리하게 끌고 간 것이다.

6 · 8선거는 5.3선거 때보다 겨우 한 달 만에 유권자 수가 78만여 명이 증가하는 등 유령유권자 조작과 온갖 부정 속에서 공화당의 일방적인 승리로 마무리되었다. 공화당은 당초 목표한 대로 개헌선(117명)을 훨씬 넘는 130석(전국구 27명, 지역구 103명)을 차지했으며, 신민당은 44석(전국구 17명, 지역구 27명), 대중당이 1석(서민호)을 차지했을 뿐 나머지 군소정당은 단 1석도 얻지 못했다.

서민호는 구속된 상태에서 전라남도 고흥에서 대중당 후보로 출마하여 옥중 당선되었다. 군소정당 후보 가운데 유일한 당선자이고 옥중

출마자는 '밀수왕초는 박정희' 발언으로 구속된 장준하가 서울 동대문에서 당선되어 기껏 두 명이었다. 서민호는 이제 4선의원이 되었다. 당선 뒤 5월 27일 석방되었다.

국회는 6.8부정선거 후유증으로 장기간 개원하지 못했다. 신민당이 유례없는 관권·부정선거를 이유로 전면 재선거를 주장했으나 이를 수용할 정부·여당이 아니었다. 야권으로서도 공공연한 관권선거를 용납할 수 없었다. 정국은 여러 달째 얼어붙고 국회는 공전되었다.

이때 유일한 제3당 당선자 서민호가 나섰다. 7월 25일 시국수습 4개 방안을 제시했다. 이에 앞서 이효상 국회의장이 7개 수습방안을 제시했으나 공화당 소속 국회의장의 방안은 민심이나 야당의 주장을 반영하지 못하였다.

서민호는 6.8선거는 전면 부정이나, 전면 재선거는 현실적으로 불가능하다고 전제, 현 시국을 수습할 수 있는 차선의 방안으로서 여야 사이의 토론의 길을 터놓게 할 수 있는 선행 2개 조건과 협상내용 2개 조건을 제시했다.

① 공화당의 총책임자인 박정희 대통령은 행정부의 수반으로서가 아니라 공화당의 총재 자격으로 6.8부정선거에 대해 국민이 납득할 수 있는 사과할 것.
② 선거 당시의 내각은 부정선거에 책임을 지고 총사퇴하는 동시에 부정선거 관련 공무원을 엄중 처단할 것.
이상 두 가지 조건이 이루어지면 곧 여야 영수 또는 중진회담을 열어 다음 ③ 및 ④항을 논의할 것.
③ 여야 동수로 공동조사단을 구성, 선거부정이 현저한 부정지구(적어도 15개 지구)에 대하여 조속히 재선거를 실시토록 정치적 조정을 할 것.

④ 부정선거의 재발을 막기 위한 제도적 보장책을 강구할 것이며 헌법·정당법 등을 개정하여 무소속 출마를 가능케 할 것.[58]

공화당은 서민호의 수습방안 가운데 박정희 대통령의 사과 부문 등을 들어 반대하고, 신민당은 전면 재선거의 당론을 들어 역시 비판적이었다. 서민호는 이에 멈추지 않았다. 교착된 정국을 풀기 위해 유진오 신민당 대표위원과 만나는 등 조정역할에 나섰다. 박정희·유진오 영수회담이나 자신을 포함 3자회담을 제의하였다.

단독등원, 독불장군 등 비아냥 따라

서민호는 장기화한 정국의 경색을 풀고자 8월 18일 두 번째 시국수습 방안을 제시하였으나 이번에도 받아들여지지 않았다. 여야 대치는 더욱 굳어지고, 견제받지 않는 박정희 정권의 독주·독선은 날로 심화되었다.

그는 1968년 11월 8일 등원을 결행했다. 신민당에서 날선 비판이 나왔다. 배신자·사쿠라 등 험한 코멘트가 신문지면을 장식했다. 그는 〈나는 왜 국회에 등원하는가?〉란 성명에서 "물가양등, 극심한 한발 등으로 국민의 경제생활이 총파탄에 직면한 이때 공화·신민 양당을 제외한 제3의 다대수 국민의 막대한 피해를 나는 결코 좌시할 수 없다"고 명분을 내세웠다. 그의 '단독등원'은 그의 정치행로에 적지 않은 영향을

---

58) 《경향신문》, 1967년 7월 26일.

끼쳤다. 독불장군이란 비아냥을 들어야 했다. 그의 한 신문과의 인터뷰 〈등원의 변〉이다.

6.8총선거가 끝난 후 월파는 5개월 동안 공화·신민 양당의 고위간부들과 접촉해가면서 정국수습을 위해 무척 노력했지만 결국 실패하고 혼자 등원하지 않을 수 없었다는 것.

"여야 사람들을 많이 만나봤는데 공화당의 고위간부들은 현 사태에 대한 책임감에서 초조하고 몇몇 신민당 의원들은 국회에 못 들어와서 초조하고… 말하자면 내가 그들에게 문호개방 역할을 한 셈이지."

— 서의원의 단독등원을 이상하게 생각하는 사람들도 있는 모양인데.

"물론이지. 지독하게 불신하고 현 정치풍토 하에서는 나를 이상한 눈으로 보는 것이 오히려 당연한 일인지 몰라. 그러나 오해는 시간이 흐르면 풀리는 법이야."

시가 5백만 원짜리 청진동 집이 2백40여 만 원(원금 1백 80만원)의 빚에 넘어가고 안국동 집을 팔아 전셋집(가회동)에 들어있는데 오해란 당치 많은 말이라고 웃어넘긴다.

"말이 났으니 말이지 얼마 전에는 그 측에서 금액을 미끼로 내세워 교섭해 왔던 3.4일 전에도 그런 일이 있었지만 두 말 않고 깨끗이 돌려보냈지. 말하자면 지금까지는 그런 일이 없지만…. 작은 정당이긴 하지만 당을 운영하려면 앞으로는 어떨지 나도 모르지"라고 조크를 던지고는 파안대소.

○ 월파는 현 정국을 바로잡으려면 전 정치인들의 반성이 필요하지만, 야당보다 여당이 더욱 양보하여 협상을 성공시켜야 한다고 설파했다.

"내 자랑이 아니라 내가 등원하고 난 후에 협상의 분위기가 많이 부드러워졌어. 아직은 낙관도 비관도 할 수 없지만…."

월파 자신의 견해로는 "현 단계에서 협상이 결렬되면 '야당부재' '정치부재' 상태가 온다는 것, 그렇게 되면 야당도 죽고 여당도 죽고 대외적으로 나라 체면도 말이 아닐거고…."

○ "날더러 '융통성 없는 석두'라고 말을 하더군. '정치 즉 타협'이라는 말을 모르는 거 아니지만 앞으로는 정말 좀 융통성이 있어야겠어."

어떻게 보면 이번의 단독등원이 월파 자신의 정치적 관념에는 전환점이 될 수도 있는 것 같다.

앞으로는 지방사업도(될지 안 될지 모르지만) 해야 하겠고, 또 하루 빨리 선거구에도 내려가 보고 싶지만 협상이 끝나는 것을 보지 않고는 발걸음이 선뜻 내키지 않는다고 한다.

○ 월파가 여야 간부들을 만나니 제3당의 출현이 꼭 필요한 점을 느꼈다고 한다.

"언필칭 보수 양당제도를 확립해야 한다고 말을 하지만 지금과 같은 사태가 또 다시 일어나지 않도록 하기 위해서도 제3당이 꼭 필요하거든, 내가 등원한 것도 이 점을 대변하는 것이 그 이유의 하나지." 월파는 계속한다. "여하간 나는 나의 소신으로 등원했어. 하늘을 우러러봐도 땅을 굽어봐도 부끄러움 없이 잘한 일이라고 믿고 있지."[59]

등원한 그는 국회본회의 대정부 질의를 통해 6.8부정선거의 실상과 박대통령과 정부의 책임을 통렬하게 비판하였다. 힘을 가진 정부·여당이 야당의 제안을 폭넓게 수용하는 아량을 보이도록 거듭 촉구하였다.

---

59) 《전남일보》, 1967년 11월 19일.

공화당은 단독국회나 다름없는 국회에서 〈언론윤리위원회법〉등 장기 집권을 기도하면서 필요한 각종 법률을 개폐하는 등 독주를 계속하였다. 그는 일당백의 자세로 〈선거·정치자금 등에 관한 법률 결의안〉, 〈향토예비군 설치법 개정법률안〉 등을 제안하여 제동을 걸었다. 하지만 거대한 공화당의 일당독주를 제어하는 데는 한계가 있었다.

박정희의 권력 야욕 3선개헌 반대 투쟁

박정희 대통령은 이승만 대통령이 영구집권을 기도하다가 60년 3 · 15 부정선거로 쫓겨난 지 9년 만에 다시 장기집권을 위한 3선개헌을 추진하기 시작했다. 전임자가 국민의 봉기로 권좌에서 쫓겨난 지 채 10년도 되지 않은 시점에서 다시 장기집권을 기도하는 개헌을 하겠다고 나서는 것은 전혀 역사에서 교훈을 배우지 못한 무지한 행동이었다.

6 · 8부정선거를 통해 개헌선을 확보한 박정희는 권력지향의 충성분자들을 동원하여 개헌에 대한 애드벌룬을 띄우기 시작했다. 7대 국회의원 선거는 3 · 15가 무색할 만큼 관권 부정선거였다. 개헌에 필요한 의석수를 채우기 위해 무리하게 부정선거를 감행한 것이다.

68년 12월 17일 공화당 당의장서리 윤치영은 부산에서 "조국근대화와 민족중흥의 과업을 이룩하기 위해서는 무엇보다 강력한 정치적 리더십이 필요하다"고 역설하면서 "이 같은 지상명제를 위해서는 대통령 연임조항을 포함한 현행헌법상의 문제점을 개정하는 것이 연구되어야 한다"면서 3선개헌의 물꼬를 텄다. 윤치영은 자유당 시대에는 "이승만은 단군 이래의 지도자"라고 아첨을 하여 지탄받았던 인물이다.

박정희 대통령은 개헌문제가 야당의 강력한 반대에 못지않게 공화당 내에서도 JP(김종필) 계열의 반발에 부닥치자 일차적으로 '항명파동'을

▲ 3선개헌 반대 데모

통해 이들을 숙청하는 등 정지작업을 벌였다. 이런 과정을 거친 박 대
통령은 69년 7월 25일 "여당은 빠른 시일 안에 개헌안을 발의해 개헌
추진에 대한 공식적인 입장을 발표하라"고 지시하기에 이르렀다.

　마침내 박정희는 이승만과 똑같이 민주주의의 '건널 수 없는' 다리를
건너는 무리수를 던진 것이다. 7월 28일 공화당은 백남억 정책의장이
마련한 대통령의 3선연임 허용과 국회의원의 각료직 겸직을 내용으로
하는 개헌안 골격을 확정한 뒤 소속의원들에 대한 설득작업에 나섰다.
국회의원의 각료직 겸임 등은 액세서리일 뿐 목표는 대통령의 연임 조
항에 있었다.

　개헌안은 공화당 의원 108명, 정우회 11명, 신민당 의원 3명 등 모
두 122명이 서명하여 국회에 제출되었다. 서명 과정에서 청와대·중앙
정보부 등 권력기관이 총동원되어 JP계 의원들을 협박과 회유로 끌어
들이고, 성낙현·조흥만·연주흠 등 신민당 의원들까지 변절시켜 개헌

▲ 박정희 정권은 1969년 9월 14일 새벽 2시 50분께 '유신체제'의 서막을 알린 3선개헌안을 날치기 통과시켰다. 사진은 당시 3선개헌안 통과 사실을 보도한 동아.

대열에 끌어들이는 '솜씨'를 보였다. 이승만의 수법보다는 많이 '근대화' 되었다는 평가가 따랐다.

그러나 당총재를 지낸 정구영은 끝까지 개헌안 서명을 거부함으로써 공화당은 107명이 서명했다. 공화당 창당 과정에서 영입되었던 올곧은 법조인 출신 정구영은 권력의 갖은 위협에도 끝내 3선개헌 반대의 소신을 굽히지 않았다. 그는 나중에 민주회복 국민운동에 참여하였다.

서민호는 누구보다 박정희의 3선개헌을 반대하였다. 민주공화의 헌법 기본질서를 파괴하는 행위였기 때문이다. 8월 5일 대중당 대표최고

위원의 명의로 〈3선개헌에 관한 나의 소신을 피력한다〉는 성명서를 발표했다. 주요 대목이다.

2. 금년 초두의 기자회견 석상에서 이미 발표한 우리당의 정책기조에서 "무슨 방법으로 던지 정권만 잡으면 그만이고 일단 잡은 정권은 민주질서를 배반하여서라도 잡고 느러져야만 하는 전근대적인 권력의식이 이땅에서 조속히 불식되기를" 나는 구상하고 당의 권위보다도 개인을 우상화하는 풍조가 지양되어야 하며 정책대결의 무드 속에 평화적인 정권교체가 이룩되어야 할 것임을 거듭 지적하여 조국근대화를 고창해온 공화당에 숙고 있기를 촉구한 바 있다.

3. 개헌은 원칙적으로 헌법조항이 역사의 진전에 따라 민권신장에 저해사항으로 경화되었을 때 시도되어야 할 것임에도 불구하고, 현행 헌법은 박정권 집권초에 스스로 제정공포한 것일 뿐더러 더욱이 국회통과와 국민투표의 2중절차까지 설정하여 집권연장의 폐해를 강력히 막아논 것을 당대에 스스로 파기하려 드는 의도에, 양식이 있는 사람으로서는 도저히 찬동할 수 없다.

3선개헌 논자들은 언필칭 국가안보와 경제건설을 거론하지만 6.25 이래 20년간 우리는 계속하여 준전시상태인 휴전하에 국가질서를 유지해 왔으며 경제건설은 정책을 지닌 당이 주축이 되어 영위할 것이지 개인의 독점할 바 아닐 것이다. 우리에게는 지금 한 사람의 나폴레옹이 필요한 것이 아니라 여야를 초월한 국민전체의 총화와 단결만이 필요한 것이다.

소위 생명을 걸고 한강을 건넜다고 하는 박정희 씨와 그의 동지들로서는 상상조차 할 수 없는 일이라 아니할 수 없다. 나는 진심으로 박대통령에게 역사적 애국자가 되어주기를 바라는 의미에서 지금이라도 늦지 않으니 3선을 위한 개헌은 철회하여 줄 것을 기원하는 바이다.60)

개헌안 국민투표 신랄히 비판

광화문길 건너편 국회 제3별관에서는 이변이 일어났다. 9월 14일 새벽 2시 30분, 공화당 의원들만 참석한 가운데 이효상 의장의 사회로 단 6분 만에 개헌안을 변칙처리한 것이다. 국회주변 반경 5백m는 1천 2백여 명의 기동경찰이 엄중하게 통행을 차단하고 있는 가운데 개헌지지 의원들만으로 개헌안을 처리한 것이다. 그야말로 신종 쿠데타적 수법이며 역대 개헌사에서 가장 비도덕적인 개헌안의 처리였다. 부산 5·25정치파동, 4사5입 개헌파동에 이은 세 번째의 변칙 개헌이었다. 박정희 집단은 합법적인 절차도 밟지 않고 국민은 안중에도 없었다. 오직 권력욕만 충만했다.

공화당이 본회의장을 옮겨가면서까지 변칙적으로 개헌안을 처리한 것은 형식상은 야당의 단상 점거 때문이라고 내세웠지만, 실상은 내부의 이탈표가 두려워했기 때문이었다. 김종필 계열 일부는 3선개헌을 반대하고 있었다.

국회 본회의장에서 농성 중에 있던 신민당의원들은 뒤늦게 변칙처리된 사실을 알고 현장으로 뛰어가서 가구와 집기 등을 마구 때려 부쉈다. 하지만 기차 떠난 뒤의 돌 던지기였다. 개헌안을 변칙처리한 이효상 의장이 도의적 책임을 지고 의장직 사퇴서를 제출하는 등, 여권은 유화적인 제스처를 보냈지만 야당의 분노를 쉽게 달래기는 어려웠다.

---

60) 《자료집 03》, (발췌)

개헌안이 변칙처리된 다음날인 15일 서민호는 역시 대중당 대표최고위원의 명의로 성명을 통해 개헌안 무효화의 투쟁에 앞장 설 것을 천명했다.

이제 한국의 민주주의는 엄청난 살인적인 수법에 의해 장송이 되고 말았다. 음흉스러운 늑대 무리들은 야음을 틈타 국헌을 짓밟고 그 예리한 송곳니로 연약한 민주의 심장을 깎아내는 데 서슴지 않았음을 만천하에 드러내놓고 말았다.

소위 국회의원들을 권력과 금력과 협박으로서 정당한 의사를 막아버리는데, 하물며 국민투표에는 그 수법이 가일층 악랄하리라는 것쯤 예측할 수 있지 않은가.

이에 대비하여 신민당은 종전과 같이 잘 싸워 주어야 할 것이며, 민주주의를 되찾는 길이라면 의원직을 걸고서라도 개헌안 표결 무효화에 투쟁할 각오로서 범야세력을 일치 단합하여 정계개편을 구현하는 데 문호를 개방하여 국민의 기대를 저버리지 않길 바란다.

본인은 민주헌정을 위해 모든 애국지사와 더불어 과감하게 싸워나갈 것을 다짐하는 동시에 개헌안을 국회에서 저지시키지 못했음을 국민들게 깊이 사죄드리며 민주의 죽음 앞에 통곡하는 바이다.61)

서민호는 개헌안의 국민투표 자체를 반대하였다. 국회의원들까지 강압 · 매수 · 변절시켜 찬성케 하는 집권세력에게 국민투표는 다시 한번 개헌안을 합리화시켜주는 요식행위에 불과하다는 것이다. 국민투표를

---

61) 앞과 같음.

앞둔 10월 6일 특별 성명서를 통해 이를 지적, 신랄히 비판했다. 주요 대목이다.

왜냐하면 국민투표의 과정에서 반대의 태도를 취한다는 것 조차 자가당착일 뿐 아니라 그들의 방대한 조직력과 금권 내지 관권의 불법작용으로서 그 결과는 뻔한 일이므로 다시 한 번 합리화시키는 요인이 될 뿐만 아니라 이를 재확인한 결과가 되므로 국회처리의 무효를 선언하여 동시에 여기에 뜻을 같이하는 동지들과 국민들에게 다 같이 국민투표를 보이콧 해 주기를 바라는 바이다.

따라서 신민당에서도 이점이 있어서 의원직을 걸고서라도 재고 있기를 바라마지 않으며, 또한 국민들도 이에 호응하여 주시기를 간절히 호소하여 마지 않으며 앞으로 대중당은 국민투표 자체의 무효화 투쟁에 앞장 설 것을 굳게 다짐한다.

끝으로 언론인들에게 부탁코저 하는 것은 만성화된 패배주의를 청산하고 과감한 반독재 민주화의 투쟁 대열에 굳건히 서주기를 바라는 바이다.62)

개헌안의 국민투표를 앞두고 공화당의 지지유세와 신민당의 반대유세가 전국적으로 진행돼 국민적인 쟁점으로 부각되었다. 공화당은 "안정이냐 혼란이냐, 양자택일을 하자"고 내세우고, 신민당은 "개헌안 부결로써 공화당정권 몰아내자"면서 국민의 지지를 호소했다.

종교계 · 재야 등이 참여하는 3선개헌 반대 범국민투쟁위원회가 결성되어 개헌저지 투쟁에 나서고 전국의 대학생들이 궐기하는 가운데

---

62) 앞과 같음.

10월 17일 개헌안의 국민투표가 실시되었다. 투표율 77.1%, 최종집계 결과 총투표자 1,160만 4,038명 가운데 찬성 755만 3,655표, 반대 363만 6,369표, 무효 41만 4,014표로써 개헌은 확정되었다.

개헌안 국민투표 과정에서 정부·여당에 의한 각종 부정과 관권 동원이 자행되고 투·개표과정에서도 무더기표 등이 발견되는 등 부정이 나타났다. 국민투표는 부정으로 일관된 하나의 통과의례에 지나지 않았다.

개헌 반대 투쟁을 일선에서 지휘해오던 유진오 신민당 총재는 9월 10일 뇌동맥경련증으로 몸져누우면서 국민투표를 이틀 앞두고 10월 15일 특별성명을 통해 "부정과 불법을 막아 개헌을 저지하기 위해 민권투쟁에 참여해 줄 것"을 호소했다. 그러나 개헌안이 통과되자 10월 19일 국민투표 결과에 대한 책임과 신병을 이유로 신민당 총재직에서 물러날 뜻을 밝히고 신병치료차 일본으로 떠났다.

이로써 박정희는 종신집권을 가로막는 또 하나의 장애물을 제거하고, 이후의 역사가 보여준 대로 유신쿠데타와 긴급조치 등 더욱 무도한 헌정유린으로 나아가게 된다. 그는 자신의 권력욕을 위해 자신이 만든 헌법을 장식물로 여기고 있었다.

단식농성으로 졸도, 철저한 습벽

박정희 시대 지사형 정치인 서민호가 설 땅은 지극히 비좁았다. "그는 너무나 청렴 · 결백 · 강직하고 아집이 센 정치가"[63]였기 때문이다. 폭력주의 바탕에 권모술수와 마키아벨리즘이 난무하는 1960년대 한국적 정치풍토는 민주사회주의 이념과 청교도 성향의 서민호가 세력을 키우고 이상을 구현하기에는 너무 고루하고 척박했다.

그는 매사에 철저한 성격이었다. 공사간에 대충 넘어가거나 적당히 해치우는 일이 없었다. 1969년 9월 13일 3선개헌을 반대하여 야당 의원들과 국회에서 농성할 때 이날 밤 11시 30분경 졸도하여 한일병원으로 이송되었다. 여러 날 동안 철저하게 단식을 결행한 때문이다. 《나의 습벽習癖》이란 단편에서 자신의 습벽을 기술하고 있다. 많은 것을 상징한다.

나의 습벽

나는 좋으나 나쁘나 한번 시작한 일은 어떠한 일이 있더라도 해치워야 속이 시원한 습벽이 있다. 그러므로 정월 초하룻날 작정한 마음은 섣달 그믐날까지 버리지 못하고 완전히 해치우는 것이 나의 버릇이라 하겠다. 이렇게

---

63) 정구영, 추천사, 〈뜻 있는 동지들에게 충격과 공감준다〉, 서민호 지음, 《이래서 되겠는가》, 환문사, 1969.

시종일관 그 일에 몰두하는 것이 성질의 장점인 동시에 단점이기도 한데 평소에는 너그러운 마음을 가졌다가도 어쩌다 곤경에 처했을 때는 마음이 아주 냉정해 진다.

해방 후 좌익분자들과 투쟁했을 때에도 나의 신변은 아주 위험했었고 자유당과 투쟁했을 때에도 생명의 위협을 받아 왔지만 철석같은 나의 민주주의 신념은 한 번도 굽혀 본 적이 없었던 것이다.

이러한 나의 불굴의 신념은 내 생활의 전부이며 8년이란 긴 세월을 옥중에서 고생한 적이 있었다. 이 8년간의 옥중 생활에서 또 하나의 습벽이 생겼는데 그것은 아침 5시에 기상하는 버릇이다. 그래서 나는 4.19혁명의 덕택으로 형무소에서 나온 후에도 지금까지 저녁에 아무리 침실에 늦게 들어갔어도 아침 5시면 꼭 일어나는 버릇이 있다. 아침 일찍 일어나서 인왕산 꼭대기까지 등산하는 것이 나의 일과인데 이 운동은 건강에는 물론 심신단련에도 가장 좋은 방법이라 하겠다.

비가 오나 눈이 오나 2년간 하루도 빠짐없이 등산을 계속하는 동안 하이커가 아니면 경험할 수 없는 쾌감을 발견하였다. 여명에 산정에 올라가서 장안을 굽어보는 형언할 수 없는 그 쾌감! 전장에서 귀성하는 개선장군보다 우월해진다.

시를 짓기 위한 영감을 얻으려고 로마시를 불사르고 시령을 얻었다고 좋아서 날뛴 폭군 네로의 잔인성도 회고해 보고 독일 국내에 종교를 말살하기 위하여 아이히만으로 하여금 5백만의 유태인을 학살케 한 히틀러의 폭정도 또한 회고해 본다.

그러다 보면 4.19 때 수십 만의 학생 데모대가 시가를 시위하며 육박해 왔을 때 경무대에서 내다 본 이 박사의 심정이 어떠하였으리 다시 한번 생각에 잠겨 보기도 한다.

독재자의 말로란 결국 네로나 히틀러가 더듬은 말로와 비슷한 것이라고 느껴보는 것이다. 사람은 정치가이든 사업가이든 그가 무슨 일을 하든간에 자기의 양심과 신념을 지키고 옳은 일을 해야 된다는 것은 결국 따지고 보면 좋은 습벽에서 비롯되는 것이다.64)

〈요구되는 지도자의 자세〉 시론

서민호는 1969년 박정희와 그를 둘러쌓고 전개된 권력 추구배들의 3선개헌의 야욕을 지켜보면서, 조선왕조의 왕좌를 고사한 고사를 들어 〈요구되는 지도자의 자세〉란 시론을 썼다. 중견 정치인들의 수필집에 실렸다.

조선조 3대 임금 태종의 장자 양녕대군이 자기보다 우수한 막내 동생 충녕에게 세자의 자리를 넘기게 되는 비화를 소개하면서 권력에 도취해 망동하는 위정자를 빗댄다.

세종대왕께서는 아버지와 형의 고집을 꺾을 수가 없어 왕위에 오르게 되었으나 항상 형에 대한 미안함과 애잔한 마음을 갖고 있었으며 형제분이 우의를 나누는 데 각별한 정을 보였다고 한다. 내가 이러한 이야기를 체제도 서지 않게 장황하게 늘어놓아 본 것은 양녕대군의 선견지명이 뛰어났음은 물론이요, 절대권을 행사할 수 있었던 왕권은 오늘날의 대통령 중심제의 권한 정도가 문제가 아니였음에도, 나라와 백성을 진정으로 사랑하는 그의 의연한

---

64) 서민호, 《이래서 되겠는가》, 353~354쪽.

자세는 세종대왕 못지않게 높이 평가할 만하다고 믿어졌기 때문이다.

만약 그가 왕위에 올랐다 하더라도 백성을 위한 누구도 따를 수 없는 치적을 남겼으리라 믿어 의심치 않는 바이다.

그런데 오늘날 국가와 정치의 형태가 발달했고 인간의 두뇌는 극한점에까지 발전을 보게 되었는데도 미련스럽게 권력에 대한 악착스러운 집념 때문에 국가와 민족을 위기에 몰아넣고 장기집권으로 지배자의 욕망을 채우기 위해 졸렬하게도 잔꾀를 부리는 것을 보면, 소인배들의 하는 짓이라고 웃어넘기기에는 너무나 가혹한 국가적 희생이 따르기에 용납할 수 없을 것 같다.

우리는 지금 군주국가의 독재 하에 사는 것은 아니다. 왕의 절대권이 필요없고 현대과학은 우주를 개발하는 단계에 이르렀다. 누가 정치를 잘하고 누가 애국자냐 하는 것은 훗날에 역사가 증명할 것이고 우리는 그러한 사소한 문제로 시간을 낭비해서는 안 될 것이다.

국정을 안정하고 세계의 움직임에만 따르려 해도 요원한 거리에 있으면서 자기네의 욕망은 계산해 보지 않고 권력에 대한 매력 때문에 비겁한 자세를 노출시키고 있다는 것은 생각해 볼 문제다. 앞에서 얘기했던 양녕대군 역시 권력에 대한 욕망이나 집착이 없고 만백성 앞에 군림하는 왕좌의 매력을 모르는 사람은 아니었을 것이다. 그것을 더 잘 알면서도 양보할 수 있었던 것은 현대인도 따를 수 없는 뛰어난 지성과 높은 안목 때문에 자신의 욕망쯤은 억제할 수 있었던 것일 게다.

현재 우리가 눈앞에 보고 있는 여러 국가들을 볼 것 같으면 후진국일수록 지배자의 자세가 확립되어 있지 않는 것 같은데 이러한 경향은 국민의 후진성을 이용해서 지배자의 욕망을 무한정 채워 보자는 데 원인이 있을 것이다. 그러나 그들이 최후에 어떤 비참한 모습으로 국민들로부터 도태당했던가는 인도네시아의 스카루노 전 대통령이나 파키스탄의 아유브 칸 전 대통령의

예를 보더라도 알 수 있는 것이며, 우리나라의 이승만 전 대통령의 최후가
보여 준 비극만으로도 충분한 본보기가 되었을 텐데 그래도 그 전철을 밟으
려는 심사를 도저히 이해할 수 없는 것이다.

리더십에 어긋남이 없는 투철한 자세를 취할 수 있는 지도자라면 머지 않
아 역사적인 인물로 추방받게 되리라는 것을 강조하면서 지도자는 자신의 역
량을 과대평가하는 편견을 버려야 하며, 양심과 인격으로써 위치를 판단할
수 있는 현명하고 지혜로운 지도자를 국민은 진정으로 원하고 있다는 것을
알아야 할 것이다.

또한 개인의 욕망을 떠나서 대의를 따르는 청렴, 결백하고 과감한 인격의
소유자가 어느 시대에나 요구되고 있다는 것을 덧붙여 말해 둔다.65)

박정희 · 유진오 · 서민호의 69년 연두 회견 비교

1969년은 박정희가 장기집권을 위해 헌법을 고치고자 예정한 해로
서 1968년부터 은밀히 정지작업을 해왔다. 1968년 초(1.21) 무장공비
31명이 청와대 습격을 기도하며 서울에 침입하고, 정부는 이를 빌미삼
아 향토예비군(4.1)을 창설했다.

국민복지회사건(5.25)으로 김종필 세력을 제거하고, 중앙정보부는
통일혁명당사건(8.24)으로 신영복을 포함한 158명을 검거하는 등 공안
정국을 조성했다. 주민등록증 발급(10.10)과 국민교육헌장발표(12.15)
역시 국민통제용으로 급조하였다.

---

65) 《자료집 02》.

1969년 초 공화당 박정희, 신민당 유진오, 대중당 서민호 대표는 각기 연두기자회견을 갖고 국정기조와 대안을 발표했다. 여야 대표가 자당의 정책과 자신의 정치적 목표를 국민 앞에 제시한 것이다. 공화·신민 양당이 정치현안 중심으로 기자회견을 했지만, 서민호는 현안보다는 한국사회가 해결해야 할 중요한 이슈를 중심으로 회견을 하는 차이점을 보이고, 내용 역시 새로운 비전을 제시하였다.

여야 3당 대표 연두기자회견 내용 비교

		박정희	유진오	서민호
정치		개헌문제-꼭 개정할 필요성이 있으면 금년 말이나 내년 초에 논의되어야지 지금은 시기상조 개각 및 당 관계-개각이나 당지도체제 개편은 불고려 공무원의 기강-공무원의 역사적 사명감이 필요하다. 공무원은 부정부패는 철저히 단속 신상필벌의 원칙 적용 국토통일원-금년 초에 발족시키겠다.	개헌문제-개헌자체를 박대통령의 3선 개헌으로 보고 당운명을 걸고 저지 당관계-개헌저지를 위해 5월에 열 예정이었던 전당대회를 앞당길 것을 연구중 공무원의 기강-부정부패에 대한 신상필벌은 좋으나 그 책임은 말단 공무원에게 있지 않고 집권층에게 있다. 나주재선거-공화당이 이모 씨를 재공천한 것은 민주정치를 버리고 헌법에 도전하는 일이다.	민주질서의 정상화가 시급하며 정책대결의 당 활동과 평화적 정권교체가 이루어져야 한다. 지방자치제는 금년 내로 꼭 실시되어야 하며, 권력의 집중현상을 분산시켜야 한다. 중앙정보부는 대공관계를 제외하고 모든 사찰을 정지해야 한다. 학원에 권력개입을 청산하고 노조, 어조, 농협 등의 자주성 확보, 정치 활동을 개방시키도록 해야 한다. 현정당법과 선거법을 개정하고 선거사무관리를 선위에 이관시키며 중선거구 채택과 전국구의원조정을 주장 공안위원회의 설치와 검경의 정치적 중립을 추진

외교	안전 보장외교를 강화하며 그 축을 대미외교의 강화와 자유우방과의 외교를 강화하는데 두겠다. 경제외교를 강화하고 보다 많은 자본과 기술을 도입하고 새로운 시장을 개척하겠다. 대일무역역조시정문제는 원칙에 합의하고 있으니 실제 면에서 점차 시정될 것이다. 일본의 대북괴 이중외교는 가장 못마땅한 처사중의 하나다. 한국의 안전이 일본의 안전과 직결된다는 것을 일본은 인식해야 한다.	대일외교―교포북송문제, 법적지위문제, 무역역조문제, 공업소유권 조세 등을 다루는 정부의 태도는 완전히 속수무책이다. 특히 도입된 상업차관 8억5천만 달러 중 그 70%가 일본으로부터 도입된 것으로서 이 돈으로 세워진 공장은 그 원료와 부산품을 일본에 의존치 않을 수 없는 실정이다. 집단안보체제―아시아 태평양지역의 집단안보는 아직 공염불이다.	다원적 실리외교를 추구할 것과 통일에 대비한 중립국 진출을 적극적으로 실행할것 대일외교는 청구권자금의 투입부진 등 여러모로 비우호적인 사태만 연발되고 있다. 대일무역의 역조현상과 9억불의 고리상업차관만 도입함으로써 일본에 예속관계만 깊어졌는데 이러한 외교를 청산 토론 추진할 것이다.
경제	농어민 소득증대사업 실시 수출증대 추진 석유화학, 종합제철, 기계공업 등 전략산업의 육성 중소기업의 육성 경제체질 개선을 위해 공업의 국제수준화 즉 공산품의 품질가격의 국제경쟁력강화, 독과점품목에 대한 가격제제 즉 기업주의 횡포 억제 및 소비자 보호, 적정노임제 실시, 원자재의 국산품 대체, 외자도입의 질적 개선을 도모하겠다. 농림행정으로는 식량곡물 증산에 힘쓰고, 2백억 원을 투입하여 농가수익을 올리는데 중점을 두고, 농어촌 개발공사를 활용하여 가공처리공장 등을 많이 세워 농공병진을 꾀하겠다. 축산업을 권장하고 지원하며 육성시키겠다.	경제건설 면에서 농민, 근로자, 중소기업자를 희생시킨 바탕위에서 소수 대기업에만 차관보증특별융자, 세금감면 부정불법 묵인 등 모든 특혜를 풀어 곧 파탄에 직면할 것이다. 또 반부의 차이는 극대화 되었고 차관을 갚기 위해 새로운 차관을 들여오는 사태가 이미 목첩에 달했다. 고도성장 면에서 투자순위를 무시한 산업건설 때문에 외채로 얻어들은 자원의 낭비를 가져왔고 또 부정부패의 근원을 형성했을 뿐이다. 대중생활의 파탄과 인플레 세금가중으로 국민의 생활이 나날이 궁핍해지고 있다. 식량증산을 원시적인 농업방식과 구태의연한 사고방식 때문이 아니라 저곡가정책 때문이다. 조속히 이중곡가제를 실시하여 농민이 양곡을 팔아 채산을 맞출 수 있도록 해야 할 것이다.	복지계획경제로의 전환을 요구한다. 경제계획 심의회의 창설을 주창한다. 금융통화위원회의 중립화 국영기업 관리운영 위원회의 신설주장 전체 기업의 98.3%인 중소기업의 보호육성 농업정책의 일환으로 농산물의 가격 적정화, 농협의 개편과 자립자율화, 수협의 자주화와 관제의 탈피 제2차 5개년계획의 단축달성을 반대 법인세는 공개법인 자격기준을 점진적으로 올리는 방향으로 할 것 갑종근로소득세의 면세점을 3만 3천 원 선으로 하고 기초공제제도를 채택할 것 농지세, 어업세도 면세점을 배로 올릴 것 종합소득세는 3백만 원 선으로 인하할 것 소비조합운동의 제창

| 교육
문화
사회 | 교육의 잘못인 면에 큰 관심을 갖고 국무총리 밑에 장기 교육심의위원회를 설치한다.
민족문화창달과 국력신장은 불가분의 관계에 있으므로 민족문화중흥에 힘 쓰겠다.
노동자와 봉급생활자는 법에 따라 쟁의나 파업을 할 권리가 있다. 그리고 악덕기업주를 단속하겠으나 노동자들은 부당한 처우에 항의할 수 있으나 이를 너무 남용해서는 안 될 것이다. | 전통 있고 우수한 학교의 질을 강제로 저하시킨 교육혁명은 폭거이다.
한글전용과 같은 문화문제를 정부권력으로 처리하려는 것은 난폭한 조처다.
언론탄압으로써 법에 저척되지 않는 경우에까지 압력 위협 회유 등 각가지 방법으로 언론의 내용에 간섭하고 언론인의 신분을 좌우하는 것은 독재체제가 아니고서는 있을 수 없는 일이다. | 의무교육의 9년제(5년간의 국민교육과 연간의 과학기술 교육의 실시)
대학교육의 영리기업화 적극 방지
국민의료보험의 확대강화와 의료공무원제 실시
10개년 주택건설계획을 책정 실시해야 한다.
양로보험제의 실시
최저임금제의 실시
노동운동의 자주화 및 국제 노동운동기구에의 가입을 적극 추진할 것
재해보험을 제도화하여 농어민의 한재(旱災), 수재 풍재를 보호할 것66) |

66) 국회도서관 입법조사국, 1969년, 《각 당 총재의 연두회견 및 정책기조》, 61-65쪽.

저서 '이래서 되겠는가'

서민호는 1970년 1월 환문사에서 《이래서 되겠는가》라는 비중 있는 정치 평론집을 펴냈다. 437쪽에 이르는 평론집은 당시 정계에서는 드문 일이었다. 정치인이 이만큼의 무게와 두께의 평론집을 내기는 쉽지 않았다.

내용은 1.통일에의 염원, 2.긴급동의, 3.이래선 안 되겠다, 4.구악과 신악, 5.군정이냐 민정이냐, 6.제3시대, 7.의정 설계도, 8.나의 정치이념, 9.정의의 수난, 10.단상 시비, 11.수상 수삼(동남아시아 제국을 돌아보고), 12.나의 투쟁, 13.부록으로 꾸며졌다.

1969년까지 겪고 생각한 내용을 정리한 것이다. 신문·잡지 등에 발표한 기고와 국회발언, 그리고 부록에 실은 것은 언론의 인터뷰와 평가 등을 모았다.

추천사를 쓴 정구영 공화당 전 대표는 〈뜻 있는 동지들에게 충격과 공감을 준다〉에서 의미 있는 평을 한다. "내 40여 년간 법조생활을 통해서 많은 범죄자와 피고인들을 보아 왔지만 월파처럼 독특한 정치적 신념과 정치적 뉘앙스로서 이승만 정권의 부정·부패에 대항했던 애국적 처신은 보기 드문 일이었다. 월파의 전 저서 《나의 옥중기》를 통해서 그가 적나라하게 파헤친 옥중생활이며 독재의 비정은 세상에서도 공감하였으리라 생각하며 그의 근황에 대해서 몇 마디 하고자 한다.

월파와 나는 다른 노선의 정치생활을 하고 있으나 정치적 색채를 떠나서 개인적으로 늘 가깝게 생활하고 있다."[67]

추천사를 쓴 또 다른 인사 정일형은 〈광명의 선언서이기를…〉에서 말한다. "월파는 내가 소개할 필요도 없이 항일독립투사였으며, 반독재 투쟁의 선봉장이었다. 그의 대륙적인 풍모와 도량은 이미 내외에 널리 알려져 있으며 8년간의 영어생활을 하면서도 이승만 독재정권과의 대결을 멈추지 않았던 사실은 지금도 우리들의 마음속에 그의 투지와 용기를 깊이 새겨 놓았다."고 평가한다.

그는 이어서 "그의 투지와 혜안은 그의 단련된 체력과 투철한 정신력의 소산인 바 일기당천하는 그의 민주수호 투쟁은 가위 이 나라의 일천한 민주헌정사의 표징이라 할 수 있을 것이다. 그와 나는 지금 정치적 입장을 달리하고 있지만 이를 초월한 우리의 우정에는 변함도 없다. 이 땅에 보수 · 혁신의 건전한 경쟁이 실현되어 국리민복의 요체를 얻으려는 그의 희원과 노력이 성취되길 나는 진심으로 축원하며, 한발의 가뭄 속에서 신음하는 이 땅의 혁신세력에게 한 줌의 물과 한 줌의 자양이라도 공급하려는 그의 작업이 순탄하길 축수한다."[68]

책의 부록으로 실린 글 중에 〈새 선량의 노크, 용산구 서민호 씨 댁〉이 눈길을 끈다. 그런데 아쉽게도 '출처'가 보이지 않는다. 1963년 제6대 총선에서 서울 용산에서 당선된 직후 어느 신문의 기사인 듯 하다.

"나는 굵은 집과는 무슨 인연이 있는 모양이지…. 형무소도 담벼락이나 지붕들이 높다랬는데 내가 사는 이 집도 높다란 지대에 치솟아 있단 말이야

---

67) 서민호, 《이래서 되겠는가》, 환문사, 1970.
68) 앞과 같음.

허허⋯⋯."

그 옛날 서대위 살해사건에 관련되어 '일곱번의 사형구형'이라는 사법사상 유례없는 재판 끝에 장장 8년 2개월을 대전교도소에서 복역했던 서의원은 너털웃음을 웃는다. 지금은 삼청동 산마루에 높다랗게 자리잡은 왜식 2층집에 살고있는 그는 '피난국회'(2대) 당시 '거창사건'이며 '국민방위군사건' 등하도 꼬치꼬치 캐냈다가 이 박사의 미움도 많이 샀고 마침내 현직 국회의원의 신분으로 옥고를 겪어야만 했다.

그래서 그는 태어나는 손자들의 이름을 '치리治李' '치승治承' '치만治晩'이라고 지어 '이승만'을 '치治하려는 옥중투쟁'(?)까지 벌였다고 했다.

4.19때 국회의 결의로 풀려나오자 7.29 선거에서 거뜬히 당선, 국회부의장을 지냈고 5.16 직후에 모 수사기관에 연행되어 4개월간의 구금도 당했지만 이번에도 서울에서 무난히 당선된 '삼선三選'의 행운아.

그는 모든 것이 빈혈증 때문에 고생하면서 몸을 돌보지 않고 애써 준 집사람 '하상희'(48) 덕분이라고 영광을 돌린다. 미국 콜롬비아대학의 정치학사인 서의원은 슬하에 5남2녀(원룡, 해룡, 항룡, 법룡, 진애, 진덕, 천룡)와 손자 넷을 거느리는 다복도 누린다.69)

'나의 옥중기' 집필

서민호는 5.16군사쿠데타로 다시 옥고를 치르고 풀려나 첩거할 때 《나의 옥중기》를 썼다. 서대위 살해사건으로 8년여 투옥되었던 사실을

---

69) 앞의 책, 118쪽.

생생하게 기록한다. 목차만 봐도 당대사의 한 가닥을 살필 수 있다.

옥중편(獄中篇)

三장 옥중생활

논설편(論說篇)

四장 나의 정치관

1. 해방 후 나의 투쟁

2. 우리는 앉아서 질 수 없다

3. 공화국은 위기에 처해있다

4. 유엔을 다녀와서

5. 진실로서는 너무도 쓰라린 진실

서민호는 이 책의 서문(자서)에서 기술한다.

나는 이 책자 원고를 집필할 때 몇 번이고 주저하였다. 독재자의 불법재판
으로 치욕의 감옥살이를 한 것이 무슨 자랑이 될 것인지 하는 점에서이고 감
옥살이는 사람으로서 최악과 극한의 상황 이래서 지내는 곳인 만큼 인간된
장점은 별로 볼 수 없고 험많은 상황의 장소에서의 일을 공개하고 싶은 용
단이 내려지지 않은 까닭에서이다.(…) 반면 인간들의 최악과 극한상황의 실
상 속에서 사회에서는 찾아볼 수 없는 인간 본연의 미덕을 볼 수도 있고 이
때 까지 여러 가지로 견문 체험하지 못한 일 등이 발생하고 있었다. 나도
적지않은 일들을 경험하고 체득하였다.70)

---

70) 서민호, 《나의 옥중기》, 〈자서〉, 자연환경국민신탁.

정권 교체 대의 위해 후보 사퇴

박정희는 3선 금기 헌법의 성벽을 무너뜨렸지만 3선으로 가는 길이
쉽지만은 않았다. 그의 '10년세도' 장기집권에 우선 국민들이 혐오감을
갖게 되었다. 여기에 그동안 추진해온 경제개발이 특정 지역·계층에
치우치고 빈부양극화 현상이 가속화된 데다 '혜성' 같이 나타난 야당의
젊은 후보가 도전하고 나섰기 때문이다.

신민당은 3선개헌 저지에 실패하고, 이 과정에서 유진오 총재가 발
병하여 일본 전지요양을 떠나는 등으로 능률적인 국정참여를 하지 못
한 채 국회출석을 거부하고 있었다.

신민당은 70년 1월에 전당대회, 9월에 대통령 후보 지명대회를 각각
개최하기로 결정했다. 전국대의원 606명이 참석한 시민회관의 전당대
회는 단일지도체제의 당헌을 채택하고 새 당수에 유진산을 선출했다.

신민당은 전당대회에 앞서 69년 11월 8일 원내총무 김영삼 의원(당
시 42세)이 돌연 '40대 기수론'을 제창했다. 김대중 의원(당시 45세)도 70
년 1월 24일 대선 출마를 선언하고 이철승(당시 48)이 뒤따라 출마를
선언함으로써 '40대 기수'의 3파전으로 대통령 후보가 압축되었다.

'40대 기수론'에 대해 당내 일각에서는 거센 반발이 제기되었다. 특
히 유진산 당수는 대통령 후보가 40대라야 한다는 것은 '구상유취'한
것이라면서 맹타를 가하기 시작했다. '젖비린내 난다'는 노골적인 험담

이었다.

그러나 '40대 기수론'은 거역할 수 없는 당내외의 대세로 굳어져 갔다. 신민당 대통령 후보 지명대회가 9월 29일 서울시민회관에서 개최되었다. 막강한 주류의 세와 유진산 당수 지명의 힘을 업은 김영삼이 후보에 선출될 것으로 예상되었다. 이날 일부 석간신문은 '김영삼 후보 지명'을 머리기사 제목으로 뽑기도 했다.

그러나 지명대회의 결과는 의외였다. 1차 투표 결과 총투표수 885명 가운데 김영삼 421표, 김대중 382표, 무효 82표였다. 이철승의 지지표가 무효로 나타난 것이다. 2차 투표의 결과는 더욱 의외였다. 김대중 의원의 역전승으로 대세가 완전히 바뀐 것이다. 총 투표자 884명 가운데 김대중 458표, 김영삼 410표, 무효 16표로 김대중이 대통령 후보에 지명되었다.

전당대회에서 대통령 후보에 지명된 김대중은 "군정종식과 민주화 시대의 개막"을 위해 모든 노력을 다하겠다고 밝혔으며, 패배한 김영삼은 "나와 같은 40대 동지의 승리는 신민당의 승리요, 바로 나의 승리"라고 하면서 대통령선거에서 협력을 다짐했다.

한국정치사에서 가장 드라마틱하게 전개된 이 날 전당대회의 결과는 야당의 깨끗한 경선과 함께 김대중·김영삼이라는 참신한 정치지도자를 배출한 의미 깊은 대회로 기록되었다.

신민당이 71년 4월 27일에 실시되는 제7대 대통령 선거전에 김대중 후보를 지명하여 선거운동에 나선 것과 달리 공화당은 일선조직 강화에 열중하였다. 이미 3선개헌을 통해 박정희가 대통령 후보에 내정된 것이나 마찬가지이기 때문에 후보지명 절차는 요식행위에 지나지 않았다. 그러나 당헌상 지명대회를 거치지 않을 수는 없었다. 3월

17일 지명대회를 가진 공화당은 박정희 총재를 또 다시 만장일치의 찬성으로 대통령 후보에 추대했다.

서민호는 1971년 대통령 선거에 한가닥 기대를 걸었다. 박정희 정권의 정치적 야욕이 3선개헌을 통해 속내를 드러나고, 신민당의 극심한 파쟁에 국민이 실망하여 비록 당세는 영세하지만 이념과 정책에서 차별성이 뚜렷한 자신과 대중당을 지지하리라 믿었다.

대중당은 3월 4일 전당대회를 열어 대통령 후보로 서민호를 다시 지명하였다. 그동안 쌓아온 다양한 업적과 갈고 닦아온 경륜을 펴보았으면 하는 바람이었다. 하지만 이상과 현실에는 간극이 심했다. 대선정국은 집권당 박정희 후보와 제1야당 김대중 후보로 압축되어가고 있었다. 서민호의 고심의 시간은 길었다.

4월 1일 〈왜 나는 대통령 후보 지명을 수락하지 않았는가?〉란 성명을 통해 자신의 소신을 발표했다.

〈왜 나는 대통령 후보 지명을 수락하지 않았는가?〉

우리는 역사적인 대전환을 목전에 두고 냉정한 자아비판과 굳센 정신무장을 해야 할 때가 왔다.

국가백년대계에 다시 한번 오점을 남기지 않기 위해서 우리 국민들은 참된 애국에의 길을 모색하지 않을 수 없는 것이다. 원래 애국에서 길이란 수난과 자기희생의 길이라고 생각한다. 나는 이 중요한 시점에서 또 다시 이 길을 택해야 할 깊은 사명감을 갖게 되었다.

이 나라 민주수호를 위해 그 많은 탄압과 곤욕을 당해야 했던 인간 서민호가 어찌 국민의 열망인 정권교체의 숙원을 풀어주기 위해 이 한 몸을 던지는 데 주저하겠는가.

과거 긴 옥고를 치루면서도 내 국가와 내 민족을 잊은 적은 없었다. 오직 내 생애는 구국을 위해 바쳐야 하겠다는 신념이 더욱 굳어졌을 뿐이다. 나는 이 불굴의 신념으로 투쟁대열에 앞장설 것을 결심함과 동시에 야당 단일후보를 호소하는 바이다.

△. 3선개헌의 불법처리가 현실화되었다고 하지만 이것을 재확인하는 결과가 되므로 이 선거를 원칙적으로 거부해야 하겠지만 이제 피할 수 없는 기정사실이므로 민주적인 방법으로 이 불법성을 규탄할 것을 재야 정치인과 국민 앞에 호소한다.

△. 4년 전에 국민이 바라는 야당 단일후보를 위해 입후보를 사퇴하였으나 패배의 쓴 맛을 보게 되었던 것이다. 이는 우리가 뭉치지 못했던 분산의 소치라 생각되므로 이번에는 좀 더 고차적인 자세로 선거전에 임할 수 있는 확고한 태세가 갖추어 주기를 국민에게 호소한다.

△. 국민이 원하는 단일 후보로서 사사로운 권익을 버리고 일심단합해 줄 것을 재야 정치인에게 호소한다. 나는 신민당의 비정을 모르는 바 아니고 국내 유일한 혁신정당으로서 당연히 입후보를 해야할 책임이 있지만 개인이나 당보다 국가와 민족이 더 우위이므로 눈물을 머금고 이런 방향을 택하는 것이다.

내가 이러한 구국의 대열에 앞장서므로 해서 어떤 불의의 사태가 일어날지 모르지만 나를 따르는 당원 동지들과 정권교체를 열망하는 국민들은 나와 같은 대열에 서서 최선의 민주역량을 발휘해 줄 것을 간절히 바라는 바이다.71)

71) 《동아일보》, 1971년 4월 1일.

혼신 다해 DJ 지원했으나

서민호는 신민당 김대중 후보를 혼신을 다해 지원하였다. 정책분야에도 많은 도움을 줬다. 이번에 박정희를 낙마시키지 않으면 필연적으로 국가적으로나 그 개인에게 불행히 닥칠 것을, 이승만 정권과 싸우면서 종말을 지켜보았고 체득하게 된 때문이었다. 그래서 선거를 통해 합법적으로 독재자를 퇴진시키고자 노력하였다.

다행히 김대중 후보는 자신의 정책인 북한의 실체를 인정하고 남북교류, 특히 기자교류 등 대북정책의 일부를 수용하여 공약으로 제시했다. 해서 1971년 4월 21일 합당을 전제로 신민당에 입당하였다. 공식적으로 지원 유세를 하기 위한 조처였다. 이런 과정에서 민중당 내의 반발이 적지 않았지만, 폭압 정권의 종식을 꾀하고 수평적인 정권교체 이후에 자신의 혁신정책을 구현하는 길을 찾고자 하는 전략을 설명하여 큰 소란은 일지 않았다.

선거전은 당연히 박정희와 김대중 후보의 대결로 압축되었다. 공화당은 전국적인 막강한 조직과 풍부한 자금력으로 선거전에 나서고, 신민당은 김후보의 다양하고 참신한 정책과 전국적인 유세를 통해 이에 맞섰다.

김대중 후보는 10월 16일 첫 기자회견에서 ① 향토예비군 폐지 ② 대통령 3선조항 환원의 개헌 ③ 대중경제 구현을 위한 노사공동위원회 설치 ④ 미·일·중·소 등 4대국에 의한 전쟁억제 요구 등을 당면정책으로 제시했다.

4·27대선은 과거 어느 선거에 견주어 여야 간의 정책대결로 진행되

었다. 그것도 야당후보의 리드에 의한 정책대결이라는 특징을 보였다.

김대중 후보는 지방도시의 유세를 통해 ①대통령의 재산공개 ②남북 간의 서신교류·기자교환 및 체육인 접촉 ③지식인·문화인 및 언론의 권력으로부터 해방 ④제2의 한일회담 및 주월국군 철수 ⑤대통령 및 국회의원 선거권 연령 인하 ⑥반공법 제4조의 목적범 적용에 국한하는 개정작업 ⑦정부기관 일부의 대전 이전 ⑧전매사업의 공영화 내지 민영화 실현 등 많은 정책을 집권공약으로 내걸었다. 모두 155개에 달하는 집권 청사진을 제시하여 정책대결을 리드했다.

박정희 후보도 10개 부문에 걸쳐 56개 항목의 정책을 제시했다. 정치관련 공약에서 ①국민여론을 바탕으로 한 발전적 민주정치의 구현 ②야당협조로 생산적 정치윤리의 구현 ③민원행정 간소화 ④지방재정 자립도를 높여 단계적 지자제 실시 등을 제시하고, 경제정책에서 세제 개혁 및 금융제도의 개선, 국토개발계획을 내세웠다.

두 진영의 정책대결에서는 김 후보의 정책이 상대적으로 돋보였다. 공약을 둘러싸고 쌍방간에 쟁점이 빚어지기도 했다. 쟁점은 주로 ①안보논쟁 ②통일문제와 남북교류 ③장기집권 시비 ④부정부패의 척결 ⑤예비군과 교련폐지 문제 ⑥경제정책의 특혜 시비 등에 집중되었다. 김 후보의 예비군 폐지 주장에 따른 대안의 제시는 일단 주춤해졌으나 정부 여당의 안보논쟁의 확산으로 정국에 긴장이 감돌기도 했다.

전국적인 유세 대결에서 가장 관심을 끌었던 것은 서울 장충단공원에서 벌어졌던 두 후보의 공방전이다. 박 후보는 "다시는 국민에게 표를 찍어달라고 나서지 않겠다"고 선언하고, 김 후보는 "이번에 정권교체를 이루지 못하면 총통제가 실시될 것"이라고 단언하여 많은 국민의 관심을 불러일으켰다.

선거운동 과정에서 두드러진 현상의 하나는 공화당측에서 노골적인 지역감정을 조장한 사실이다. 특히 국회의장 이효상은 "신라 천년 만에 다시 나타난 박정희 후보를 뽑아서 경상도 정권을 세우자"고 지역감정을 촉발시켰다. 야당탄압도 여러 가지 형태로 나타났다. 김포 · 강화의 김 후보 차량 총격사건을 비롯, 김 후보의 집에서 폭발물이 터지고 정일형 선거대책본부장의 자택이 원인 모를 화재를 당하는 등 상식 밖의 일들이 연달아 발생했다.

정부 여당은 '조작극'이라고 잡아떼고, 경찰은 김 후보 자택의 화재는 "김 후보의 15세 된 조카인 김홍준 군의 단독범행"이고, 정 선거대책본부장 집의 화재는 고양이가 실화범이라고 밝혀 많은 국민의 실소를 자아냈다.

투표 당일에도 여러 가지 관권 개입으로 시비가 일었다. 심지어 김대중 후보가 투표한 마포구 동교동 제1투표소에서는 투표구 선관위원장이 사인(私印) 대신 직인을 찍어 1,690표가 무효로 돌려지기도 했다. 개표 결과 박정희 후보가 634만 2,828표를 얻어 539만 5,900표를 얻은 김대중 후보를 94만 6,928표를 앞질러 당선이 결정되었다. 뒷날 드러난 바에 따르면 박정희 정권은 대선에 1년 국가 총 예산의 6분의 1에 해당하는 천문학적인 자금을 쓴 것으로 드러났다. 엄청난 금권선거였다.

4 · 27선거의 가장 특징적인 현상은 ① 지방색의 노출 ② 표의 동서 현상 ③여촌야도의 부활 ④ 군소정당의 철저한 몰락이었다. 이 선거에서 영남에서는 72대 28의 비율로 박 후보 지지표가 쏟아졌으나 호남에서는 65대 35의 비율로 김 후보 표가 나왔다. 지역별로 보면 박후보가 영남지방에서 전승의 기록을 세운 데 견주어 김 후보는 진안 · 무

주·고흥·곡성에서는 오히려 뒤졌다.

  제7대 대선과정에서 박정희는 더 이상 국민직선으로는 재집권이 불가능하다고 판단하여 유신체제를 구상하고, 김대중을 제거의 대상으로 지목, 온갖 탄압을 자행하였다. 서민호는 격동의 현장을 지켜볼 수밖에 없는 자신의 위치를 안타까워 하였다.

총선 낙선 정계 은퇴 통일문제연구협회창설

서민호는 1967년에 이어 1971년에도 대통령 후보를 사퇴함으로써 웅지雄志를 접어야 했다. 대단히 그릇이 크고 호쾌한 성품에 용량이 무척 넓은 정치인이었으나 혁신과 민주사회주의라는 팻말은 그의 행동반경과 대중성에 족쇄가 되었다. 한국사회의 후진성이 담보된다.

국민적 기대를 모았던 대통령선거에서 김대중 후보가 패배하고, 5월 25일 실시된 국회의원 선거에서 자신도 석패하였다. 옥중에 있을 때도 압도적으로 당선시켜 주었던 고향 선거구에서 이번에는 지지를 받지 못했다. 총선 참패의 아픔을 딛고 새 활로를 찾았다.

해방 이후 정계에 있을 때나 감옥에 갇혔을 때, 그리고 대선후보에 나서면서 항상 관심의 첫 자리를 차지한 통일문제에 전념하고자 하였다. 낙선을 계기로 국회의언의 신분보다 자유로운 신분으로 이에 전념하고자 한 것이다.

1971년 12월 27일 오래전부터 구상했던 사단법인 '통일문제협회'를 창립했다. 서울특별시 종로구 종로1가 45번지에 사무실을 두었다. 학계 · 실업계 · 정계 · 언론계 · 종교계 · 체육계 · 군 출신인사 · 기타 인사 등 69명이 발기인으로 참여했다. 전문가와 저명인사들도 함께하였다. 〈발기선언문〉에서 협회의 창립의미가 담겼다.

〈발기선언문〉

조국통일! 그것이 장차에 가능하건 또는 한낱 국민의 뜨거운 열망으로 그치고 말건 간에 한국의 남북통일 문제가 우리 시대의 가장 큰 민족적 과제라는 데는 아무도 이견이 없다.

제2차 세계대전 종결과 더불어 전후 수습을 위한 군사적 목적에서 비롯된 한반도의 분단은 국제적 여건이라는 피동적 역사성에 얽매인 채 장기간 한민족에 숱한 비운을 안겨주었다.

당초 미 · 소 양대국의 태두리 안에서 맴돌던 남북분단의 상태는 단순한 국토분단이라는 개념으로부터 복잡한 동서라는 이념을 분계로 한 집단적 이익의 대결로 양상이 바뀌어 지리한 민족적 숙원으로 침전된 채 어언 4반세기가 지났다.

한반도의 통일은 한민족의 당위적인 역사적 과제이면서도 분단의 원인과 그 후의 사태에서 주 · 객관적인 현실적 여건 때문에 통일에 대한 국민의 불같은 열망은 쉽사리 빛을 발하지 못했다.

그러나 가까운 장래에 고도경제성장의 결실로 국민소득이 중진국의 첨단에 서게 되어 단독의 힘으로 북괴에 대처하는 내적 여건의 우위상황에 놓이게 될뿐더러 미일안보조약, 소련과 북괴의 군사동맹, 바르샤바조약 등이 만료되고 미국의 새로운 아시아정책의 현실화, 일본의 재무장과 중공의 핵위협 팽창 등 한반도를 둘러싼 외적 환경이 급격한 가변성은 통일문제에 대한 어떤 모멘트를 제기해줄 것 만은 틀림없는 사실이다. 그렇다면 앞으로 과연 통일의 가능성이 엿 보일 것인가? 또 통일의 전망이 밝다고 말할 수 있을 것인가?

한마디로 말해서 최근의 국제정세는 오히려 강대국의 평화공존 추세속에 안정화의 길을 치닫고 있어 남북분단의 상태가 더욱 고착화할 우려성이 짙기 때문에 결국 한국통일 문제는 어디까지나 전후 분단국가군의 공동운명을 저울질 하는 중대한 전후처리 문제의 일환으로 미결상태에 있고 민족의 자체정비와 국제정세의 유리한 전개가 잘 배합되어 져야 해결될 수 있으므로 장차의 국내외 여건의 급격한 변화에 따라 이에 대응하여 설혹 통일의 가능성이 엿보이게 되던지 또는 통일에 대한 국민의 열망이 헛되게 되든 간에 통일문제가 국내외 여건에 달려 있다고 체관할 것이 아니라 우리의 힘으로 통일을 촉진하기 위한 노력을 경주하여 통일기반을 한발자국이라도 더 구축하는 것과 아울러 통일의 예비적 준비로 전국민적 동의에 입각한 통일방안을 마련하기 위한 국민적 토의과정 속에서 지금까지 터부시되었던 통일논의를 양성화하는 것이 가장 시급한 일이다.

따라서 우리는 미·중공·일 3국관계의 미묘한 움직임으로 말미암아 한반도의 힘의 균형관계가 불리한 상태로 형성될 가능성이 있기 때문에 이 점에 대한 면밀한 정세추이의 분석과 다각적인 외교능력의 발휘로 있을 수 있는 갭을 카버 하는 한편 그와 같은 전환기적 위험요소에 충분히 대비할 수 있는 자주적인 국방력을 갖추는 일과 대결과 긴장의 촉진이란 외적 조건에만 대응, 형성되어온 우리의 정치·경제·사회·문화질서를 긴장완화의 방향으로 움직이는 외적 정세에 적응력을 발휘할 수 있도록 탄력성 있는 국내체제를 확립함으로써 국내적 혼란과 국제적 고립을 미연에 방지하는 일이 앞으로 추구해야 할 민족통일 문제와 직결되는 전제적 작업이다.

이렇게 볼 때 우리는 첫째, 이같은 열강들의 틈바구니를 비집고 우리가 바라는 통일을 실현할 수 있도록 어떻게 외교역량을 자기확장적으로 전개해 할 수 있느냐 하는 국제정치적 측면과 이와 관련해서 통일을 위한 국내정치적 여건 조성에 있어서 항상 본원적인 문제로 등장하는 것이 바로 이데올로기 문제인데 남과 북은 민주주의와 공산주의란 각기 상이한 이데올로기를 바탕으로 한 이항체제 속에서 분단 25년을 살아왔다.

이같은 남북의 상이한 이데올로기에 의한 상이한 통일정책은 마침내 이데올로기 이전의 단일민족으로서의 일체감과 통일에의 의욕 그리고 세대간의 사고의 동질성을 상실케 하고 남북 민족간의 이질성과 소외감과 그리고 민족의식의 퇴색 등을 발생케 함으로써 통일의 자주적 여건 조성을 위한 기반을 근저로부터 파괴하고 말았다. 그렇다고 우리는 무분별한 감상적 매진도 금물이지만 위대한 민족적 성업을 잠시도 중단시킬 수는 더욱 없다.

따라서 우리는 강력한 통일에의 의지를 바탕으로 민족적 일체감을 고취시키면서 자체역량을 배양, 자유를 최대한으로 확보할 수 있는 이른바 통일의 구심점을 어디까지나 이데올로기를 초월한, 민족주의에 바탕을 둔 민족자주 통일에의 길을 차분히 일보일보 전진해야 한다.

이 길은 (……확인 불가)에 주체적 여건 성취를 위한 노력으로서 우리는 각계각층을 총망라하여 '통일문제협회'를 결성하고 종래와 같은 일당일파나 특수집단의 정략적 통일논의와는 달리 건전한 의미에 있어서의 민간주도형의 대중적 토의에 입각한 민족적 차원에서의 통일방안을 적극적으로 개발하는 제반 노력을 연구 실천할 것을 전국민 앞에 엄숙히 선언하는 바이다.[72]

민족주의 바탕한 통일되도록

서민호는 1972년 유신쿠데타 직전 〈통일문제연구협회 취지문〉을 발표했다. 박 정권이 남북문제를 빌미삼아 모종의 체제변혁을 기도할

---

72)《자료집03》.

72)《자료집03》.

것이라는 정보를 입수하고, '협회'의 성격을 분명히 하고자 했던 것으로 추정된다.

〈통일문제 연구협회 취지문〉

우리는 오늘도 하나의 단일민족이 두 개의 대립체제로 말미암아 남과 북에서 각각 이질적 생활을 영위하지 않을 수 없는 역사를 벗어나지 못하고 있다.

제2차 세계대전의 종언과 더불어 대두한 소위 분극지배 원칙은 불행히도 이 땅에 적용되어서 벌써 4반세기가 되었다. 그런데도 불구하고 한국문제를 위요한 오늘의 국제정세는 과연 어떠한 것일까.

이념상으로나 지역상으로 나타난 이해 당사국인 미·소·중공 및 일본 등이 제 나름대로 자국 실리주의를 위주로 한 협상행위야말로 자칫하면 우리 한국문제가 우리 민족의 의사와는 거의 무관한 방향으로 처리될 위험성마저 농후한 현 단계에 우리는 서 있다.

이같이 국제적으로 미묘하게 논의의 대상이 되고 있는 이 마당에서 우리 한국문제가 타국에 의하여 어떻게 되어도 무관하다는 방관적 태도가 혹은 어떠한 사대주의, 사고방식에 휩쓸리는 자세야말로 용인될 수 없는 일이다. 그런 고로 한국통일문제를 우리가 어떻게 다루어야 할 것인가에 관하여 좀 더 적극적이면서 민족주의 세력의 결집이 오늘처럼 거족적으로 요청되는 때도 또한 없을 것이 아닌가.

회고하면 지금까지 우리는 한 번도 국민에 의한 토론과정에서 통일문제를 추구한 바 없었다. 그동안의 통일론이 있었다면 그것은 어떤 소수의 정치집단이나 정치권력층이 그들의 지위보존이나 정권유지를 달성하기 위한 일방적인 통일구호만을 외쳤을 뿐 국민 각계각층의 통일의사를 집약하고 이것을 정책화한 사실은 거의 없었다.

그러기 때문에 우리는 우리의 역사적 현실 속에서 통일사업에 저해되는 반민족적 제반 요소를 제거하는 동시에 국민 전체의 참여 속에서 우리 민족 주체세력을 구축하고 남북통일 방안을 연구 모색하려 한다.

이리하여 우리 민족의 공통된 통일의식을 확립하고 나아가서는 이것을 국제적으로 여론을 환기시킴으로써 우리 민족의 염원인 남북통일 실무를 촉진하는데 순수한 국민운동을 전개하려 한다.

우리가 통일문제연구협회를 결성한 의도도 여기에 있는 것이다. 원컨대 분단된 민족과 조국강토를 되찾기 위하여 국민의 한 사람으로서 본 취지에 찬동하시와 적극적인 참여 있기를 충심으로 빌어 마지 않는다.[73]

유신쿠데타에도 강연 · 세미나 · 회보발행

통일문제연구협회를 창립했지만 운영은 쉽지 않았다. 시국의 급변이 영향을 미쳤다. 박정희 정권은 71년 10월 15일 서울에 위수령을 발동, 각 대학에 휴교령을 내리고 10월 16일 박 대통령은 느닷없이 국가비상 사태를 선언한 데 이어 10월 27일 야당의 반대 속에 대통령에게 비상대권을 부여하는 국가보위법을 변칙 통과시켰다.

해가 바뀐 1972년 7월 4일 남북공동성명을 발표하고, 10월 17일 친위쿠데타를 일으켜 비상계엄을 선포, 국회를 해산하는 등 폭거를 감행했다. 서민호와 김대중 신민당 후보가 남북대화와 교류 등을 주창할

---

73) 《자료집 03》.

때는 용공좌경, 국보법과 반공법으로 탄압하더니, 불과 1년도 안 되어 이후락 중앙정보부장이 극비리에 평양을 방문하고 7.4성명을 발표하는 등 돌변하고 이를 추진하기 위해서라는 명분으로 10월유신이라는 정변을 감행한 것이다.

이와 같은 정세의 변화 속에서 서민호는 1973년 2.27 유신국회의원(제9대 국회의원) 출마를 거부하고, 통일문제연구협회의 운영에 혼신의 힘을 다하였다. 그가 가는 길에 언제라고 순탄한 적이 있었던가.

월파가 주축이 된 '통일연구협회'라는 단체가 본격적인 활동에 돌입하게 되었습니다. 그런데 구정(설날)을 불과 이틀 앞두고 월파가 나를 불러 갔더니 "직원들도 다 처자가 있는 몸들인데 구정은 쇠야하지 않겠소? 권 동지가 이거 좀 팔아가지고 오시오"하고 회중시계를 하나 꺼내 놓았습니다.

그것은 롤렉스 금제 회중시계로 당시 그런 시계를 갖고 다닌 사람은 그다지 많지 않았습니다. 값도 비쌌을뿐더러 금시계를 허리춤에 차고 다니며 정치하는 사람들도 거의 없었습니다. 멋쟁이였던 월파였기에 가능한 일이었습니다.

"아무리 그렇지만 선생님께서 애지중지하시던 그 금시계를 어떻게 팔겠습니까?" 내가 그렇게 만류를 했지만, 월파는 계속 팔아오라고 했습니다. 그래서 나는 할 수 없이 남대문시장에 나가서 당시 돈 20만 원을 받고 그 시계를 팔았습니다. 그때가 섣달 그믐날이었습니다.

그런데 시계 판 돈을 갖고 월파에게로 돌아가려던 차에 어디선가 연락이 왔습니다. "월파가 심장마비로 돌아가셨다"는 비보였습니다.[74]

---

74) 권노갑, 《누군가에게 버팀목이 되는 삶이 아름답다》, 191쪽, 살림, 1999.

일제와 이승만 폭정을 헤치며 살아온 그가 계엄령이나 유신체제에 기가 죽을 인물이 아니었다. 통일에 대한 국민계몽을 위해 세미나와 강연회를 열고, 1972년 9월에는 《통일연구》라는 학술지 회보를 펴냈다. 월례 발표회를 통해 발표된 논문을 모은 것이다.

"김두헌 박사 등 동 협회 연구위원들이 처음으로 내놓은 이 논집 속에는 〈가치론에서 본 통합의 원리〉(김두헌), 〈내외정세 속의 통일과 안보관계〉(민병천), 〈3중쇄국성과 우리의 조국 통일문제〉(김준희), 〈전환기적 상황극의 한국 통일문제〉(이승헌), 〈중공의 외교정책과 통한문제〉(조재권) 등 통일논의에 관한 연구논문이 실려있다.

이 외에도 〈통일을 내다본 농업개발문제〉라는 최종식 박사의 논문과 법학자 정범식 박사가 집필한 〈통일과 가족문제〉등 다채로운 논문이 담겨져 있다.(통일 연구협회 간, 비매품)" 75)

서민호는 협회가 주최한 연설회와 세미나 인사말을 통해 "7.4성명을 효과적으로 뒷받침하기 위해서는 반공법과 보안법을 대폭 개정하고 비상사태를 철회하여 위축된 국민의 사기를 높여주는 것이 시급한 과제"라고 언성을 높이고, "남북조절위원회 위원은 대통령 측근이나 반민주 인사들을 제외하고 국민의 신뢰를 받는 인재를 등용하라"고 촉구했다.

---

75) 《신아일보》, 1972년 9월 12일.

71세에 타계, 민주화 · 통일 못보고

곳(장소)을 잘못 만난 '이무기'는 승천하지 못한다 했던가. 인재의 경우도 다르지 않다. 여기에 때(시기)가 추가된다. 암울했던 시기, 척박한 풍토에서 신념을 지키며 정의로운 삶을 살기는 무척 힘겨운 상황이었다.

물려받은 막대한 유산과 빼어난 두뇌, 일본과 미국 유학, 항일독립운동, 이승만과의 인연, 그리고 군사독재자가 탐내는 명성, 이같은 형편이면 권력의 휘하에서 호의호식하고 축재하면서 자식들 해외유학 보내고 자자손손 세습하여 기득권의 양지에 견고한 울타리를 치고도 남을 여건이었다. 실제로 그렇지 못한 자들 가운데도 '기득권 양지족'이 수없이 많았다.

그가 정계를 은퇴하고 통일문제 연구에 생애의 마지막 정열을 불태우고 있을 적에, 한국은 유신체제라는 폭압 권력이 구축되고, 박정희의 정치적 라이벌이었던 야당후보 김대중을 도쿄에서 납치하는 등 야만통치가 자행되고 있었다.

학창시절 이래 꿈꾸고 가꾸었던 민주주의가 뿌리채 짓밟히고 있었다. 은퇴한 노정객이지만, 삶의 가치가 무너지는 듯한 아픈 현실이었다. 1974년 1월 8일 정부는 긴급조치 1,2호를 선포하여 유신헌법에 대한 반대와 개헌논의를 금지하고 비상군법회의를 설치했다. 민주인사들이 끌려가고 군인들이 민간인들을 재판하였다. 1952년 6월 자신이 국회의원의 신분으로 영남고등군법회의로 이관되어 재판을 받았던, 20여 년 전의 악몽이 떠오르고 정치상황은 그때와 별로 달라지지 않았다.

서민호는 1974년 1월 24일 1시 30분 심장마비로 고려병원에서 눈을 감았다. 71세, 당시의 평균수명으로는 짧은 생은 아니지만 여러 차례의 옥살이 기간을 빼면 장수한 것은 아니었다. 타계하기 며칠 전 측근에게 "내 소원은 조국통일을 보고 죽는 것 뿐"이라고 말하였다. 유언이 된 셈이다.

다음은 한 신문의 비중 있는 부고 기사다. "타계한 월파 서민호씨, 정계의 거목 불굴의 투사"란 제목을 달았다.

최근 항일 독립운동에서 몸을 일으켜 해방 후 정계에 투신했던 거성들이 하나 둘 떨어져가는 가운데 24일 월파 서민호 선생이 또 세상을 떠났다. 이 같은 거성들의 잇단 별세는 한 시대의 막이 서서히 내리고 있음을 뜻하는지도 모른다.

월파선생은 한국정치사에 굵직한 자취를 남긴 불굴의 투사였다. 청년시절에는 항일운동에 투신, 두 차례나 옥고를 치른 독립투사였고 해방 후엔 야당 생활로 일관하면서 반독재투쟁에 앞장섰던 반골정치인이었다.

3.1운동 당시 보성중학 3학년 학생이던 그는 시위군중의 앞장에 서서 일본경찰과 대치하고 있었는데 기마대가 앞길을 가로막자 일경이 타고 있던 말의 뒷다리를 힘껏 차 말이 놀라 뛰는 바람에 길을 트고 앞으로 진출한 용맹스런 학생이었다고 한다. 그는 3.1운동 당시 《반도목탁지》사건으로 6개월간 투옥되기도 했다.

그 후 일본 와세다대학과 미 웨슬리안대 및 컬럼비아대학원에서 정치학을 공부하고 일정 하의 조국에 돌아온 그는 남선무역회사 사장으로 있으면서 조선어학회에 자금을 대어 조선어학회사건으로 1년간 옥고를 치렀다.

그러나 그의 파란만장한 생에는 해방과 더불어 전개되기 시작했다. 전남지사를 거쳐 제2대 국회의원으로 당선된 월파는 6.25동란의 부산피난 시절에 거창양민학살 사건과 국민방위군 사건 등 자유당정권의 비정을 파헤쳐 폭로하여 정계를 뒤흔들었다. 당시 그의 영향력은 대단해서 타협을 모르는 반독재투쟁 자세 때문에 이승만 대통령의 미움을 샀던 것이다.

그러던 중 1952년 순천의 평화여관에서 서창선徐昌善 육군대위를 권총으로 사살한 사건이 일어나 그는 현역의원의 몸으로 구속됐다.

"내가 만일 4.19 후 과정 수반 같은 지위에 있었다면 이 박사를 하와이로 망명시키지 않고 일반과 똑같이 법으로 취급했을 것"이라고 말했었다. 그러나 그는 하와이 망명 중인 이 박사가 고국 땅에 묻히고 싶다는 말을 하자 인간적인 동정을 금치 못했다고 한다.

아무튼 월파는 강한 자에게는 호랑이처럼 무섭게 덤벼드는 성미였으나 약자에게는 한없이 물러서는 온후한 일면을 지니고 있었다.

4.19로 영어囹圄에서 풀려나온 그는 언제나 "내 남은 목숨은 학생들의 피에 보답하겠다"고 다짐하면서 4.19정신을 정치의 신조로 삼아왔다고 한다. 단련된 체력의 소유자로 늘 스틱을 짚고 다니는 그는 제5대 민의원에서 부의장을 지냈고 5.16 후에는 6.7대 국회의원을 역임하면서 언제나 풍운을 몰고 다닌 정치 생애를 마쳤다. 그는 여느 보수 정객과는 달리 시대의 흐름에 민감해서 남북교류를 처음 제창하는 등 진보적인 정책을 과감히 제시했으며 한일협정 비준파동 때는 의원직을 사퇴하기도 했다.

그러나 그는 야당이 이합집산을 거듭하는 와중에서 당적을 자주 옮겨 자

민당 최고위원, 민중당 최고위원, 대중당 당수를 역임했다. 그와 친분이 두터
운 한 야당 정치인은 "월파는 고집이 센데다가 자기중심으로 매사를 이끌어
가지 않으면 직성이 풀리지 않는 성격이라 자주 당적을 옮긴 것 같다"고 말했
다.

하지만 타협을 모르는 불굴의 투사였던 월파는 중요한 정치적 고비에서는
누구보다도 선명하게 결단을 내릴 줄 아는 정치인이었다. 그는 67년 야당
단일대통령 후보에 대한 국민의 여망에 부응하여 대통령 후보를 선선히 사
퇴했고 71년 선거 때도 신민당 후보 김대중 씨를 지지, 자신의 물러날 시기
를 찾을 줄 아는 지혜를 발휘했던 것이다.

작년 1월 정계 은퇴를 선언하고 사재를 털어 '통일연구협회'를 창설, 만년
을 통일문제의 연구와 계몽에 몸 바쳤다. 그는 타계하기 며칠 전 측근에게
"소원은 조국통일을 보고 죽는 것뿐"이라고 담담하게 말했다고 한다.

아무튼 항일운동과 반독재투쟁에 파란많은 한 생애를 바친 풍운의 노정
치인이 그의 소망인 조국통일의 날을 보지 못하고 눈을 감은 것은 월파 한
사람만의 슬픔이나 한만은 아닐 것이다.76)

통일로변에 안장, 애족장추서

월파 서민호 선생의 영결식이 1월 24일 오전 서대문구 연희동 자택
에서 거행되었다. 국무총리 정일권이 장례위원장을 맡고 평생의 지인
들과 각계 인사들이 장례위원으로 위촉되어, 평소의 염원에 따라 통일

---

76) 《동아일보》, 1974년 1월 25일, 발췌.

로변(경기도 양주군 장흥면 신세계 공원묘지)에 안장되었다.(애족장 추서 이후 대전 국립현충원으로 이장)

생전에 고인의 "통일로 인접산에 묻게 해서 통일된 날 남북을 오가는 동포들을 저승에서라도 바라보게 해 달라"는 말씀에 따른 것이다. 정부는 2001년 독립운동가로 서훈, 애족장을 추서하였다.

월파 선생 1주기를 맞아 묘비건립위원회(위원장 정일형)가 결성되고 1975년 6월 7일 경기도 양주근 장흥면 신세계 공원묘지에서 추모제와 추모비 제막식을 가졌다. 김용갑이 찬하고 김원필이 쓴 〈비문〉이다.

〈비문〉

월파 서민호 선생은 1903년 4월 28일 전라남도 고흥군 동강면 노동리에서 선고 서화일 선생과 선비先妣 이원래 여사의 풍족한 가정에서 출생하시다.

개화의 시운에 따라 부모의 슬하를 일찍 떠나 학업에 전념하시니 11세의 어린 나이로 초급과정을 일본 동경에서 마치고 보성고등학교를 거쳐 일본 조도전대학을 수료한 후 미국 컬럼비아 대학에서 정치학 석사학위를 얻으시다.

원래 호협 담대 불의를 보고는 그대로 넘기지 못하시는 성품 때문에 글자 그대로 형극의 길에서 파란만장의 일생을 보내시다. 일본의 폭정 하에서도 항상 마음은 조국의 광복에 있으되 뜻을 펴지 못하시고 한때는 조선어학회 사건으로 1년간 옥고를 치르신 바 있다.

1945년 마침내 해방의 기쁨과 더불어 전남지사·조선전업사장을 역임하신 후 2대 국회의원에 당선되시다. 1950년 6.25동란으로 국사가 자못 어지러운 무렵 국민방위군사건, 거창사건의 진상규명과 그 사후 처리에 온갖 심혈을 기울이시다. 1952년 정치파동에 즈음 독재에 항거, 8년간 영어의 몸으로 고생하시다가 4.19학생의거와 더불어 옥중에서 풀려 5대 민의원부의장의 중임을 맡으신 바 있고, 1961년 유엔총회 한국대표로 참석하신 후 남북교류와 평화통일을 역설하시다.

6, 7대의원 생활을 통하여 이 나라 헌정의 회복과 민권의 신장에 헌신하시고 나아가 사회정의의 실현에 대한 불타는 정열은 마침내 대중당을 몸소 조직하였고, 동당 지명 대통령 후보로 출마하셨으나 야당연합을 위하여 이를 두 차례나 사퇴하신 바 있다.

정치의 후선으로 물러나신 만년에도 조국통일의 집념을 저버리지 못하시고 뜻 있는 동지들과 통일연구협회를 창설하시어 정열을 쏟으셨으나 남북통일을 숙제로 남긴 채 1974년 1월 24일 서거하시니 선생의 유덕을 추모한 나머지 사회장으로 모시다. 앞에 가로 뻗친 통일로가 보이는 이곳에 유택을 스스로 정하시니 선생의 유지는 우리 가슴에 영원히 기르고 새겨질 것이다. 선생의 초배는 정희린 씨이고 후배는 하상희 씨이다.

누구보다 월파 선생과 이념적으로 가까웠던 김대중 전대통령이 쓴 그의 1주기 추모사를 소개하면서 글을 마치고자 한다.

서민호 선생을 말할 때 제게 있어 맨 먼저 떠오르는 것은 재작년 5월에 미국 워싱턴에서의 상봉입니다. 그때 저는 미국과 일본을 왕래하면서 망명생활을 하고 있을 때였습니다. 많은 본국의 친지들이 미국을 다녀갔지만 누구도 저와 접촉하려는 사람이 없었습니다. 그러나 선생만은 유독 미리 일본서부터 연락하면서 꼭 만나기를 요청해왔습니다. 선생은 부인과 같이 댈러스, 켄자스 등을 거쳐 워싱턴에 오시자 막 바로 제가 묵고 있던 호텔에 찾아오셔서 같이 투숙하시고 같이 시내 나들이도 하셨습니다.

　그때 나타내서 말은 안했지만 그러한 선생의 행동에 얼마나 감동되었으며, 감격했는지 몰랐습니다. 참으로 일제 이래 만고풍상을 헤쳐 나오신 선생님 아니고는 하기 어려운 일이었습니다.(…) 제가 재작년 8월 13일 납치로부터 살아온 뒤에도 제일 먼저 내외분이 찾아오셔서 얼싸안고 기뻐해주셨습니다. 선생께서는 저의 손을 잡고 "김동지의 목숨은 하나님이 구해주셨소. 이제 나는 여생을 바쳐 김동지와 같이 민주회복과 통일을 이룩하겠소. 굳게 맹세 합시다"하고 몇 번이고 되풀이하신 말씀이 지금도 귀에 쟁쟁합니다.[77]

지금까지 읽어주신 모든 분께 감사드립니다.

77) 김대중, 〈서민호 선생을 추모하는 글〉, 《동아일보》, 1975년 1월 24일 광고.(발췌)

나의 獄中記

徐 珉 濠 著

同 志 社

[편집자 주]
월파 선생의 《나의 옥중기》는 〈옥외편〉, 〈옥중편〉, 〈논설편〉으로
나뉘어, 모두 60꼭지의 글이 4개 장으로 실려 있는데, 이 책에서는
제1장 〈폭풍 전야〉, 제2장 〈운명의 사건〉만을 다루고 있음.

옥외편 (獄外篇)

제1장

폭풍 전야

고발告發되는 부패腐敗와
가증可憎한 추악상醜惡相

역사는 과거를 심판한다. 과거를 심판하는 것이 어느 의미에서는 역사의 본질이라고 생각한다. 역사의 기록은 그러기 때문에 인위적으로나 조작적으로 사실 아닌 것을 일시 기록한다고 치더라도 어느 장래에 있어서는 그것이 사실의 귀결과 인간들의 선의 본연으로 수정되어 역사본연의 자세로 기록되기 마련이다. 권력을 가진 사람이 잠시 그 힘에 의하여 역사를 그럴 듯하게 기록한다고 하더라도 역사의 본질과 그의 필연성에 의하여 역사의 옳은 방향으로 귀결되는 것이 역사의 불변의 자세인 것이다.

그러나 사악邪惡과 권력이란 도구를 한 몸에 지닌 사람의 입장에서 생각하면 그들의 현재의 권력이 자신이나 주위의 편의와 이해관계를 증진하고 그 맛을 붙이게 되면 그들이 행한 모든 행위가 옳고 그르다는 것은 모두 생각도 하지 않고 오직 자기가 하는 일만이 옳고, 또 그릇된 일을 하더라도 그것은 자신이나 현재의 권력 행사자로서 얼마든지 있을 수 있고 당연히 있어도 된다는 자위自慰하는 심리적 합리론心理的合理論까지 내기 마련이다. 그러므로 해서 왕왕 역사상 있는 독재자들의 표본과 같이 그러한 부정이나 부패된 권력 행사나 정치들이 그들대로의 해석으로 역사의 영원성을 인정하고 옳은 역사관으로 해석하고 있는 것이다.

서구의 어느 역사상 인물처럼 자기가 행하는 것이 바로 법률이요, 권력이다. 그리고 자기의 행동 여하에 따라서 지도도 마음대로 변경시

196

킬 수 있다는 전제 독재자로서나 목민가(牧民家) 아닌 목민가로서의 과대 망상된 독단적인 힘의 표현을 보인 예도 있다.

그러나 그 전제 정치가들의 그런 일이 국민들로 하여금 민생고의 구렁이에 몰아넣었고 온갖 악덕의 역사적 교훈을 남기고 있다. 우리 한국의 5천 년 역사와 민족의 유구한 전통을 가진 우리 역사 가운데는 전변유위轉變有爲의 사실이나 그와 유사한 역사상 인물들이 있어서 유상무상의 역사적 교훈을 우리에게 가르쳐 주고 있는 것이다. 이 역사의 교훈은 항상 우리들로 하여금 옳은 방향으로 이끌어주는 나침반 역할을 하고 있으나 이 교훈에 반대되는 일이 일어남은 슬픈 비애가 아닐 수 없다. 더구나 일본 제국주의 아래서 온갖 슬픔과 압박, 착취 그리고 인간식민지 대우를 받아온 쓰라린 경험을 30여 년이나 겪다가 자유연합국의 힘과 우국 선열들의 생사를 초월한 덕으로 8 · 15해방을 맞이한 것이다. 우리는 모처럼의 주권의 복귀와 민족 부흥권을 기쁨과 감사로서 마음껏 즐긴 것이다.

그러나 기쁨과 감사도 잠깐의 영광에 지나지 않았고, 민주주의와 공산주의의 두 '이데올로기'와 그 실천이 이 땅에서 맞서게 되어 민족은 분열하게 되었다. 땅은 38선을 경계로 하여 두 갈래로 분리되었고, 마음은 데모크라시와 공산주의라는 두 이데올로기로 갈라졌다. 그리하여 붉은 정치 하에 있는 38 이북은 물론이지만 해방 후부터 미국의 영향을 직접적으로 받아온 데모크라시의 땅, 남한에서도 두 이데올로기의 피비린내 나는 싸움터로 계속되어 왔다.

데모크라시의 이데올로기를 국민에게 납득시키고 실천케 하는 일도 커다란 과업이 아닐 수 없었는데 모처럼 권력이란 도구를 가진 정치지도자들은 그러한 커다란 명제는 조금도 생각지 않고 같은 핏줄기와 같은 땅에서 사는 수많은 선량한 백성들에게 압박과 부정의 권력 행사나 할 줄 알고 그들이 응당 해야 할 일은 잊고서 자신의 명예와 영달을 위하여 부패 부정을 아침밥 먹듯이 하기 시작한 것이다.

그리하여 국민들 가운데는 그들 부패된 지도자나 그 사실들을 규탄하며 고발도 했으나 오히려 그런 일 등을 합리화 하는 데에만 힘쓰고 반성이나 시정하려는 겸손한 미덕은 조금도 보이지 않는 것이다. 오히려 정치정의나 사회정의의 입장에서 그 비정秕政을 타일러 주는 사람을 정적政敵이나 공산당이라고 낙인을 찍어 소위 관제 공산당으로 조작하여 북한괴뢰의 이익된 일이나 선전 자료를 많이 만든 사실은 국민들이 잘 알고 있는 추악한 독재자의 '독재적 민주정치'의 까닭에서 임은 두 말할 나위도 없다.

이러한 환경과 여건아래서 민주주의 기본 성격인 자유가 실질적으로 행해져 정치, 경제, 사회, 문화 등의 구조가 형성되어 국가나 국민들이 발전하는 향상된 생활은 영위할 수 없음은 불문가지不問可知의 사실이다. 정치적 자유와 경제의 기회균등은 고사하고 인간된 자유조차 말살된 현실은 우연한 일이 아니었다. 독재자나 그들 정치지도자가 자유의 고귀성이나 위대함을 몰라서 그런 것이 아니다. 그들은 대의 명분상 자유나 민주정치를 입버릇처럼 내세웠다. 내심으로는 그 자유와 민주정치가 범 국민화汎國民化되기를 우려한 것이다. 왜냐하면 범 국민화되면 그들이 원하는 독재적 민주정치를 함부로 또 자기들 마음대로 할 수 없다는 것을 알기 때문이다. 위와 같이 18·9세기의 전제군주나 전제국가에 있어서의 수법으로 국민을 농락하였고 통치하려는 뱃심이었던 것이다.

국회의원·지식인·언론인 등 일반 국민이 그들의 뱃심을 고발 규탄하면 독재자나 그를 싸고도는 간신배들은 무슨 명목으로든지 힘을 잡든가, 힘을 조작해서까지 하여 재판에 회부하거나 불법감금, 그렇지 않으면 직장에서 추방하여 생활권마저 박탈하는 등의 악독 악착스러운 방법으로 자유의 요원한 불빛을 막아온 것이다. 그들은 개인의 명예와 영달을 위하여 다수의 자유를 말살하였다. 그리하여 우리의 자유는 독재자만이 마음대로 할 수 있는 개인만의 자유였다.

정치와 경제 그리고 문화의 자유는 국제 정치나 현대라는 시점에 살고 있는 우리들의 당연한 요구를 가진 방법과 형태로서 학살시킨 것이다. 어느 나라의 역사이고 간에 이런 유형類型의 사실은 무슨 박물관의 표본처럼 기록되어 우리에게 가르쳐 주고 있는 일이지만 적어도 전세기가 아니고 선진 후진국가 할 것 없이 역사의 조류가 파도 물결처럼 교류되어 보다 높은 자유와 민주주의에로 눈을 뜨고 있는 시점 속에 과거 십여 년 간에 이루어진 일이니 이것이 다만 국가의 운명이라든가, 정치의 단순한 공과론功過論에만 미룰 수 없는 국가와 국민의 비운悲運이 아닐 수 없는 일이었다.

나 역시 그러한 비운의 현실 속에서 몸소 경험하고 뼈저리게 느껴온 여러 가지 사실이 있지만 내가 1950년 5월 30일 총선거 때 전남 고흥에서 당선되어 2대 국회의원으로 직접 국정國政에 참여함으로서 그 인식과 실감을 더 깊게 갖게 된 것이다. 인덕仁德이 없는 처지에 아직 탄생기에 있는 우리나라 발전에 이바지하고 그리하여 정치, 사회, 경제, 문화가 보다 높은 세계로 제도화되어 이것이 실천됨으로서 전근대적前近代的인 생활 실정과 제도를 지양시켜서 국민이 자유롭고 행복하게 생을 이어나갈 것에 내 있는 힘을 다하고자 결심하였고 또 행동하였던 것이다.

나는 내가 옳다고 생각한 일은 나의 일신상 일이나 공리에 빠지지 않고 오직 내가 하는 일이 정의에 입각된 것이라면 과감히 나섰던 것이다. 나는 불의와 부정에 야합하고 싶지 않았다. 비단 이런 결심은 내가 국회의원이 되어서만 가진 것이 아니었고 일제시대부터 지내온 일관된 신념이었던 것이다. 그래서 나라에 대스러운 이바지는 하지 못했을지언정 나대로 나의 능력과 신념대로 일본 제국주의와 싸워온 것을 자부하고 있는 터이다.

내가 국정에 참여하게 된 1950년 6월 25일 개회 이래의 제2대 국회는 문자 그대로 다사다난한 국정처리가 산더미처럼 쌓여 있었다. 그리고 국정은 벌써 어지러워져 가는 때였고 부패와 부정은 싹튼 지 이미 오래였으며, 도처에서 대통령을 싸고도는 간신배들이 권모술수로서 상하가 더러워져서 사회와 민심은 불안과 공포에 떨고 있었다. 이러한 원인 등을 혹자는 그러한 간신배들이나 권모술수를 부린 자에게 책임을 돌리고 당시 대통령인 이승만 씨에게는 하등의 책임이 없는 것이라는 말버릇을 할 사람이 있을는지 모른다. 그러난 나는 헌법의 법리론 입장에서 볼 때 대통령 책임제라는 명문이 던져주고 있는 바와 같이 좋건 그르건 간에 대통령이 전 책임을 져야 할 헌법적 신분에 있는 사람임은 물론 관습 면으로나 경우 면으로 봐서도 국무원國務院을 통솔 지휘하는 장長인 대통령으로서 잘못이 없다 치더라도 지휘 감독하는 책임적 지위에 있는 대통령은 각 부 장관의 실정을 그의 실정으로 돌릴 수밖에 없는 일이다. 각 장관으로 하여금 잘못을 저지르게 해 놓고는 나는 모른다, 또는 알고도 그것을 합리화하려는 식의 일이 한두 가지가 아니었던 것이다. 나는 이 나라 정치가 왜 그처럼 혼란과 무질서 그리고 실정만 계속했느냐 하는 것에 대해서는 행정부의 장인 대통령에게 모든 책임과 무능의 원인이 있는 것이지, 대통령을 보좌하는 장관은 이차적二次的 책임의 지위에 있다는 것을 역설하고 싶다. 물론 실질적인 일과 책임은 직접 행정을 입안立案하고 실천하는 장관에게 있다고 할 수 있다. 그러나 앞서 말한 바와 같이 대통령 중심제의 책임정치인 만큼 대통령이 그 모든 잘못 잘한 것을 책임져야 하는 것이다. 그러나 이 헌법상 명문은 한낱 휴지에 불과하였고 대통령은 사사건건의 실정失政이 있을 때마다 그 책임으로부터 초연超然하여 보잘 것 없는 장관의 해면 조치나 그렇지 않으면 일시 모면하는 변명의 구실만 찾아 뒤로 빠지는 수작만 부리는 것이 일쑤였다. 이러므로 이 나라 정치 행정이 책임 있게 정확히 그리고 면밀한 계획 밑에서 이루어질 수 없었음은 명약관화明若觀火한 노릇이었다.

그리고 날이 갈수록 당초의 신생 민주정치의 이 나라를 부강 육성시키고, 38 이북의 공산주의와 대결할 수 있는 데모크라시의 이데올로기를 배양한다는 대의명분을 망각하는 방향의 정치횡단政治橫斷을 하는 흔적이 현저해짐은 대통령이 행한 사사건건에서 충분히 엿볼 수 있는 사실인 것이다. 왜 나는 그와 같이 지루한 추상론 같은 것을 늘어놓느냐 하면 그것은 내가 앞으로 쓰게 될 옥중기獄中記와 옥고살이를 하게 된 대전제가 되는 것이기 때문이다. 나아가서는 왜 내가 순천 사건에 법적으로 무죄에 해당하며 무죄 판결이 되었음에도 불구하고, 이승만 정부는 나를 그들의 정적으로 알아 왔으며 내가 신념으로 정치정의와 사회정의의 입장에서 국정에 참여 활동하는 것을 눈 안의 가시처럼 알다가 어느 때 무슨 트집을 잡든지, 잡으려고 하던 차에 이 사건을 계기로 영원히 나를 매장시키려는 흉모凶謀를 꾸며 재판 사상 일찍이 보지 못한 미결未決로써 3년 3개월 반이란 긴 세월을 끌어가면서 온갖 인권

을 유린하고 법리法理를 어겨가면서까지 모든 치욕과 굴욕을 주었는가
의 전제가 되기도 하는 것이다.

그리하여 이 사건 발생은 결코 돌발적인 사건이면서도 우발적인 것
이 아니었고 그들 이승만 정부가 조작시킨 그 당시 정치상황政治狀況에
서 생각해 볼 때 계획적이며 당위當爲적인 원인에서 그런 류(類)의 사건
이 발생하였다고 보아야 온당한 일일 것이다. 그러므로 내가 앞으로
쓰려는 옥중기에 앞서 순천 사건 발생 전후의 정치상황을 간단히 설명
한다는 것도 그 당시 정치 정세를 안다는 의미에서나 사건의 진상 그리
고 그 밑바닥을 흐르고 있는 양상을 설명한다는 것도 결코 무의미한
노릇이 아니라는 것을 알아주기 바란다.

나는 1960년 4월 19일 이승만 정부의 부정과 부패에 정의와 정열로
써 항거한 학생들의 의거로서 4월 29일에 출옥하여 세상의 밝은 햇빛
을 쳐다보기까지 미결, 기결旣決 생활을 합쳐, 만 8년 5일의 영어囹圄
생활을 하였다.

내가 2대 국회의원이 되어서부터는 물론, 사건 발생 후 그 지루한
미결 생활을 하면서 재판을 받는 동안 1952년 5월 26일부터 7월 4일
까지 발생한 소위 '5 · 26 정치파동'은 이때 대통령의 임기가 끝나고
국회에서 다시 대통령을 선거하게 되는 중대 시기였다. 정부는 이에
앞서 대통령의 임기 완료를 앞두고 대통령직선제大統領直選制와 상하
양원제上下兩院制의 헌법 개정안憲法改正案을 국회에 제출하게 된 것이
다. 이로부터 정부는 정부가 제출한 헌법 개정안을 통과시키기 위하여
반대파 국회의원을 회유懷柔하고 그래도 듣지 않으면 협박 공갈로써
반대의 기를 억눌렀고 혹은 사건을 조작하여 국회의원을 불법 감금하
는가 하면 정체 모르는 폭력 청년단을 앞잡이로 내 세워 조작 데모를

감행하였으며 1952년 4월 25일과 5월 10일 시행된 지방자치법에 의한 지방 의원선거가 실시되었는데 정부 여당세력의 지방 조직을 강화하기 위하여 자유당 입후보 의원을 불법 선거로써 당선케 하고 이리하여 그들 지방의원들은 소위 정부가 암시한 각자의 이익을 위해서 국민의 의사를 무시한다면 국민 투표에 의해서 소환될 것이라는 소위 국회의원 소환운동召還運動에 가담하여 그 대표들이 부산 경무대를 찾아 소위 지방의회 결의안을 전달하였다. 그런가 하면 '민족자결단'이라는 정체불명의 단체에서는 입법부인 국회해산과 새로운 총선거를 요구하는가 하면 가지가지의 불온 포스터가 전국 각지에 붙여져 민심은 극도로 불안해지고 공포는 날로 조성되어 간 것이다.

이런 사실 등은 결국 그 진의가 이 대통령을 다시 그 직에 재선再選시키자는 공작이요, 그 음모의 여파餘波였다. 결론해서 당시 국회에는 정부의 안정 세력이 없었다. 그래서 국회의 간접선거로는 도저히 재당선될 가망이 없음을 안 이승만 씨는 부정과 강압 선거를 하기 쉬운 국민의 직접선거로서 재당선될 것을 생각하고 〈개정헌법안〉을 내놓게 된것이며 이 개정안이 통과 안 될 것을 짐작하고 국회의원을 이권으로 회유하고 그렇지 않으면 위협과 공갈로써 그 목적 달성을 꾀한 것이다. 심지어는 계엄령의 필요성도 인정되지 않았는데 억지 구실을 꾸며 계엄령을 선포케 하여 민심을 불안하게 만들고 반대파 국회의원을 공포정책의 수단으로 위압하는 술책이 나오는 등 참으로 치가 떨리는 공포정치를 자신의 정권 연장을 위하려 서슴지 않고 해치운 것이다.

또한 9·28 수복과 함께 서울서 개회된 국회에서 〈국민방위군 설치법國民防衛軍設置法〉을 제정하게 된 것이다. 그리하여 위급한 비상시국에 대처하기 위하여 만 17세 이상 40세 이하의 남자 장정들이 훈련

받고 1·4후퇴를 함에 따라 남하하게 되었는데 그들에게 지급되어야 할 식량과 부식물을 그 간부와 무리들의 독식으로 그들 장정들은 영양실조에 걸려 수많은 사상자를 낸 불미한 사건이 발생한 것이다. 또한 선량한 양민 5백여 명을 공비들과 내통하였다 하여 무참하게 무차별 학살한 소위 '거창사건(居昌良民虐殺事件)' 등은 정부의 악랄한 실정의 표본이 아닐 수 없다.

이 밖에 중석불 사건, 족청파 발호 사건, 입도매매立稻賣買 사건 등등의 정부의 무능과 부패한 국정은 비상시국과 함께 민생을 안정시키지 못하고 날이 갈수록 사회는 불안해 가기만 한 것이다.

이와 같이 정국은 불안해 가고 국민의 생활고는 심해 가는데 이승만 정권은 국정의 수습은커녕, 그 반대 방향으로 자신의 명예나 지위 고수에만 눈이 어두워 별별 수단과 공작에만 열중하였다.

나는 그 당시 국정이 찾아야 할 길을 잃고 헤매고 있을 때 이런 생각을 몇 번이고 가져 보았다.

선조宣祖 때 이이李珥 선생은 경연經筵 석상에서 선조에게 민생을 도탄에서 구출하기 위한 정책을 열렬히 주장하다가 왕의 묵묵하고 답이 없는 것을 보고는 더 참지 못하여 "전하수기우야 비수 기락야(殿下受其憂也 非受 其樂也)"라고 직언한 일이 있었다. 이 뜻은 '지금 당신(王)이 앉아 있는 자리는 나라와 백성을 위해서 근심하라는 자리지 결코 혼자 호사하고 즐기라는 자리는 아니라'는 말이었다.

이 이이李珥 선생의 말과 같이 당시 이승만 씨나 그 정부에 합당되는 이야기가 아닐 수 없는 것이다. 자기가 또다시 대통령이 되기 위하여 제정해 놓은 헌법을 마음대로 뜯어고치고 이 헌법을 새로 고치기 위하여 계엄령을 선포하고 대공전對共戰에 서야 할 선량한 헌병들을 앞세워 반대파 국회의원을 버스에 실려 불법 감금케 하는 등의 파렴치한 일에 가까운 일을 자기를 위해서 마음대로 하는 사람이 어찌 애국자가 될 수 있을 것이며 국민을 사랑하고 국민을 굶주림에서 구하려는 정치가적 태도를 가진 사람이라고 할 수 있을까?

그 사람이 시종일관하여 일제에 항거한 혁명가요, 우국지사는 될지언정 제헌 국회의원에 당선되어 초대국회의장이 되고 초대 대통령에 당선되어 이 나라 실권을 한 몸에 쥐고 난 후부터는 행정에 실정하는 일을 한다고 할 것 같으면 정치가로서는 낙제란 낙인을 받아도 부끄럽지는 않을 것이다. 영감은 세상에 알려져 있기를 완고하고 고집불통이라고 소문이 났었다. 사실 완고하고 고집불통의 사람이다. 그 일이 옳고 그릇되고 간에 한 번 자기가 내세운 일은 굽힐 줄도 모르고 수행하는 노인이다. 누구의 충언이나 건실한 건의는 마이동풍이요, 오직 자기가 행하는 일만이 옳다고 생각한다. 그래서 간혹 나라와 국민을 생각해서 그릇된 일은 이래저래 합니다 하고 건의하면 미움을 받거나 그 영감에게 옳은 일도 직언하지 못하였고 그만 방관만 하고 있었을 뿐이었다. 그래서 지당至當 장관이니, 낙루落淚 장관이니 하는 따위의 새로운 술어가 세간에 퍼진 것이었다.

그러한 전제적專制的인 대통령 책임정치에서 옳은 정치가 행해졌을 리 만무하며 오히려 그로 하여금 독재적 요소만 배양시키는 경향으로 흐르게 만든 것이고 그의 눈치를 살피는 장관들은 비위 맞추기에만 힘썼으니 정치는 정도正道에 서지 못함이 뻔한 일이다. 그 집권의 해가 한 해 한 해 더 넘어갈수록 그의 독재적 요소를 띤 가지가지 일은 더욱더 발생해 나간 것이다.

그가 4·19 학생 혁명으로 실각失脚하기까지는 물론이지만 제2대

국회 개회 이래 5·26 정치파동을 전후하여 대통령 임기를 앞두고 재선되기 위한 〈헌법개정안〉을 제안하여 〈발췌개헌안拔萃改憲案〉이 통과되기까지 가지가지 독재자적 수법으로 발악을 한 것이다.

다시 말해서 이승만 정부가 독재에의 길로 걷기 시작한 첫 관문이 된 부산 정치파동은 국내외의 빈축과 경고를 받았음에도 불구하고 그후 그로 하여금 더한 여러 가지의 수법을 거리낌 없이 발휘케 하는 원인이 된 것이다. 그 개헌 파동 당시 정체 불명의 딱벌떼, 백골단, 관제 민의가 난무하는 속에서도 자유의 투사들은 피를 흘렸고 총리였던 장택상씨는 이승만 씨의 야심을 충족시켜 주기 위하여 국회 '신라회新羅會'를 중심으로 발췌개헌안을 통과시켜 정치적 흥정의 묘기를 유감없이 발휘하였다.

이 발췌개헌안 통과에 앞서 국회에서는 정부 측의 독재 야욕으로 제출된 개헌안을 부결시킨 여세를 몰아서 1955년 4월 17일 124명의 서명으로서 내각책임제內閣責任制를 내용으로 하는 새로운 개헌안을 내어서 그에 역습逆襲하였다. 정부 개헌안이 일차 부결되자 굽히지 않고 동년 5월 14일 또다시 대통령 직선제와 양원제를 내용으로 하는 동 안을 제출하여 이에 국회 측의 개헌안과 정부 측의 개헌안이 정면으로 대립한 것이다.

그러자 장택상 씨가 영도하는 신라회와 삼우장파의 숙의로 이루어진 제3개헌안이 〈발췌개헌안〉으로 그 대립을 조절하는 양, 가진 공작을 하여 통과시킨 것이다. 이 발췌개헌안은 대통령 직선제와 상하양원제 국무총리의 제청提請에 의한 국무위원의 임명과 면직 그리고 국무원에 대한 국회의 불신임결의 등의 내용으로 되어 있다.

그러나 발췌개헌안이 정부와 국회 측 개헌안을 절충해서 이루어진 것이라고 할지라도 정부가 의도한 즉, 이 대통령의 재선 야심을 충족시킬 수 있는 대통령 국회 선출을 국민 직접선거의 조항으로 바꾼 점만으로 봐서도 정부 측의 승리로 개헌 파동은 끝난 것이다.

위에서 말한 바와 같이 단 하나의 야심 즉 현행 헌법대로 국회의 간접선거로서는 도저히 대통령 재선의 가망이 없으므로 국민 직접선거로서 또다시 대통령에 당선되기 위하여 한 나라의 헌법을 조령모개朝令暮改식으로 아침밥 먹듯이 뜯어고치자는 야욕을 위하여 온갖 정치적 장난과 독재적 수법으로 국민과 국회의원을 협박과 공갈 그리고 공포 전술로서 그 목적을 달성시킨 것이다. 따라서 그와 같은 흉악한 야욕의 실현을 위하여 6 · 25 동란이 발발하여 국가의 비운을 구해야 할 즈음 감히 일개인의 사리사욕을 채우기 위하여 여러 가지 난리 아닌 난리가 부산 한쪽에서 아니 전국에서 불꽃처럼 일어났다. 그리하여 6 · 25가 지난 2년 훨씬 뒤까지 그러한 일련의 사건이 고개를 숙이지 않고 일어났고 피난살이 정부는 부산에서 정권을 연장하려는 야욕으로 눈알이 뒤집혀 있었다. 국토와 백성을 버리고 도망친 정부가 시국의 수습도 채 안 된 채, 또다시 주인 노릇을 해보겠다는 검은 야심을 갖게 됨으로써 위의 제 사건이 발생하기 전 조용한 항도, 아니 소란스러워 가려는 부산의 거리는 폭풍전야暴風前夜의 그것과 흡사하였다. 기분이 이상하도록 조용하고 바람 한 점조차 없는 좋은 날씨였지만 이것은 바람과 비가 회오리바람처럼 쏟아질 날을 전제한 조용한 날이었을 것이다. 바람 한 점으로 평지풍파平地風波를 일으킬 전야이었다. 그리하여 여기 조용한 날은 폭풍을 일으키는 흉모가 착착 진행되고 있었음은 알고도 모르는 일이었다.

나는 서두에서 그 당시부터 이승만 정부가 독재와 정치적 부패가 싹트기 시작하였다고 말하였는데 정치 부패란 '정치행위政治行爲에 있어서 봉사와 협력 대신에 자기를 확대擴大시키며 공公의 이익보다 자기 이익을 취하는 의식적인 행위를 뜻하는 것'이다.

또한 어느 모로는 '정치 부패란 정치 행위의 불의不義를 말하는 것'으로서 모든 정치적 행동은 의義에 입각해야 한다. 그러니까 정의와 신념이 정치가에게는 필요하다는 뜻이 여기에 있다고 생각한다.

대통령 간접선거를 직접선거로 하자는 정부 측 헌법 개정안이라든가 여러 가지 일 등이 결국은 그 당시 자기가 국회의 간접선거로는 대통령에 당선될 가망이 없으니까 자기의 재선을 위한 일종의 '자기를 확대'시키자는 정치행위였던 것이며 여러 사람의 이익보다 자기 이익을 취하는 의식적인 행위였다고 생각한다.

나는 또 생각하기를 인간성의 더러움이 정치에 나타나는 정치상政治相이 정치 부패라고도 보는 것이다. 그러나 그 더러운 인간성을 수양하여 고칠 수도 있는 것이 인간이다.

정치학자 잔 란데스코 씨의 권력 행사자는 자기 당黨이나 자기를 위해서 일하여 주는 사람에게 불법 행위를 시키며 이를 묵과黙過한다는 말과 같이, 이승만 씨는 가지가지의 그 실정失政에 있어서 자기 확대를 위해서나 자기 당(자유당)을 위해서 일하여 주는 사람에게 불법 행위를 시키거나 불법행위가 있어도 유야무야 넘겨버리는 일이 허다하였다.

이러한 방법의 정치 부패가 한 두 가지가 아님은 국민이 다 알고 있는 사실이지만……

6·25 사변이 발발한 2년 후에 생긴—제2국민병을 죽음과 기아의 무참한 처지에 놓이게 하고 그 식량이나 각종 군수물자를 부정처분하여 독식하고 혹은 상관에게 바친 사건—추악한 사건이 발생하였는데 이것 역시 정치 부패의 좋은 표본이다.

이것은 세칭 '국민방위군 사건'이라고 하는 너무도 이름난 사건이며 이승만 정부가 평상시도 아닌 국운이 좌우되는 6·25 사변의 치열한 싸움 도중에 발생하고 저지른 커다란 실정의 하나인 것이다.

1953년 5월 30일의 총선거로서 구성된 국회는 6월 19일에 제1차 회의를 열었으나 6·25 동란으로 부득이 대전 대구 부산에서 31차 회의를 마치고 9·28 수복과 아울러 다시 서울서 속개한 것이다. 이 속개된 서울 국회에서 국가의 위기로부터 국토와 국민의 생명을 방어하기 위한 비상조치법으로서 〈국민방위군 설치법國民防衛軍設置法〉을 제정한 것이다. 이 법은 국가 비상시에 있어 예비병역 양성을 목적으로 한 17세 이상 40세 이하의 남자로서 지원에 의하여 지방 단위로 국민방위군에 편입시켜 군사훈련을 실시함으로써 병력 동원의 신속을 기하도록 하였던 것이다.

그 후 방위군 조직은 진행되어 성과를 거두게 되었는데 중공의 개입으로 1·4 후퇴를 하게 됨에 따라 정부는 서울을 비롯한 각지의 청장년 전부를 남쪽으로 후송하기 위하여 소집영장을 발부 소집하여 도보로 남하를 단행한 것이다.

그러나 매사가 그러하지만, 법이 정한 대로나 그 취지대로 일이 진행된 것이 아니었으니, 법을 운영하는 행정부, 다시 말해서 일을 해 나가야 할 사람들이 그릇된 방향으로 이끌고 가는 결과가 되고 말았다.

정부 자신이 그 당시 초 비상시국에 당하여 여러 가지 정무로 소홀히 한 큰 책임도 있었겠지만 각 지구에 장정을 수용할 준비와 계획이 철저하지 못하였던 관계로 동원된 수십만(약 오십만) 장정은 그야말로 엄동설한에 말할 수 없는 고생을 겪으면서 풍찬노숙을 하지 않을 수 없었고 그 후 각 교육대에 배치된 뒤에도 얼마 되지 않는 식량과 부식물 그리고 험산스러운 의복으로써 많은 장정이 영양 부족으로 쓰러지며 추위에 떨고 있는 참상이 드러나게 된 것이다.

아무리 법이 정한바 하는 일이라 할지라도 고귀한 생명을 가진 청장년들을 그러한 혹독한 처우와 참상에 놓이게 해 놓고 파렴치한 얼굴로, 소위 방위군 사령관이란 김윤근은 1951년 1월 8일, "우리는 좌이대사坐而待死 할 위험한 길을 취하지 말고 시기가 아주 늦기 전에 죽음을 각오하고 총궐기하자. 우리 앞에는 국민방위군이 50만이 있고 그 뒤에는 몇백만 명 장정남녀가 있다."고 낯짝 좋은 호언장담의 성명을 한 것이다. 매사가 그렇지만 일을 제대로 하지 않으며 그들 방위군에 지급되어야 할 식량이나 물자를 집어삼키고서는 그러한 허울 좋은 호령조의 성명이나 대의명분을 내 세웠다는 것은 가증可憎할 일이고, 천인공노할 일이 아닐 수 없는 것이다. 그의 그러한 허울 좋은 성명에도 불구하고 전국 각지의 장정이나 부형들은 참혹스러운 진상을 듣고 비난과 불평의 소리는 높아 갔고 마침내는 국회에까지 논란의 대상이 되기 시작한 것이다.

당시 국회는 국민들의 불평의 소리와 함께 몇 명의 국회의원이 그들로부터 뇌물을 받아 먹고 야합했다는 추문醜聞이 들려 왔다. 국회 내의 청년단 출신 김종회金從會는 동란 후퇴 때 영등포에서 국민방위군용 군

210

수물자 원면면사原棉棉糸를 부산으로 운반하여 불하해서 약 3억 원 가량 횡령했다. 그리하여 횡령한 돈을 경무대의 이승만 씨 비서에까지 수교手交했으며 신성모에도 주었다고 한다. 김종회 의원이 급사한 후 그의 저금통장에는 1억이 예금되어 있었다고 한다.

이러한 부정금으로 그들 신정동지회 회원들은 부산의 일류 요정에 출입하며 정치자금을 물 쓰듯 썼다. 그런데 전대미문의 이 사건은 처음 제주도에서 훈련받다가 영양 부족과 추위로 한쪽 다리를 쓰지 못하게 된, 부상입은 방위군인 2명이 나를 찾아와서 호소함으로써 알게 된 것이다. 나는 내무치안 분위장 직책상 물론이지만 이 사건은 반드시 깊은 흑막이 있을 것으로 알고 신중한 검토와 계속 정확한 정보 입수에 힘썼다. 내가 나중에 이 사건을 국회에 보고하자 의사당에서 김종회 의원은 나에게 대들면서 억지 쓰는 거동으로 나오므로 나는 별수 없이 김 의원은 완력으로 넘어뜨렸는데 서범석徐範錫 의원이 달려와서 만류하는 웃지 못할 연극까지도 있었다. 이 문제의 상정과 아울러 신정동지회를 제외한 대부분 의원은 이에 호응하여 국회의 공기는 장정 후송을 위하여 마련된 수십억의 예산이 방위군 간부들의 협잡으로 국회 내 신정동지회 정치자금과 정부 고위층에까지 흘러 들어갔다는 결론을 얻게 되었다. 국회에서는 이 사건에 대한 조사반을 구성하였고 사건은 본격적으로 고발되기 시작하였다.

한편 각지에서 들어온 보고에 의하면 어느 교육대는 전원이 빈사상태에 있고 어는 교육대는 몇 십 명이 사망, 어느 교육대의 장정은 몇십 명이 아사지경이란 비참한 소식이 연달아 들려오기 시작하였다.

국회는 처우 문제를 강구하는 한편, 대책 의원회가 구성되어 확고한 대책 수립을 정부 당국에 촉구하였다.

국회의 문제 처결 촉구에 정부 당국은 수습 대책을 세우고 수습하겠다고 사죄하였으나 사령관인 김은 "백만 국민병을 편성 중에 있다. 일부 불순분자들이 국민방위군 편성에 대해 여러 가지 낭설을 퍼뜨리고 있는 것은 실로 유감된 일이다."라며 그 실책을 불순분자의 장난이요, 낭설이라고 은폐하려는 수작에 국회는 물론, 전 국민의 분노를 한층 사게 하였다. 실로 개탄하지 않을 수 없는 일은 국방장관인 신성모申性模의 국회 질의에 대한 다음과 같은 답변이다.

"국민병 처우 운운하나 최후 승리를 위해서는 돌발적 사고임에도 불구하고 희생이 적었다는 것은 다행한 일이다. 그러나 제 오열의 준동이 가장 위험한 일이니 제 오열의 책동에 동요되지 말기를 바란다."

도대체 지휘 감독의 실정과 실책은 생각도 않고 난데없는 오열설을 퍼뜨리고 책임을 딴 곳에 미루려는 무능 무책임한 장관이었으니 가소롭기보다 가증할 인물이었던 것이다. 그는 세간에도 알려졌다시피 대통령이 무엇이라고 하면 뭐라고 말도 못하고 눈물만 흘려 '낙루장관'이라는 닉네임(별명)까지 얻고 있는 위인이다. 이런 사람들이 장관으로 앉아 국사를 했다고 하니 한심스러운 일이 아닐 수 없는 것이다.

또한 국회는 동 사건의 조사와 병행하여 나의 다음과 같은 〈방위군 의옥 사건 조사 보고〉가 있은 다음 〈국민방위군 설치법 및 비상시 향토방위령의 폐지에 관한 법률안〉이 가결되어 귀환사에게는 쌀 몇 말, 광목 몇 자씩과 여비를 주고 해산시키기로 하였다. 국방 당국은 국회 결의를 실행하였는데 그들 장정들의 수용 당시보다도 해산 때는 더욱 비참한 광경을 노출 시킨 것이다.

부산이나 전국 각지에 수용된 그들 장정들의 해골의 행렬은 눈으로는 볼 수 없는 참상이었다. 나는 1951년 3월 29일 이 역사에 남을 의옥 사건인 〈국민방위군 의옥 사건 조사 보고〉를 다각도로 조사하여 다음과 같이 국회에 보고 하였다.

제2 국민병은 정부를 신뢰하고 국가방침에 순응하여 부모처자를 버리고 길을 떠난 것이다. 그러나 그 도중에 당한 참혹한 천대는 너무나 잘 알려진 사실로서 50만 장정들은 결국에는 한국을 배반하고 다른 곳으로 간다는 신념이 뿌리 깊이 박혔으니……. 모 전문가의 말에 의하면 그들이 귀환하면 80퍼센트는 노력 불가능, 나머지 20퍼센트는 생명보지가 불가는 하리라고 한다.

한마디로 말해서 상관이나 윗놈들이 병졸들의 먹을 것 입을 것을 모조리 잘라 먹는 것으로 원래 간부는 정치 운동에 참여할 수 없음에도 불구하고 정치에 참여하고 있는가 하면 형법에 의해 처벌받은 자들이 책임자가 되고 있다. 병력과 통계와 예산과 영달에 큰 차이가 있다.
예를 들면 대용식 '젤리'를 만든다는 구실 아래 유령 제과회사를 만들어 그 원료로서 백미 4천5백 가마를 가공료로 5천 석 그리고 현금으로 3억7천만 원圓을 지불하고 현금은 회계과장이 보관하고 백미는 상인과 계약만 하고 원료를 구입하기 위하여 백미 한 가마에 2만5천 원씩에 팔고 그 대신 찹쌀 한 가마에 12만 5천 원씩 구입하였으며 명태明太는 3백 86만 8천 짝이 수입되었는데 장부에는 4천 짝으로 되어 있고 원칙적으로는 귀환병에게 1인 당 쌀 아홉 되와 현금 6천 4백 50원씩 주어 보내기로 되어 있었는데 현실은 석 되와 돈 5백 원 밖에 주지 않았다. 이제 51개 교육대 중 22, 15양 교육대 사건을 본다면 이는 다음과 같다.

- 백미 관계: 22교육대 1월분 백미 부정 수배량 550가마, 장교 후생비 177가마, 부사령관 증여 130가마, 교육대 보유 243가마
- 현금 관계: 1월분 부식금 중 횡령금 2774만 7천 7백 원, 사령관 간부 증여금 1천 2백만 원, 자기 생활에의 충당금 484만 4천 7백 원, 자기 압수 1천 90만 원. 15교육대 관계를 보면 1월분 부식비 중 횡령금 2천 580만 원, 사령부 과장 이상 증여금 410만 원, 자기 생활에의 충당 4백만 원, 기타 교제비 1천 6백만 원

나는 이 조사 보고 자료를 작성할 때 그 숫자가 보여준 어마어마한 부정, 횡령으로 많은 장정을 비참한 지경에까지 빠뜨린 처사에 놀랐고, 한편으로 그들 간신배들에 대한 증오심은 높아졌고 근본적인 대책을 세우지 않고는 이 나라 장래가 뻔히 내다보인 것만 같았다. 그래서 나는 당시 음양으로 방위군 간부들은 물론 직접 책임자인 국방장관 신성모를 파면시킴과 동시에 관련자들의 처벌을 촉구한 것이다. 이 조사 보고가 있은지 얼마 만에 국회는 방위군 해산을 결의하였음은 앞서 쓴 바와 같지만, 이 사건이 점차로 정치적인 색채를 띠게 되었고, 드디어 신 장관은 사직하게 되어 그 후임으로 서울 시장을 하던 이기붕李起鵬 씨가 취임하였다.

또한 이 의옥 사건은 1951년 12월 17일부터 1952년 3월 31일까지 유령 병력 12만 명을 증원하여 식량 52만 석을 20여억 원에 팔아서 부사령관 윤익헌尹益憲이 기밀비로 3억 1753만 원을 썼으며 감찰위원회 행정기관 등에 또는 모 정파의원들에게까지 증회하였다.

이때 부통령 이시영李始榮 씨는 "…시위尸位에 앉아 소찬 먹는 격이

고 무공 무적을 참으로 사과하니 현명한 선량 제위여 국민의 의혹을 석연케 하라."고 돌연 국회의원장에게 사표를 제출하였다.

사건의 중대성에 비추어 뜻있는 인사들의 공정처리를 촉구하는 소리가 높아졌고 내외의 비난의 소리는 늘어만 갔다. 새 장관의 취임과 함께 사건 조사는 철저히 진행되어 군법회의는 주모자 김윤근 및 윤익헌 등 5·6명에게 사형을 선고 집행함으로써 일단락을 지었다. 그러나 한편으로는 국회의원 십여 명이 수뢰한 사실이 있어 관계 의원에 대한 처결은 미묘한 정치 문제로 진행을 보지 못했다.

그런데 앞서 쓴 바와도 같이 조야에서 '신성모는 사직하라'는 소리가 높아지자 그는 그런 어마어마한 사건의 책임자이면서도 장관 자리가 그래도 연연했던지 일선 사단장급들을 충동하여 유임留任 운동을 전개하고 있었다. 그래서 나는 1951년 5월 2일 국회에서 일선 사단장 등의 국방장관 유임 운동에 관한 긴급 질문을 통하여 그 파렴치한 야욕을 규탄하는 동시에 그 사임을 강력히 주장한 것이다. 나중에 그는 여론에 굽히어 사직은 했지만 무능 무책임한 위인이 그토록 장관 자리를 아쉬워했다는 것은 가관인 노릇이었으니 이 나라 국정의 올바른 발전을 위하여 이런 유의 사람들이 대각臺閣에 많이 있었다는 것은 국정의 비운은 물론 이승만 정부의 무능이나 부정부패에 박차를 가한 원인이 된 것이다.

앞서 말한 미묘한 정치 문제로 국회의원의 이 사건 관계 처결의 진행을 보지 못한 것은 당시 한 야당적 입장에서 있던 공화구락부(共和俱樂部) 소속 몇 위원이 사건 조사를 방해하는가 하면 함구무언의 애매한 태도를 하여 야당 측의 사건 처결에 지장을 주게 된 것이다.

정부에서 관련자 김종회 의원 등에 대한 구속 동의 요청까지 국회에 제출되었지만 국회의 중요 간부 한 사람은 필사적으로 반대하였고 구속 요청을 철폐하기에 노력한 것이다. 그러나 이러한 일이 차후에 있을 정치적 빠타(交換)로서 흥정된 일이라 할지라도 정치인이요, 국민을 대표하는 국회의원으로서 수많은 장정을 죽음의 지경에 있게 한 추악한 사건을 옹호한다는 정치적 응변政治的應辯은 정치 도의상으로나 국회의원의 책무 상 있을 수 없는 일이다. 나는 이런 사실에 비추어 정치인의 신념이라는 것이 절대로 필요하며 금전과 회유로 만들어진 집단이 얼마나 무력하고 비굴하다는 것을 인식하게 된 것이다.

또한 동 구속 요청 사건을 동기 삼아 정부로서는 안전 세력을 얻지 못한 관계로 국회 내의 여당 세력 구성을 목적하기 위한 것이라고 보더라고 이도 용납될 수 없는 의회정치의 비극이 아닐 수 없다. 나는 50억 원의 거액을 처분함으로써 수많을 애국 장정을 기아선상의 제단으로 몰아넣은 희유의 사건을 처음부터 끝까지 여하한 관계자들도 의법 처단하여 천추의 오명을 없애기로 결심하였고 끝까지 투쟁한 것이다.

이 전대미문의 추악한 사건도 관계자 몇 명의 처형과 장관이 갈림으로써 간단히 해결되었다는 사실은 이 나라 민주정치의 장점으로 만족해야 할 일일까 궁금히 여겨지는 일이다. 나는 이 의옥 사건을 철저히 고발하여 이승만 씨로부터 미움을 산 반면 국민의 여론은 나에게 절대적인 지지를 보내 주어 마음이 든든하였고 국회의원으로서 마음의 긍지심을 갖게 되었다. 또한 나는 이 사건을 고발하려고 국회에 나갈 때 무슨 위험이 있을 것을 각오하고 사전에 가족들에게도 밝히고 유서까지 써놓았다. 나는 쓰러지더라도 국가와 국민을 위하여 싸워야겠다고 결심하였다.

2. 나와 거창 양민 학살 사건

그러한 흉악 비참한 실정이 평화 시도 아니요, 피비린내 나는 전란 중에 발생하였으니 이승만 정부의 실책은 이루 표현할 수 없는 불법과 부정의 연속이었다. 더구나 본란에서 언급되어야 할 거창 사건도 그 사건에 못지않은 비인간적 학정虐政으로서 국민이 공노共怒해야 할 사건의 하나이다.

나는 2대 국회의원으로서 겪은 이 이대 사건을 나의 정치정의와 신조에 따라, 사건 전모를 백일하에 고발하여 국정의 전도를 조금이라도 잡아보려고 온갖 유혹을 뿌리치고 공리심을 떠나 국민 앞에 심판하려는 마음으로 사건의 정확한 파악에 노력한 것이다.

정부는 그러한 중대 사건에 잘못을 느끼고, 반성하고 수습하려는 방향으로 나가려 하지 않고 오히려 사건 자체를 은폐 내지 합리화하려는 점에만 부심하고 나아가서는 날이 갈수록 그런 흉악한 수법으로 매사에 자신의 정권이나 정치연장만 이어나가는 흉모를 꾸미는데 열중하였다. 이러한 기미를 안 나는 사건 자체를 정확히 파악하고 국정의 올바른 길을 위하여 노력하는 것을 그들은 눈 안의 가시처럼 미워하였다. 그러나 나는 나의 신념대로 싸웠다. 그리하여 나는 신변의 위험도 느꼈고 유혹도 받았으나 그 모든 위험과 유혹을 뿌리치고 극복하면서 의원으로나 국민으로서의 책임과 의무를 다하려는데 힘쓴 것을 오늘날도 후회하지 않는다.

거창군 신원면神院面 주민 수백 명을 무차별로 국군이 총살 처분한

이 사건은 전자의 방위군 사건과 더불어 전 국민을 전율戰慄케 만들었고 불평과 비난의 소리는 도처에서 높아졌다. 뿐만 아니라 이 양대 사건은 국군의 위신을 땅에 떨어뜨리게 하였고 국가의 체면을 세계에 오손시켰다. 잔인하고 비인도적이며 무차별한 학살사건이 아무리 비상시국의 때라고 하지만 그대로 묻혀 둘 수 없는 중대 사건이었다.

사건이 발생하여 얼마간 지낸 후 나는 선생을 지낸 모 소령으로부터 그에 대한 정보를 제공받았고 또한 모 장성의 부형으로부터도 이 일을 들었다. 나중에 정보 제공한 모 소령은 차를 타고 가다가 군용트럭이 들이받아 참사를 당했다고 한다. 그리하여 나는 이 사건의 중대성을 인식하고 국회 조사단 구성을 제의 제안하였다. 1951년 5월 8일, 나는 거창사건 조사 보고를 하였는데 조사 보고 요약은 뒤로 미루기로 하고 우선 사건의 줄거리를 쓰는 것이 순서일 것이다.

1950년 12월 5일 경남의 최북단인 거창군 신원면 과장리는 험한 산골짜기의 마을이 되어 공비가 출몰하기에 적합한 지대였다. 마침 이날 공비들은 지서를 습격하여 경찰관 30명을 전사케 하였다. 주민들이나 주재 경찰관들의 불안은 높아갔다. 군에서는 보병 11사단 9연대 3대대 한동석韓東錫 소령이 지휘하는 병사로 하여금 신원면의 공비 소탕을 명령한 것이다. 공비 소탕을 명령한 것까지는 좋았다.

주민들은 안도의 숨을 쉬었음이 틀림없었을 것이다. 국군이 그들을 공비로부터의 불안을 보호해 줄 것이라고 믿었기 때문일 것이다.

해는 바뀌어 1951년 중공의 개입으로 1·4 후퇴하는 날의 전후의 일이다. 전기 주둔 국군은 동면 몇 개 부락에서 공비와 내통했다는 정보를 입수하여 부락 청장년 109명을 색출하여 골짜기로 끌고 가서 그중 3명만 남기고 학살하였다.

군은 그 이튿날 계속하여 부락에 남은 주민 천여 명을 신원국민학교로 피난하라는 명령을 내린 것이다. 주민들은 무슨 영문인지도 모르고 피난하라는 것이니까 남녀노소 할 것 없이 모였다. 교정에 모인 그들에게 거창 경찰서 사찰계 형사 5명과 지서주임 등이 장교 몇 명의 입회하에 군인 공무원 경찰 가족 유무를 가려내기 시작하였다.

약 5백 명이 빠져나가고 나머지 이에 해당되지 않는 주민 5백 명을, 이 가운데는 어린이들 50여 명도 포함하여 이들을 부근 산기슭으로 끌고 갔다는 것이다.

약 2개 중대의 병력이 이들 주민에게 집중 사격을 가하여 죽음의 길로 가게 했다. 내가 5월 8일 행한 국회 〈거창사건 조사 보고〉 내용을 살펴보면 다음과 같다.

"……신원면에는 때때로 공비가 출몰하곤 했고 그때마다 몇몇 부락민은 자기들의 목숨을 위해서 그들에게 양식을 주기도 했음은 사실이다. 그렇다고 해서 그들을 모두 공산당이라고는 볼 수 없다. 그런데 군에서는 사전경고도 없이 그 동리를 모두 불태우고 주민을 없애버려야 한다는 이야기가 그 부락에 퍼져 일부 젊은이들은 피신도 했고 남은 사람들은 전전긍긍했다고 하는데 마침 그해 2월 10일과 11일 이틀 동안에 걸쳐 3개 장소에서 젖먹이로부터 16세까지의 아이들 육십 이상 노인 등 327명을 포함하여 최소한 570명을 총살했고 그 시체를 나중에 증거 인멸의 목적 아래 한군데 모아 놓고 휘발유로 태운 다음 그 옆에 있는 산을 폭발시켜 시체를 묻었던 것이다.

죽은 사람들의 성별로 봐서 여자가 많다는 사실(보고서에 의하면 남 223, 여 304)은 그들을 빨치산으로 볼 수 없다는 증좌인 것이다."

국회에서는 나의 조사단 구성 제의를 받아들여 많은 논의를 거듭한 끝에 4월 1일 조사단이 구성된 것이다.

이 사건의 또 하나의 '문제'는 여기서부터 시작되었다.

구성된 국회 조사단은 현장인 신원면까지 당도하지 못한 채 되돌아온 사실이다. 이 진상은 마치 서부 활극에 나오는 연극과 같아서 우습기는커녕 실제 분노의 연극이라고 볼 수 있는 일인데 그들은 학살 사건의 진상 확인이 두려워서 현장 조사를 방해하는 실제 연극을 연출시킨 것이다. 각본脚本이나 연기 배우들은 그럴듯하게 꾸몄으며 실행한 것이다. 당시 계엄사령부 민사부장이던 김종원金宗元 대령에 의하여 신원면 현장 미처 가지 못한 험한 산꼭대기에 공비를 가장한 군대를 잠복시켜서 조사단이 다가오자 따발총을 난사하기 시작한 것이다. 연극을 꾸며 놓고 모르는 체하고 조사단을 안내한 김종원은 「공비가 출몰하여 우리에게 사격을 가하는 모양이니 되돌아갑시다.」라는 말에 조사단도 찬동하지 않을 수 없었던 것이다. 조사단은 현지 조사를 포기하고 당시 거창경찰서가 사찰주임인 유봉순俞鳳淳의 사주에 의해서 조작한 증인들의 증언만 듣고 돌아오게 되었다.

이렇게 생각해 볼 때 상식적 판단으로 하더라도 그들의 부정된 진상을 은폐하기 위하여 조사단의 확인을 방해하는 계획적인 공작임을 수긍하게 될 것이다. 또한 직접 책임자인 신성모 국방장관은 이 사건이 폭로되자 대통령에게 그 진상이 밝혀지게 됨을 두려워하는 나머지 정식 조사단도 아닌 김현숙金賢淑, 김철안金喆安 양 여사를 다른 비공식 조사원과 함께 현지 조사를 시켜 놓고 대통령에게 보고하기를 "거창군 신원면 양민 학살 사건이란 전혀 거짓입니다. 양민이 아니라 공비를

토벌한 것이 확인되었습니다.……"라며 보고하여 그 책임을 모면하려는 무자비하고 무책임한 사람임에는 놀라지 않을 수 없고 분노하지 않을 수 없는 노릇인 것이다.

김종원, 오익균, 한동석 등은 1951년 12월 12일 군법회의에서 오한 양인은 무기징역, 김종원은 징역 3년을 받았고 국방장관 신성모도 응당 법의 심판을 받았어야 함에도 불구하고 그는 도일渡日 중이라 하여 출두마저 하지 않았으며 그는 주일대사가 되었다. 국회의 대정부 결의에도 정부는 그 성의조차 보이지 않았다.

여하간 이 사건은 이 나라에 생을 받은 사람이 아무런 법의 가름이 없이 공비 아닌 국군의 손에 의해서 무참한 죽음을 당하였다는 사실은 천추에 오점을 찍은 것이라고 해야 할 것이다. 더구나 통솔 지휘에 있던 사람들이 그러한 무책임과 비참한 결과에까지 빠뜨리게 한 원인과 책임에 대해서는 이루 말할 수 없는 큰 죄과가 아닐 수 없다. 사건이 본격화되자 정부는 3장관(김준연 법무, 신 국방, 조병옥 내무)을 현지에 파견하였는데 3부 제각기 의견이 상이하였다. 3부의 거창사건 희생자 수는 보고마다 똑같지 않았다. 조 내무와 김 법무 공동보고로서 227명이라 했고 신 국방은 157명이라는 차이의 보고였던 것이다.

그 후 3부 장관은 결국 이 문제로 공동 사직을 한 셈이 되고 말았다. 그러자 진상은 신 국방-김종원-현지부대의 루트나 사건을 발생시킨 주모자는 김종원인데 그는 가벼운 3년 징역이고 다른 자들은 10년 이상 무기징역까지 받았다. 나중에 이승만 씨는 특사령을 발표하였는데 1월 15일 내에 선고받은 자는 특사한다고 하였다. 그러나 김종원은 그 기일 이틀 후인 17일 선고받아 해당도 안 되는데 해당시켜 가석방, 전남 경찰국장에까지 재등용시켰다. 신성모는 물론 하수자 장본인 김종원은 그와 같이 그릇된 상관의 명령을 받고 그릇된 자기의 독단적 해석으로 사건 진상 확인을 방해하여 헌법에서 보장된 국민의 권리를 유린한 전대미문의 참혹한 사건을 은폐하려는 모든 핵임을 쥔 신장관을 재판정에 출두시켜 법의 심판을 받도록 투쟁을 하였으나 그는 흉악한 2대총령의 비호 아래 꼼짝도 하지 않고 끝끝내 나타나지 않았고 책임도 회피하고 만 것이다.

이와 같은 전후 희유의 사건으로 정부의 체면은 여지없이 땅에 떨어졌고 국민은 정부의 안하무인 격의 처사에 격분만 한층 살 뿐이었다.

사랑해야 하고 보호해야 할 수 많은 동포의 생명을 아무런 분별과 법의 판가름 없이 처치한 무정부적無政府的인 정부의 횡포에 대해서 국민은 언젠가는 이 독재의 아성牙城을 무너뜨릴 것을 잠재적 마음으로 맹서하는 것이었다. 그 시기와 때는 역사의 흐름과 시점에서 국민이 심판하게 되는 것으로서 다수의 행복과 자유를 스스로 찾게 되어 민족과 역사의 영원성을 창조하게 되는 것이다.

유명한 '쓰레기 속에서 장미꽃 피우기를 바라는' 한국의 민족주의 실정을 〈런던 타임스〉지가 평한 것도 바로 이 시기이다. 이승만 씨가 국회 간접선거로는 대통령 재선이 가망 없음을 알아채고 국민 직접선거로 하여 재선을 시도한 소위 발췌개헌안 때문에 계엄령이 필요 없는 부산에 선포하여 야당 의원을 마음대로 체포하고 그들을 국제 공산당 사건으로 모는가 하는 헌법에도 없는 국회의원 소환운동召還運動 문제, 국제구락부사건國際俱樂部事件, 국회의 호헌결의안護憲決議案 등등 또는 나의 사건 등 파란곡절이 많은 일이 한 사람의 독재자의 계속 집권을 위한 헌법 개정 때문에 일어난 사실들을 세칭 정치파동이라고 한다.

1952년 5월 26일부터 7월 4일까지, 그러니까 발췌개헌안이 이날 7월 4일 비밀투표도 아닌 기립표결起立表決이란 악랄한 방법으로 가결됨으로써 역사에 남을 소위 정치파동의 불안한 40여 일의 기간을 말하는 것이다.

나는 이 기간에 국회의 석방 결의에 의하여 일단 자유의 몸이 되었으나 그들은 계엄령 선포와 동시에 또다시 나를 체포하기에 이른 것이다. 그리하여 민재民裁를 받은 나의 사건은 군재軍裁로 몰아넣었다. 조작된 계엄령이 선포된 후 40여 일이나 계속된 가지가지의 정치파동은 발췌개헌안으로 일단락을 지었다 할지라도 이 나라 입헌정치立憲政治의 위신은 땅에 떨어졌고 반면에 이 대통령의 정치 기반은 확립된 것이다. 독재자 이승만 씨는 그의 필요에 의해 편리할 때로 국가의 기본적인 헌법을 마음대로 뜯어고치는 안하무인의 헌법 개정의 명 기술자였으니 또 이로부터 1954년 12월 14일에 있었던 '사사오입개헌파동四捨五入改憲波動'은 그것을 증명하는 것이다. 나는 앞으로 쓰는 발췌개헌안이나 국회의원 순환운동 또는 나의 사건 전후의 진상을 조금이라도 이해하는데 대 전제가 되므로 5·26 정치파동을 먼저 약술하는 바이다.

1951년 8·15 광복절 기념식전에서 이승만 씨는 노동자와 농민의 정당을 새로 조직할 시기가 온 것으로 생각한다고 말하였다. 그리하여 그는 8월 25일 새로운 정당은 '일민주의一民主義'에 기초를 두어야 하며 국가의 번영을 최고의 목표로 하여 노동자와 농민으로 형성되어야 하며 '일반적인 조직체'는 이에 합류되지 못하되 개인적으로는 참가할 수가 있을 것이라는 성명서를 발표하였다.

그리하여 두 개의 자유당 즉 '원내 자유당'과 '원외자유당'이 초기에 생긴 것인데 원내 자유당은 그 후 붕괴의 운명에 서게 되고 원외 자유당의 조직은 전국적으로 급속한 전진을 보여 당수에는 이승만 씨를 추대하여 자유당의 발족을 보게 된 것이다. 주로 국민회와 대한청년단이 이 신당을 지지하여 참가하였으며 1952년 3월 20일 당의 '제1차 전국회의'에서의 연설에서 이승만 씨는 "자유당의 형성으로 나의 두개의 생애적인 정치 목표 중의 하나를 달성하였다."라고 말하고, "다른 하나의 목표—대한민국의 수립은 이미 완성되었다."라고 말하였다. 이것은 두 가지의 대의적大義的인 명분인 이승만 씨의 야심 표현이다. 그가 추구한 정치 야심의 기초 작업의 완료를 의미하고 앞으로는 독재적 수법으로 국정을 마음대로 할 수 있다는 것을 의미하는 것으로서 주목할 점인 것이다. 여기서 또 부언하고자 하는 점은 이승만 씨의 하는 일은 일판성이 없는 이율배반二律背反적이라는 일이다.

그가 정당을 만들겠다는 사실은 1945년 한국에 돌아온 이래 자기는 정당에 관여 않겠다고 성명한 소위 초 정당적 태도의 포기를 보인 정치적 변절이다. 그가 정당을 만들겠다고 발설한 반년 전인 1951년 5월 30일에도 "나는 내게 관한 한 어떤 정당에 가입하거나 어떤 정당 형성의 일부를 담당할 의향이 없다."고 선언한 인물인 것이다.

그는 확실히 민국 수립 이후 국정에 직접적으로 관여한 후부터 본질적이고 실질적인 정치적 야심을 갖게 되었다는 증좌가 그 후 행장行狀으로 여실히 나타났음을 누구나 알 수 있을 것이다.

그가 처음으로 정당(자유당)을 만들겠다고 연설한 시기는 1952년 7월에 있을 제2대 대통령을 국회에서 간접선거 하는 겨우 일 년도 남지 않은 때라는 것을 우리는 주목해야 할 것이다.

그리하여 우리는 비범하지 못한 상식적 수법을 잘 쓰는 그의 정치 야심 표현의 수단을 알 수 있을 것이다. 그의 신당설新黨設과 함께 대통령 직선제와 상하 양원제의 개헌을 하겠다는 성명도 아울러 하였던 것이다.

정부는 1952년 1월 18일, 다가오는 7월의 대통령 임기 만료를 앞두고 동 〈헌법개정안〉을 국회에 제출하여 표결에 부쳤으나 겨우 19표 찬성에 143표라는 다수표로 부결되고만 것이다. 당시 국회 내의 여당이라고 할 수 있는 원내 자유당도 동 개헌안을 반대하였고 민주국민당[民國黨]이나 민우회民友會 무소속 등은 물론이다. 오히려 국회는 대통령 간접선거에 있어서 이승만 씨 외의 인물을 선출하는데 투표를 행사하고 다가오는 어떠한 헌법의 개정에도 투표하지 않는다는 것이 일반적 공기였다.

국회는 정부가 제안한 개헌안을 보기 좋게 부결시킨 후에도 정부는 그 안의 통과 결심을 포기치 않고 또다시 국회에 제출한 것이다. 그러나 국회의 동태가 여전히 첫 번째 부결 때와 다름없는 것을 알게 된 정부는 가지가지의 공작의원에 따라 이권을 준다든가 회유 협박 등 각색의 이면 표면의 공작을 전개하였다.

국회에서 헌법 개정이 부결된 뒤 이 대통령은 공개 성명에서 국회의원들은 그 부결을 취소할 것을 희망한다 하고 '국회의원들이 각자의 이익을 위해서 국민의 의사를 무시한다면 국민 투표에 의해서 소환될 것이라.'고 말하였다. 때를 같이 하여 지방 각지에서는 민의를 거역하는 국회의원들을 소환하라는 민의 데모가 일어났고 의원들에게 '의원 소환장'이 날아들기 시작하였다. 이에 겁을 내거나 귀를 기울일 의원들은 없었고 오히려 일소에 붙여 버렸다. 이러한 정부의 조작된 관제 민의 데모나 공작이 집요하게 전개될 때 국회의 동태는 적당한 시기에 대통령을 선출하는 동시 대통령 중심제가 빚어내는 헌법상 모순 불합리를 지양하기 위하여 내각책임정치内閣責任政治 만이 이 나라 국정을 바로 잡을 수 있다는 견지에서 내각책임제 개헌안을 할 것을 결심하였다. 그리하여 대통령선거를 해 놓고 책임제 개헌안을 하느냐 개헌을 한 다음 대통령 선거를 하느냐의 양론도 일어났다. 그리하여 야당연합파野黨聯合派는 국회에서 절대로 우세한 입장이어서 대통령선거보다도 먼저 내각책임제 개헌을 하기로 결의하고 123명의 서명을 얻어 국회에 제출 공고한 것이다.

한 편 전술한 바와 같이 관제 민의 데모가 각처에서 연일 일어나고 있었는데 임시 수도 부산에는 일당日當에 팔린 데모대가 경찰의 옹호아래 국회의사당을 포위하고 '국회 해산'을 요구하고 '××의원을 소환한다'는 등 비약적이고 노골적인 법 이상의 행동까지 한 것이다. 뿐만 아

226

니라 나의 사건이 국회에서도 정당방위正當防衛로 인정되어 석방 결의를 해 주어서 나왔는데 부산은 물론 전국 각지에 민중자결단, 백골단, '딱벌떼'라는 정체불명의 명의로 '서민호를 사형에 처하라', 또는 '서민호를 석방한 국회는 해산하라'는 등 눈으로는 볼 수 없는 불미한 삐라가 붙여진 것이다.

국회는 이에 앞서 1952년 2월 29일 호헌결의안護憲決議案까지 가결한지라 호헌에의 결의는 굳어졌고 정부의 방편주의적 개헌에 일침을 가하기도 하였다. 날로 부산의 공기는 뒤숭숭해 갔다.

이때 내무부장관에 이범석李範奭 씨가 취임하였다. 그는 세상이 다 아는 족청族靑을 영도한 사람으로서 관제 민의는 족청계열로써 영도되었고 데모대는 연일 국회를 포위하다시피 하여 의원들을 꼼짝도 못 하게 해 놓고 국회 해산을 요구하는 것이다.

내각책임제 개헌안을 공고해 놓은 국회는 대통령선거 문제를 각파가 숙의熟議한 끝에 5월 25일 밤에는 각파가 파를 초월하여 정치적 양심에서 인물을 투표해서 표가 많은 인물에게 각파 거족적으로 이를 무조건 지지하여 투표하기로 하여 26일 아침에는 개봉할 차례였다. 그리하여 각 의원은 대통령 예선 투표 봉투를 간직하고 그 날 밤을 새운 것이다. 그러나 운명의 날은 오고야 말았다.

대통령 예선 투표 결과가 판명되지 않은 채 26일 아침이 밝아지기 전 25일, 계엄령은 선포되고야 말았다. 선포 이유는 공비 소탕이라 하고 부산 동래를 포함한 일부 지역이며 계엄사령관에는 원용덕元容德이 취임하였다.

실은 이 계엄령은 조작적이었고 필요성을 인정할 수 있는 것이 못되었으며 야당 의원을 잡아 들이고 그들 정부 개헌안을 총칼로 통과시켜

보자는 야욕에서 출발한 것이었다.

또 그 선포는 국제 연합군의 고위층에서나 한국군에서도 요청하지 않았다. 선포의 결정은 대통령과 측근자에 의해서 이룩되었다.

계엄령을 선포하자마자 그날 아침 경남도청에 있는 중앙청 정문을 통과하려는 40명의 의원이 탄 버스를 헌병대가 연행하여 갔다. 국회는 버스 납치사건을 규명하기 위하여 법무국방 내무 삼장관의 국회 출두를 요구했으나 그들은 출두하지 않아 국회는 계엄령 해제를 요구하는 데 정부안을 가결하였지만, 정부는 야심이 있어서 조작한 계엄령을 해제할 리 만무하였다.

한편 계엄령이 선포되자 나도 다시 체포되는 몸이 되었고 중진 야당 의원을 조작한 국제공산당사건國際共產黨事件으로 몰아서 체포하여 형무소에 집어넣었다. 국회는 그들에게 체포된 곽상훈郭尙勳, 서범석徐範錫, 서민호徐珉濠, 권중돈權仲敦, 정헌주鄭憲柱, 이석기李錫基, 임흥순任興淳, 김의준金意俊, 이용설李容卨 등 아홉 의원의 석방을 요구했으나 응하지 않았다. 나는 이미 순천사건으로 들어가 있었다.

29일에는 부통령 김성수金性洙 선생이 〈국회에 사임 청원서〉를 제출하였다. 참고로 그분의 사임청원서의 한 부분을 소개하면

"……나는 우리 국민을 급속히 민주화하기 위하여서는 한 사람이 거의 황제皇帝에 가까운 강대한 권한을 쥐고 있는 현행 대통령제를 개변치 않으면 안 되겠다고 통탄하고 있습니다…….

우리나라에서 대통령 직접선거라는 것은 현 집권자의 재선을 의미하는 것이며 그가 재선되면 장차 국회는 그의 추종자 일색으로 구성될 것이며 그 후에 그는 그의 3선 4선을 가능케 하도록 헌법을 자재로 고칠 수 있을 것이

니 이처럼 하여 종신 대통령이나 세습 대통령이 출현하지 않으리라 그 누가 보장할 수 있겠습니까?

그 전에 이 박사는 대통령 직선제를 압도적으로 부결하고 국무원 책임제를 재석의원 3분의 2의 연명으로 제안한 국회를 '민의 배반'이니 '의회 독재'니 '반민족'이니 하여 험구할 뿐 아니라 무지각한 일부 정상배를 선동하고 관력官力을 이용하여 소위 소환운동, 국회의원 규탄 운동을 개시하였던 것입니다. 그리하여 전시하의 사회질서를 교란하고 도처에 혼란을 일으켜 국민을 불안 공포에 빠뜨리고 적비赤匪의 조량을 심하게 하였으며 심지어는 난도亂刀들로 나의 집을 포위하고 '국회를 타도하라', '국회의원을 총살하라'고 규탄할 지경에 이르렀습니다. 한편으로 그는 단순한 정당방위 사건에 지나지 않는 서민호 의원 문제를 구실삼아 암암리에 국회와 정부를 이간 반목케 함으로써 폭력행사의 길을 닦기 시작하였습니다.

그러나 나는 이때까지도 아직 대한민국의 최고 집권자가 그래도 완전히 사직社稷을 파멸하려는 반역 행동에까지 나오리라고는 차마 예기치 못하였습니다. 그랬더니 그는 돌연 비상계엄의 조건이 하등 구비되어 있지 않은 임시 수도 부산에 불법적인 비상계엄을 선포하고 소위 국제 공산당과 관련이 있다는 허무맹랑한 누명을 날조하여 계엄령 하에서도 체포할 수 없는 50여 명의 국회의원을 체포 감금하는 폭거를 감행합니다."

이와 같이 부통령 사임 청원서에 명시되다시피 한 사람(이승만)이 거의 황제에 가까운 권한을 쥐고 있는 현행 대통령제를 개변할 것을 역설하였고 대통령 직접선거는 현 집권자의 재선을 의미하며 종신 대통령을 꿈꾸고 있다고 지적하였다.

뿐만 아니라 대통령 직선제를 부결시키고 내각책임제 개헌을 3분의

2의 연명으로 제안한 국회를 민의 배반이니 반민족적이라고 험구하고 무지각한 정상배를 선동하여 관력으로 소환운동, 국회의원 규탄운동을 하여 심지어 헌법적 신분의 지위에 있는 그분의 집을 난도들이 포위하는가 하면 정부는 그 야심을 달하기 위하여 조건이 구비되지 않는 계엄령을 선포하고 있다고 통탄하고 있다. 이 사임 청원서가 진실로 당시의 정세나 진상을 집약해서 표현했다고 할 수 있으며 이 청원서를 발표하고 부통령직을 그만둔 그분을 이승만 정부는 방관하지 않아서 그분도 별수 없이 잠시 동안이나마 미국 병원에서 피신하는 실정이었다.

이 정치파동이 최고조에 달했을 무렵에 유엔 한국위원단, 클라크 유엔 총사령관, 밴플리트 주한 미군사령관이 각각 이승만 씨와 요담하였고 동시에 트루먼 미국 대통령의 각서가 발표되었다.

국제적 여론도 비등한 가운데 6월 2일 부산 국제 구락부에서 민국당을 위시한 정당, 사회단체, 문화 단체 등의 지도자들이 모여 구국호헌救國護憲의 선언을 하기로 하여 이시영李始榮, 김성수金性洙, 조병옥趙炳玉, 장면張勉, 김창숙金昌淑, 신흥우申興雨, 서상일徐相日, 전진한錢鎭漢 씨 등 60여 명의 인사와 기타 인사 그리고 내외 기자들이 모여 개회식을 막 하려는 무렵 폭도를 가장한 경찰관들이 회장에 돌입하여 돌멩이 의자 화분 등을 던져 난장판을 만들었다. 그리하여 대회는 중단되고 김창숙 서상일 씨 등은 부상까지 입었다. 그리고 유진산, 이정재, 김동명, 주요한 등 제씨는 경남 경찰국에 40일간 불법 구금되었고 조병옥 씨는 김우평 씨와 같이 그 후 기관원에 의해 연금 상태에 놓이게 되었다.

'반독재 호헌 구국 선언대회'에서 행해질 선언서는 정부의 독재적인 행동, 헌법의 침해 그리고 군중 동원을 위한 공재公財의 사용과 〈미국의 소리〉나 미국 잡지 등에 대한 단속 행동 및 〈국제 연합 우방의 심중한 충고〉를 '국내 문제에 관한 간섭'이라고 거부함으로써 우방과의 이간을 일으켰다고 통렬히 지적하였고 적색 독재뿐 아니라 백색白色 독재도 타파하고 계엄령의 해제와 체포된 국회의원 및 정치가들을 석방할 것을 요구하는 한편 비공개의 재판에 항의하는 등의 결의안이 채택될 예정이었다. 반독재 호헌구국 선언인 국제 구락부 사건은 당시에 있어 정부의 횡포에 반대하는 유일한 민의의 표현이었으나 그들은 이것마저 폭력과 위협에 의하여 학살시켜 버린 것이다. 이리하여 독재자의 흉모와 폭력으로 평지풍파를 일으킨 '정치파동'도 그 후 독재자의 재선을 가능케하는 〈발췌개헌안〉 통과로 종말을 지은 것이다.

위에서 쓴 바와도 같이 정부는 다가오는 국회 간접선거에는 도저히 재선의 가망성이 없음을 알고 어떠한 수단과 방법을 쓰더라도 대통령 직선제와 상하 양원제를 골자로 하는 일차 개헌안을 제출하였다. 그러나 국회에서는 이에 대하여 부 143, 가 19, 기권 1이라는 압도적인 거부로서 부결되고 말았다. 이로부터 입법부와 행정부의 알력이나 반목이 날로 심하여 갔다.

이로써 정부는 더욱 보기 좋게 넘어간 정부안 개정을 포기하려고 하지 않았으며 오히려 방법 수단을 가리지 않고 자기네들이 목표한바 국민 직선제 등의 개헌안을 통과시킬 것을 결심하고 약간의 조항을 보충하여 또다시 헌법 개정안을 국회에 제출하였다. 이것을 전후하여 그들은 앞서 말한 온갖 정치파동을 일으켜 민심을 소란케 만들었으며 법에도 없는 국회의원을 유권자들이 소환한다는 소위 소환운동이나 '국회 해산' 등 별별스러운 난리를 일으키고 있었다.

일차 개헌안이 부결되자 이승만 씨는 그만이 가질 수 있고 할 수 있는 유치 졸렬한 정치 수법을 농弄했으니 그중 한 가지는 국회가 그의 개헌안을 부결한 것이 민의의 지지를 받는 일인가 그렇지 않는가를 민의에 물어서 해결하자는 것이다.

그리하여 대한청년단을 중심한 정체불명의 청년들을 선동 동원하여 '국회해산', '반민의 국회의원을 소환하라'는 벽보가 붙게 되고 데모가 벌어지게 되었다. 가소롭고 가증한 수법이나 그들은 국회의원 소환도

가능하다는 의사를 표명한 것이다. 법에도 없고 불가능한 일이라도 무엇이든지 하면 되고 '내가 행하는 것이 바로 법이다'라는 전세기의 어느 서구의 독재적 황제의 횡포나 중세기적 전제군주專制君主가 하던 수법과 흡사한 짓을 그래도 민주주의의 체제를 갖춘 나라의 땅 위에서 행하였으니 놀라고 또 놀라지 않을 수 없는 일이다.

그러한 작위적 민의소동民意騷動도 그 자신의 귀와 민의에만 통할 뿐 야당 선량들에게는 통하지 않을 뿐 아니라 도리어 귀를 거슬렸다. 한편 이승만 정부는 국회 내의 여당 세력을 확장하는데 온갖 공작을 다하였다. 이때 영남 출신 의원을 중심으로 '신라회'가 발족하여 장택 씨가 이 단체를 좌우하고 여당 자유당과 사사일에 합동하여 사실상 여당 노릇을 하였다. 여당이 차츰 수가 늘어가게 되자 야당 측에서는 어떤 결의사항이나 통과되지 않을까 하는 걱정에서 한때는 국회에 출석치 않고 몸을 감추게 되어 성원 부족으로 국회는 일을 할 수가 없게 되었다. 이갑성李甲成 의원 외 60여 명의 날인으로 〈국회 자진해산 결의안〉이란 우습기 짝이 없는 국회 자폭自爆 결의까지 제출되었다. 이에 앞서 국회는 정치 변동기에 있어서 정치 활동의 자유 분위기를 보장할 수 있는 〈정치 운동에 관한 법률안〉을 통과시켰다. 그러나 정부는 이 법안이 공포됨으로써 그들의 야욕을 더욱 실행키 곤란하다는 것을 알기 때문에 공포하려 하지 않았다. 끝끝내 이 법안은 공포되지 않고 죽은 법안(死法案)으로 남기게 되었다. 그들은 이렇게 자기들에게 불리한 법안은 국회에서 통과되어도 공포하지 않는 것이 예사였다.

1952년 4월 17일 국회에서도 재적의원 3분의 2인 124명의 서명으로 내각책임제 개헌안을 재출하게 되어 5월 14일 재차 내게 된 정부안과 맞서게 된 것이다. 내각책임제 개헌안에 서명한 각 정당별 내용은 다음과 같다.

　○자유당 이향종(李亨鍾) 이협우(李協雨) 장건상(張建相) 김동성(金東成) 등 47명
　○민국당 신익희(申翼熙) 지청천(池靑天) 소선규(蘇宣奎) 등 37명
　○민우회 김의준(金意俊) 류홍(柳鴻) 백남식(白南植) 권중돈(權仲敦) 등 21명
　○무소속 조봉암(曺奉岩) 곽상훈(郭尙勳) 박순천(朴順天) 서민호(徐珉濠) 등 15명
　서명 않은 의원은 다음과 같다.
　○자유당 이갑성(李甲成) 황성수(黃聖秀) 임영신(任永信) 조경규(趙瓊奎) 등 45명
　○민우회 권병로(權炳老) 이학임(李學林) 등 4명
　○무소속 양우정(梁又正) 이진주(李鎭珠) 배은희(裵恩希) 전진한(錢鎭漢) 장택상(張
　　澤相) 등 11명

　이 내각책임제 개헌안의 골자는 대통령은 국가의 원수로서 예의적
상징적인 지위에 불과하게 하고 행정상의 실권은 국무총리를 수반으로
하는 국무원에 귀속케 하며 국무원은 국민의 대표 기관인 국회에 대하
여 연대책임을 지고 따라서 국회는 국무원을 불신임결의를 함으로써
백성을 배반하는 정부를 물러나게 할 수 있으며 정부도 국회를 해산시
킬 수 있게 하여 민의에 다시 물어볼 수 있도록 하는 일이다.
　특히 행정부나 대통령의 독단이나 전제(專制)를 봉쇄하고 정부를 국
회 다수의 지지에 의해서 움직이도록 하자는 이상적인 개헌안인 것이
다. 요는 대통령 전제정치에 대한 억제책으로서 이루어진 개정헌법이
라고 할 수 있다. 국회가 제출한 내각책임제가 통과될 것이라고 관망한
정부는 내무부장관에 이범석 씨를 앉히고 관제민의를 조작 발동케 하
여 앞서 말한 가지가지의 민의소동을 일으켜 세상을 소란 속에 몰아넣

234

고 한편으로는 계엄령의 필요가 없는데도 비상 계엄령을 선포하여 국회의원을 불법감금 체포해서 총칼로써 정부 개헌안을 통과시키려는 유명한 5 · 26 정치파동을 일으킨 것이다. 이 혼란 속에 전술한 바와도 같은 국회 내 교섭단체가 새로 생겨난 것이 신라회이다. 이 신라회와 삼우장파가 중심으로 정부안과 국회안의 두 가지 개헌안을 절충한다는 소위 제 3개헌안(발췌개헌안)을 모색한 것이다. 그 중심인물은 이제형 장택상 김정실의원이다. 말이 발췌개헌안이라고 하지만 이승만 씨의 재선을 위하여 목표한 국민 직선제가 조항 첫 번째에 있는 만큼 그 소원대로 이루어진 개헌안이 되었고 일종의 병신이고 사생아(私生兒)적 헌법에 불과한 것이다.

소위 두 개헌안의 발췌 종합한 제3개헌안은 대통령 직선제, 상하 양원제와 국무총리의 제청에 의한 국무위원의 임명과 면직 그리고 국무원에 대한 국회의 불신임결의 등의 내용이다. 한 편 몸을 숨긴 야당 의원을 경찰이 찾아내고 7월 4일에는 구속된 의원을 석방하여 성원에 노력하고 발췌개헌안 통과를 꾀한 것이다.

정부는 그들 목적에 합당한 이 발췌개헌안을 강제로 통과시키기 위하여 억지로 성원을 시켜 놓고 7월 4일 기립표결로써 가결시킨 것이다. 곽상훈 등 야당 의원들은 운명의 최후심판을 듣고 대성통곡을 하였고 그 날 표결에 이르기까지의 광경은 최후심판을 받는 죄수들의 처참한 모습과 같은 일임을 기억한다. 이로써 국회의 위신은 불가항력으로 땅에 떨어졌으나 이승만 씨의 독재 기반은 확립되었다. 민국당과 무소속만이 야당으로서 끝까지 그들 야욕분쇄에 싸웠으나 신라회는 물론 민우회도 몇 사람 제외하고는 자유당에 들어가고 굳세던 구 공화구락부의 원내 자유당도 여당으로 전락되어 버렸다. 국민방위군 사건 당시 국회 관련자인 신정동지회 측을 적극 옹호하던 구 공화구락부 의원들은 정치파동에 있어서 날뛰고 구 신정동지회 계열은 여당에 들어가 파동 때 총본영總本營이었던 삼우장三友莊의 주인 노릇을 하였다. 이와 같은 사실은 국회의원들의 정치적 신념과 의지를 의심 않을 수 없는 노릇이다. 그와 같이 해서 통과된 발췌개헌안은 헌법의 법리론法理論으로 볼 때 헌법 개정의 절차를 무시한 것이 명백하다.

3분의 1 이상의 찬성과 30일 이상의 공고 기간을 둔 것은 헌법이 모든 법률의 기본법인 만큼 장기의 공고 기간을 두어 국회나 국민의 여론을 들어 엄격을 기하자는 데 있다. 그런데 이 헌법은 국민의 여론은 고사하고 계엄령을 선포하여 국민을 정치파동에 걸어 놓고 개정헌법의 찬부(贊否) 토론도 없이 예에 없는 기립표결로써 강제 통과시킨 것이다. 또한 이는 개정절차가 무시되었을 뿐 아니라 내용 면에서도 대통령 중심제도 아니고 국무원책임제도 아닌 변질적變質的 성격을 가진 헌법이라는 것이다. 또 누누이 말한 바와도 같이 한 나라의 기본법을 일신의 처지와 편의에 따라 헌법을 개정한다는 것은 헌법정신을 모독할 뿐만 아니라 그 자신이 1948년 7월 17일 헌법 공포식전에서 "이 헌법이 국민의 완전한 국법임을 세계에 선포하고 이 헌법을 존중하며 복종할 것을 엄숙히 선언"한 자신이 몇 해를 안 넘기고 헌법 개정을 또다시 했으니 자가당착과 그 모순은 무엇에 비할 바 아닌 국법의 위반자로 처단받아야 할 위인인 것이다. 이뿐만 아니라 그 후 있었던 4사5입 개헌 파동 등 조령모개朝令暮改 식으로 헌법을 사법私法처럼 갈아치우는 그에게 있어서랴.

5. 정치 운동에 관한 법률안, 소위 〈소환운동〉

정부는 개정 헌법안을 강제로 통과시키기 위하여 계엄령을 선포하고 내무 행정에 힘써야 할 내무부 장관으로 하여금 민의를 조작시켜 '민의 소동'으로 경향 각지를 난장판으로 만든 정치파동에 대처하기 위하여 나와 엄상섭(嚴詳燮)의원 등이 중심이 되어 정치변동기에 있어서의 정치 활동의 자유 분위기를 보장케 하는 〈정치 운동에 관한 법률안〉을 제안 통과시켰다. 그러나 정부는 이 법안의 공포를 하지 않았기 때문에 정국은 험해져 가고 정치 운동의 보장은 받지 못하였기 때문에 그들 마음대로 되어가는 정치정세가 되었으며 헛된 민간이나 국회 투쟁이 되고 만 것이다. 이 법안이 약간의 수정을 거쳐 통과는 되었으나 반대 파에서는 김정식金正植의원 외 21명의 제안으로 이의 폐기 결의안을 긴급 상정시켰으나 표결로써 양차 미결로 부결된 일까지 있다.

이 전문(全文)은 12조 항목으로 되어 있는데 제1조는 "본법은 정치 운동을 자유롭고 공평하고 평온하게 전개시킴으로써 민주 정치를 실천 보장함을 목적으로 한다."라고 되어있다. 다음 제7조는 "정치변동기에 있어서는 폭력에 의한 현행범이 아니면 정치 운동 종사자를 체포 또는 검거할 수 없다. 단 살인 방화 또는 절도현행범은 예외로 한다."로 되어 있다.

이리 하여 정치 운동 종사자의 신분을 보장시켰으며 이 밖에 9조에 는 "공무원으로 정치 변동기에 있어서 국민의 정치 문제에 관한 의사 발표를 강요할 때에는 무기 또는 5년 이상의 징역에 처한다." 하여 공무원이 상관의 의사 대로 할 목적으로 협박하거나 금품 공여, 관직 이권, 약속이나 기타 방법으로 유혹 그리고 정치 문제에 국민의 의사 발표를 강요시킬 때는 중형으로 처하기로 한 것이다. 그와 같이 정치 운동 종사자나 공무원의 부당한 정치 간섭을 방지하기 위한 정치 변동기에 정당하고 합리적으로 적응할 수 있는 동 법안을 정부는 그들이 강행해야 할 조작민의 소동이나 온갖 관제민의의 횡포를 저지시킬까 두려워 공포하지 않으려 했다. 그리하여 그들은 공무원을 정치파동에 마음대로 이용했으며 조작민의대로 하여금 국회는 해산하라고 국회의사당을 포위하는가 하면 야당 의원 집을 포위하여 공포에 몰아넣고 횡포를 자행(恣行)한 것이다. 국회가 입법한 법률도 자기들에 이로운 것이 되지 못하면 마음대로 공포하지 않고 휴지화시킨 것이 그들의 상습 수단처럼 되어버렸다. 이러므로 국민의 의사가 행정상에 반영될 리도 없고 옳은 정치로서 국민의 생활과 권익이 향상될 수 없는 일이다.

한편 이승만 씨는 자기가 제출한 〈헌법개정안〉이 부결되자 "각자의 이익을 위해서 국민의 의사를 무시한다면 국민 투표에 의해서 소환될 것이라"고 말하였다. 이 소환운동은 그들의 큰 무기로서 등장하고 국회에 보내어진 압력의 중요한 요소가 되었다. 그의 이 말이 암시되자 그를 둘러싼 간신 정상배들은 소환운동을 야당 의원 압력의 한 방법으로 사용하였다.

전단과 포스터가 사용되어 불미한 표어가 도처에 붙여지고 날게 되었다.

특히 이 운동은 전위적인 역할과 선동을 한 것은 대한청년단이었다. 이들은 정부의 지령을 받고 날뛰었다. 최초의 '소환장'이 전남 광양군 선거인들로부터 엄상섭 의원에게 도달했다고 정부 당국은 발표하였다.

광양군의 유권자들이 스스로 소환장에 서명날인한 것이 아니라 지방 관헌이나 어용 청년들의 협박에서 날조된 소환장임은 물론이다. 그 이차로는 나에게 당도하였다. 나중에 듣자 하니 고흥 군민들이 무슨 진정서를 낸다고 해서 백지 날인을 하여 소환장으로 바꾸어 사용한 것이다.

이 밖에 국회해산이나 그와 유사한 결의안이 지방이나 도의회에서 통과되어 쇄도했으며 민족자결단民族自決團이란 급조단체는 국회해산과 새로운 총선거를 요구까지 하였다. 대통령은 그러한 일련의 사실이 일어나자 국회의 태도가 변화가 없는 한 그러한 민의가 실현될 것이라고 시인하는 성명서를 연달아 발표한 것이다.

이러한 소환운동에 국회의원들은 관심조차 가지지 않았으나 그들은 이것에 관해서 신을 내면서 날뛰었고 법적 근거도 없는데 어불성의 언사로 합리화하려는데 열중하였다. 이승만 씨는 다음과 같이 말했다.

"일부 사람들은 우리 헌법이 투표자들로 하여금 국회의원을 소환할 수 있도록 허락하는 조항이 없다고 주장할 것이다. 그러나 헌법에 국회의원에 대한 일반적인 소환을 금지하는 구절이 없는 바에는 투표자—민주주의 국가에서의 진정한 주인—가 대표를 소환할 권리가 있는데 대해서는 논리적으로나 학리적인 견지로 보아 누구도 반대할 수 없을 것이다.(방점은 필자가 함)"

이와 같이 자기만이 통할 수 있는 어불성의 독단 논리를 잘 쓰는 그 위인임을 이제야 안 것은 아니지만 그처럼 말의 응변술應辯術을 그의 독특한 논리로 잘 써온 것이다. 약 3백 명의 불온 청년들이 국회 앞에서 헌법 개정을 부결한 데 대하여 항의를 하였는데 국회는 정부의 이 계획적인 처사에 대통령이 국회에 나와서 해명할 것을 요구하였으나 나오지 않았다. 그러므로 국회의원 소환의 합법성 문제를 내용으로 한 질문서를 대통령에게 낸 것이다. 또한 이 문제에 대하여 대법원장도 헌법에 소환의 규정이 없기 때문에 소환은 비법적 처사라고 말하였다.

국회는 대통령의 질문답서를 논의하고 다음과 같은 강경한 결의안을 채택하였다.

"민주주의로서 실현된 일반적인 절차와 현행 법률에 설정된 절차를 무시하고 관권과 기타의 강제력으로 가작假作된 '국민의 의사'를 진실한 국민의 의사로 혼동하는 것은 민주주의 기간基幹인 현행 헌법과 법률을 무시하는 것과 동의同意의 것으로, 국회는 대통령과 그 보조자들에게 엄중히 경고하는 동시에 헌법의 수호가 국민의 자유와 번영을 보장하는 유일의 방도라는 사실을 인식하고 헌법의 수호를 위하여 죽음으로써 투쟁할 것을 주권자인 국민 앞에 맹세한다."

이와 같이 가작된 국민의 의사를 분쇄하고 헌법 수호를 위하여 죽음으로써 투쟁하겠다고 결의한 국회도 그 후 그들의 또 다른 흉모—계엄령 선포로써 온갖 불법과 강제 협박으로 헌법을 유린하고 말았으니 방성통곡放聲痛哭할 뿐이지 인력으로는 어찌할 도리가 없었던 것이다.

6. 계엄령 선포와 가증한 조작

정치파동 때의 계엄령은 국제연합군의 고위층에서나 한국군에서 요청하지도 않은 단순히 대통령과 그 측근자 몇 명에 의해서 이룩된 것이다.

가작 민의소동을 일으켜도 국회가 도저히 자기들 압력에 응하지 않으려 하고 오히려 도발적으로 나오는 현실이어서 자기가 뜻하는 개정헌법이 통과되지 않아, 대통령 재선의 가망이 없음을 깨닫자 그는 최후의 수단으로 군의 통수권統帥權을 헌법상 가지고 있지만 그 지휘 감독권이 유엔군 사령관에 있었음에도, 유엔 측에 사전 알리지도 않고 양해를 얻음이 없이 자기와 원용덕 헌병사령관과의 합으로서만이 마음대로 군을 동원하기까지 이른 것이다.

군대는 국토방위만이 그 사명이고 어느 일개인의 이익 방어를 위하여 존재라는 것이 아닌데 이승만 씨는 자기의 목적 즉 헌법을 대통령 국민직선제로 개정하기 위하여 선량한 헌병들까지 목적 달성을 위한 수단으로 등장시킨 것이다. 민주주의 국가나 양식 있는 시민으로는 상상할 수도 없는 방법과 권력을 불법적으로 써 가면서 그 목적을 달성하려는 그 독재적 수법에 통탄 않는 사람이 없었고 그를 미워하지 않은 사람이 없었다. 그는 이러한 사실을 알면서도 그런 수단을 감히 썼으니 국민을 희롱하여도 유만부동인 안하무인의 처사이다. 세상 속담에도 있다시피 불의不義의 아이를 배어도 이유가 있듯이 절차에 어긋난 계엄령 선포 이유로 그럴듯한 명분과 이유를 다음과 같이 붙인 것이다.

그 최초의 포고문에 "교통과 통신을 방해하고 민심을 혼란케 하며 한정 없이 간계奸計를 짜내고 있는 적敵에게 이를 적용하는 것"이라고 계엄령의 필요성을 설명한 것이다. 이에 이어 대통령은 「게리라」의 행동을 반격하기 위해서 선포되었다고 설명하였다. 게릴라의 행동을 반격하기 위한 언질言質의 합리화 구실로서 상상도 못할 전율할 흉모凶謀를 대통령을 싸고 돈 간신들은 감히 꾸며냈던 것이다. 부산에서 멀지 않은 동래(東萊) 근처 저수지에서 아무도 모르게 미국 군인과 그 하우스 보이들을 하수자로 하여금 살해시켜 놓고 이 소행은 공산 게릴라의 소행이라고 하여 게릴라의 행동을 반격하기 위한 계엄령 선포라고 흉악 무도한 계략計略을 한 것이다.

이 확실한 정보는 내가 믿을 만한 사람에 의하여 입수된 흉악한 그들의 수단과 방법의 하나이다.

계엄령 선포 후 그들이 하는 일은 공비토벌共匪討伐을 위하는 것이 아니었고 국회의원이 탔다는 버스를 수색하고 납치해 가기 위한 사명이었음이 판명되었을 때 계엄령 선포의 이유를 세우기 위한 그와 같은 흉악한 공작이나 사명이 무엇인가를 의심 없이 납득할 수가 있을 것이다.

계엄령 선포 후 다른 국회의원을 국제 공산당으로 몰아서 체포하고 나의 사건이 민사재판으로 진행되는 것을 죽이기 위하여 국회 결의에 의해서 석방된 것을, 다시 구속해 놓고 사형선고死刑言渡를 내리게 하는 군법회의에 회부한 것이다. 뿐만 아니라 정부의 불법이나 자기의 독재를 폭로하는 미국 잡지의 수입 금지나 미국의 소리 방송까지도 중계를 금지한 것이다.

그와 같이 일신이 또다시 대통령이 되기 위한 불법개헌을 하고자 일

차적으로 가작된 민의공작民意工作이 실패하자, 이차적으로 계엄령을
선포하여 이중 삼중으로 정국政局을 공포 속에 몰아넣고 총칼로써 기어
이 자기가 원하는 병신 헌법이요, 사생아적 헌법을 통과시키고 만 것이
다. 표면상으로는 대의명분이 당당했던 계엄령 선포의 이면에는 그러
한 흉악한 일을 꾸며서 했던 것이며, 계엄령의 사명도 그러하였다는
것은 그의 영명한 정치적 역량으로서 가치 판단은커녕 정권욕에 미친
자의 광란狂亂적 행동으로 밖에 볼 수 없는 것이다. 그러한 그 사람을
국민들은 분외의 인간으로 우상偶像하였고 그토록 그의 간신배들은 그
의 신격화神格化에 가까운 일을 꾸미기에 온 정성을 다했다.

이승만 씨가 나를 사랑하고 반면 미워했다는 것도 사실이다. 나를 사랑했다는 것은 개인적인 면에서나 인간적으로 사랑했음을 의미할 것이다. 그러나 그의 인간적 개인적인 사랑도 내가 해방 후 반공 투쟁에 있어서나 관직 생활이나 국영기업체 조선전업 사장으로 있을 때 일이고 내가 5·30 총선거로서 국회의원에 당선되어 국정에 참여한 후부터는 달라졌다는 것을 말해두고 싶다.

점차 그 개인적 인간적인 지면知面이나 사랑도 나의 국정 참여로서 달라지고 드디어는 정적政敵이란 이름으로 그 개인적 지면이나 사랑이 없어졌다는 것도 사실이다. 이것은 나의 정치 이념이나 정치 방법이 그 사람과 달랐다는 것을 의미하고 또한 나의 정치정의政治正義는 그의 정치적 여러 가지 방법과 정면충돌을 했다는 것을 의미한다.

삼자가 볼 때 나의 정치정의가 그의 여러 가지 정치적 방법과 충돌했다거나 투쟁했다는 것이 실질 면에서 누가 옳고 그르다는 것은 삼자가 옳게 생각할 수 있는 일이고 내가 여기서 누누이 말할 수 없는 일이다.

그러나 내가 여기서 말할 수 있는 일은 내가 직접으로 국정에 참여함으로써 정치하는 책임과 모든 개인적 이해관계를 떠나서 대다수 국민의 이익이나 입장에 서게 되었고 그러한 입장에서 정부가 하는 일에 대해서 국민의 이해관계에 어긋난 일이나 그릇된 모든 일에 걸쳐서 의회 투쟁議會鬪爭을 한다고 해 왔다. 이것이 나로 하여금 그의 정적에 서게 한 원인일 것이다.

물론 나뿐 아니라 많은 사람이 그의 정적으로 서게 되었다. 그가 대통령에 재선되기 위하여 국민 직선제로 헌법을 뜯어고치기 위한 5·26 정치파동을 일으킨 전후만 해도 그의 많고 적은 정적이 수두룩하였다. 정적이란 그의 정치 노선과 길을 달리하는 정치인의 행동을 가리켜 말하는 것인데 물론 그의 정적 가운데에는 그러한 정적 본래의 순수성에서의 의미가 아니고 자기에게 직언直言을 하였거나 비위를 맞추지 않는 등 일상사에서 사소한 그릇된 일로 그 마음에 들지 않는 사람까지도 그의 정적의 성격이나 범위 아래 들게 되었으니 그의 정적상政敵相도 가지각색의 한국적인 정적이라고 해 두는 것이 알기 쉬운 이야기가 될 것이다. 따라서 이 가운데는 정말로 없애버려야 자기 마음대로 뜻하는 정치가, 그것이 민주정치건 독재정치건 할 수 있었기 때문에 수단 방법을 가리지 않고 정적 말살에 여념이 없었던 것이다.

이 증거를 단적으로 표현한 것이 5·26 정치파동 때 이 구실 저 구실로 야당 의원이나 재야 정치인을 잡아들인 것이 바로 이것이다. 그는 비단 이때만 그렇던 것이 아니었고 그 후의 여러 가지 「정적 말살」로서도 충분히 그 일을 알 수 있는 것이다. 그러나 그 말살에 굴욕은 당할지라도 극복당할 사람은 별로 없었을 것이다. 때로는 그 말살이 뜻대로 되지 않으면 무슨 명예나 이권으로 자기에게 동화同化시키는 방법을 쓰기도 하였다.

나 역시 이런 동화 전술에 넘어가지는 않았지만 그런 사람도 많이 보았다. 아마 이런 일로서 정치 지조 운운이 세간에서 많이 이야기되어 왔을 것이다.

앞서 말한 바와도 같이 내가 직접적으로 그리고 정면으로 미움을 사기 시작한 것은 내가 2대 국회의원이 되면서 특히 전대미문前代未聞의

의옥사건인 국민방위군 사건 그리고 양민을 공산당이라고 학살시킨 거창 양민학살 사건 등을 의정단상에서 고발告發하여 정부의 무능과 부정을 심판케 함으로써 더욱 고조高潮에 달한 것이다. 또한 국회 내무분과 위원장이란 직책도 있고 해서 기타의 내무 행정면의 부정이나 부패상을 지적하여 처리케 함으로써 나에 대한 그들 간신배들의 원성怨聲도 상당했다고 짐작되는 일이다.

국민방위군 사건이나 거창사건을 내가 구체적으로 철저히 규명하려는 눈치를 챈 당시의 국방장관 신성모는 나에게 간접적으로 사람을 보내어 유혹 비슷한 말을 하므로 나는 검은 그의 뱃심을 들여다보고 단호 거절하고만 일이 있다. 내가 만약 그의 유혹에 넘어갔던들 나는 명예와 물질의 혜택을 받았음이 틀림없었을 것이다.

오히려 그릇된 국정을 해 놓고 사후 수습을 원만히 하려 하지 않고 국회에 그런 사건 등이 백일하에 폭로되려고 하니까 사건을 합리화시키거나 은폐하기 위해서 유혹하려는 태도에 되려 증오감을 더 갖게 되었다. 그리하여 이 사건 등을 철저히 규명할 것을 결심하게 된 것이다. 이 사건 등은 정부로서 특히 최고 책임의 지위에 있는 이승만 씨로서는 반가운 일이 될 수가 없었던 것이며 사건치고는 규모가 흉악 무참하고, 비인도적인 낙인과 커다란 비중을 차지하는 중대한 정부의 실정이었기 때문이다.

그렇기 때문에 이승만 씨로서 그런 사건이 국민 앞에 밝혀지는 것이 마음 편한 일이 될 수 없었고 앞으로 다시 대통령이 되겠다고 야심을 가진 사람으로서는 큰 험이었으므로 그의 마음의 타격이 컸다는 것은 상상하고도 남을 일이다.

나는 앞서도 이야기 하였지만 이승만 씨의 정적 가운데는 여러 가지

246

성질을 가진 정적이 있다는 것을 말한 바 있다. 내가 철저하게 그 미움을 사기 전 일찍이 인사행정人事行政에 대하여 충고 비슷이 진언進言한 바 있었다.

물론 그의 인사가 가까운 측근자나 비서들의 진언에 의하여 이루어지기도 하였지만 그의 부인 프란체스카 여사에 의하여 이루어진 사실을 알게 되어 '푸' 여사의 인사 간섭을 배격하고 아울러 그의 편협되고 부당한 인사행정을 시정하십사 하고 말을 한 즉, 완미頑迷한 그 노인은 격노激怒하면서 벼루집을 던지면서 신경을 부리는 일이 있었다. 내가 그렇게 나서게 된 이유는 세상 말과 같이 여자들의 내조內助의 공도 크지만, 여자가 한 나라의 정치를 좌우하는 중요한 인사 문제에까지 과도하게 간섭한다는 것은 있을 수 없는 일이고 또한 그의 편협된 부당한 인사 정책에 일침一針을 주는 의미에서였다.

날이 접어 들어가는 나의 의회 생활과 함께 그가 나에 대한 미움은 노골적으로 나타나기 시작하였다.

내가 발언하고 규명하는 사사건건마다 그에게는 하나도 이로운 것이 없었고 불리하였던 모양이다. 특히 1951년에 있었던 일차 개헌안 제안을 앞둔 몇 달 전부터는 나를 눈 안의 가시처럼 안 그였다.

이때까지의 나의 의회발언議會發言이 집권자執權者로서의 그에게 이로운 일이 별로 되지 못했을 것이고 그가 하고 있는 언행이나 동향으로 봐서 필연코 그의 야심인 대통령 재선을 위하여 국민 직선제의 개헌을 할 것이 엿보이고 해서 앞으로 있을 그에 대한 대비책으로 방어와 분쇄의 양면 전술로서 나가기 시작한 것이다.

나의 의회 활동이 그에게는 구차스러운 존재였음은 내가 장차 있을 개헌안에 반대할 것도 뻔히 내다보이는 일이었기 때문에 그들은 일방으로는 나를 험잡으려 했고 한편으로는 회유 전술을 쓴 것도 사실이다. 그러나 나는 내가 신념한 바 정치 이념이 있고 이 이념이 건전히 서 있는 이상 그런 것들과 야합할 수 없는 일들이었다. 정부는 개헌안 제안을 앞두고 그들의 모든 야심과 대 국회 공작이 양성화陽性化되어 갔다.

국회는 물론 부산의 정치 가두政治街頭는 차디찬 공기가 돌기 시작하였고 살벌해 갔다.

내가 국회 결의에 의하여 지방선거 시찰차 순천으로 향하기 며칠 전인 어느 날, 장택상 씨로부터 나에게 전화가 왔다. 그의 전화는 "할 이야기가 있어 그럽니다. 내 차를 보낼 터이니 타고 곧 와 주실 수 없을까요?"라고 하는 것이다. 나는 그래서 "구태여 당신 차까지 타고 갈 필요는 없고 내 차가 있으니 타고 가지요."하고 전화를 끊었다.

나는 장씨가 나에게 할 수 있는 이야기란 대개 짐작하고도 남았다. 그 당시 정치정세나 그가 하고 있는 일이 무엇인가를 잘 알고 있었다. 그러나 그가 나에게 또 다른 무슨 이야기가 있을까 하고 가슴 졸이고 기대하는 것이 있었다. 그러나 막상 그를 만나고 보니 내가 예기했던 말들이고 내가 가진 바 정치적 신념과는 어긋난 말들뿐이었다.

물론 나를 생각해서 하는 말도 되겠지만 오히려 그의 말들은 이승만 씨에게 정치적으로 굴복하라는 결과 밖에 되지 않는 이야기들이었다.

장 씨는 나를 만나 여러 가지 이야기를 한 끝에 결론에 들어가서

"당신은 이 박사가 잡으려고 하니 도망하는 게 좋을 것 같은데 왜관倭館에 집안 제각이 있는데 거기에 피신하면 사람 눈을 피할 수 있으니 좋은 것이요."라고 말하는 것이다.

"당신의 그 호의는 감사하나 내가 이 나라 땅에서 어디로 피신한들

그 사람들이 잡으려고 하면 잡히지 않을 리가 있고. 그러니 나는 당신의 호의는 받을 수가 없소."하고 자기 집안 제각에 피신하라는 것을 거절하고 말았던 것이다.

그의 말은 "이 박사가 알기는 당신을 비롯하여 서범석徐範錫, 엄상섭嚴詳燮, 김의준金意俊, 정헌주鄭憲柱 씨 등은 정부가 하는 개헌에 대해서 반대하는 극렬분자極烈分子로 알고 있다. 그러니 타협하는 길이 아니면 몸 처신을 하든 두 가지 길 중 하나를 선택하라."는 말과 같았다.

사실 나를 비롯하여 야당 의원 중 몇몇 사람들이 주동적으로 정부안 개헌분쇄에 온갖 활동을 다 했다. 그래서 정부나 그 개헌을 추진하려는 여당 의원 측에서는 우리가 눈 안의 가시처럼 구차스러운 존재였다. 따라서 그들은 어떠한 방법이든 정부안 개헌을 통과시키기 위해서는 우리가 타협이나 협력을 할 리가 없으니 제거除去하는 일만을 생각했던 것이다.

사실 국회 내의 여당 세력으로서는 개헌안이 통과되기 곤란할 것을 안 정부는 특히 일차개헌에 실패하고 이차 개헌에는 삼우장파의 남송학 김정실 그리고 신라회의 장택상 씨 등이 주동이 되어 개헌 통과에 공작해 온 것이다.

따라서 국회에서의 그들이 하는 일은 정부의 위임(委任)을 받고 하는 일과 다름없는 일이었다. 이차 정부 개헌안과 야당이 내세운 내각책임제 개헌안이 맞서게 될 때 그들은 세칭 제삼의 개헌안이라고 하는 발췌개헌안으로서 두 가지 개헌안을 절충 타협 조절시킨다고 하였지만, 이 개헌은 앞서 말한 바와 같이 병신이요 사생아적인 헌법에 지나지 않은 것이고 결국 정부 측이 원하는 대통령 국민직선제 조항을 삽입挿入하여 정부의 뜻대로 개헌을 이루게 한 공작자들에 불과하였다.

또한 소위 발췌개헌안도 순조롭고 절차에 의한 가결 통과가 아니고 불법과 공포의 분위기를 만들어 놓고 기립 표결로써 헌정사상 오점을 남기는 추악한 수단으로서 통과시킨 것이다.

정부의 부당한 그 개헌안이 다수 의원의 지지를 받지 못한 증명으로 일차 개헌안이 국회에서 토의될 때 정부 개헌안이 독재를 조장시키는 데 불과한 것일 뿐이므로 더 토의할 여지도 없이 부결되어야 한다는 결론이 나와 2일간 토의 끝에 그것도 순전히 반대 연설만으로 시종되었을 뿐만 아니라 단 한 사람이라도 감히 찬성 발언을 하는 사람이 없는 것으로 보아 독재 연장을 위한 개헌안임을 알기 때문이었다. 아무리 발췌개헌안을 위해서 일한 그들이 정부 측과 야당 측이 내 세운 개헌안을 조절 발췌한 것이라고 하지만 그 변질적 성격을 가진 헌법은 독재자를 위한 개헌에 이바지한 것 밖에 되지 못하였다. 따라서 그들이 그와 같은 병신 헌법을 통과시킬 때까지의 공작이란 이승만 씨의 위임을 받고 하는 사람들과 같은 일이었다. 그들이 참으로 이승만 씨를 절대 지지하고 존경해서 그러는지 또는 어떠한 정치적 빠다(교환체)로서 하는 일인지는 본인들만이 잘 알 수 있는 일일 것이다.

내가 장택상 씨의 초청으로 그의 집에 들어서서 응접실에 들어가니 방바닥 위에는 방금 마시고 놓은 것 같은 찻잔이 일곱 잔이 있는 것으로 봐서 아마 7명의 손님이 와 있었음을 알게 되었다. 나는 장씨가 아직 나오지 않은 틈을 타서 그의 수행원더러

"방금 오신 손님들은 누구시오?" 하고 물으니까 그 수행원은 내가 이미 알고 물은 줄 알고,

"이활李活, 이범석李範奭, 이갑성李甲成, 백두진白頭眞 씨 등이 오셔서 중대한 말씀을 나누고 가셨습니다."하고 대답한 것이다.

수행원이 말한 6명의 사람 중 한두명의 이름은 잊었지만, 그들이 장씨 집에 와서 중대한 회합을 했다는 것은 살피지 않아도 뻔히 알 수 있는 일들이다. 그들은 어떻게 하여 국회에서 독재 정권이 내세운 야욕의 헌법 개정안을 통과시키느냐, 통과시키기 위하여는 무슨 방법이어야 하고 개헌 반대의 극렬분자를 어떻게 처치하느냐 등 방법론을 의논하였음이 틀림없을 것이다.

7명의 인사 가운데의 장택상 씨는 총리가 되어 발췌 개헌의 유공자가 되었고, 이범석 씨는 발췌개헌안이 가결되기 전 5 · 26 정치파동 때 내무부장관이 되어 대한청년단계의 정체불명의 청년들이 국회를 해

산하라는 등으로 꼼짝도 못하게 국회를 포위할 때도 의식적으로 이를 치안하지 못하고 방관하며 전국 각지에서의 민의소동을 조장하는 경향의 정책을 써서 정치파동에 커다란 역량과 공헌을 한 사람이고 이갑성 씨는 의회사상에도 없는 국회자폭결의안을 제안하여 국회의 본분을 잃고 스스로 자폭하자는 위인이었다. 그리고 백두진 씨는 이 정권의 부패 표본이라고 할 수 있는 중석불(重石弗) 4백여만 불을 불하하여 비료와 양곡을 도입하여 고리高利로 농민에 팔아먹어 농촌 경제를 파탄破綻에 몰아넣고 이 정권에게 정치자금을 대어주는 등의 흉악한 경제의옥 사건을 치른 장본인이다.

이와 같은 사람들이 독재자들의 독재 연장을 위한 모의를 했으니 감히 짐작하고도 남음이 있는 일이다.

말하자면 행정 책임자로서 체면상 직접 할 수 없는 일을 그들이 위임받아 개인이나 사회면에서 이해관계가 될 수 있는 일을 한 사람이라고 볼 수 있는 것이다.

장씨가 그날 나를 초청하여 이야기하자는 것도 개인적으로는 나를 그런 공포로부터 피신하라는 말로서 퍽 고마운 일이기는 하였지만, 그 사람의 호의의 반대면에서 생각하자면 개헌 통과를 위하여 구차스러운 존재였던 사람을 그 장소 즉 국회에서 없애고 일을 수행하자는 결과밖에 되지 않는다. 나의 이야기가 독단일지는 모르나 그 당시 장씨의 정치적 위치나 정치 정세로 봐서 이런 결론이 나올 수밖에 없는 것이다.

그래서 그날 그가 나를 청해서 하는 이야기가 "이 박사가 개헌 반대의 극렬분자로 당신을 보고 있으니 협조의 길이 아니면 피신하라."는 선의적인 말도 결국 내가 없음으로써 이승만 씨의 목적이 달성되니 피하라는 말과 같은 논리가 설 수 밖에 없다. 실은 정부는 야욕적인 개헌안을 가결하기 위하여 사소한 사람은 희생하더라도 기어코 통과시키라는 절대 목표였으니까 그들대로 무리한 일은 아니겠지만 수단을 가리지 않고 달성하려는 당면 문제였으므로 야당 의원의 매수가 실패되면 국회에 있어서 야당 의원들을 잡아들여서 그들 출석 없이도 유회시키는 방향에서 통과시키려는 흉모를 가지고 있었던 것이 그의 발언에서 볼 때 틀림없는 사실이었다. 이러한 전후 관계에서 보면 장 씨 집에 온 그 사람들 행장行狀이나 발언으로 봐서 독재 정권의 개헌안을 통과시키기 위한 모임임이 틀림없다. 그리하여 그들대로 명예나 물질적으로 꿈꾸는 정치적 빠타가 있었을 것이니까.

　나와 장씨가 만난 후 그는 총리가 되어 '명예의 고립 헌법'인 〈발췌개헌안〉을 위하여 온갖 공작과 노력을 하는 것으로 봐서 나의 위와 같은 이야기는 방증이 되고도 남는다.

위에서 말한 바와 같이 독재자의 위협은 나에게만 뻗친 것이 아니라 많은 야당 의원들에게까지도 혹심하였던 것이다.

국회의원으로서 특히 개헌을 선봉적으로 반대하는 나나 서범석, 엄상섭, 김의준, 정헌주, 오위영, 곽상훈 씨 등은 그들의 눈 안의 가시였고 어느 때 무슨 명목이든지 제거하려는 대상들이었다. 그러기 때문에 소위 '소환운동'이 났을 때는 엄상섭 의원이 명예의 소환장을 제일 먼저 받게 되었고 그다음에는 내가 받았다.

속담과 같이 한 쪽에서 점잖을 빼 봤던 들 난봉꾼이 점잖은 신사에게 험잡으려고 덤벼드는 격으로 정체불명의 괴한이 온갖 방법으로 나를 험잡으려는 데는 참 질색이었다.

결국 그들이 잡으려는 나의 험은 순천 평화관 사건으로 험을 잡게 되고 끝까지 잡고 느려지기는 했지만, 이 사건 발생까지 그들은 오직 나의 험을 잡기에 골몰한 것이다.

정부의 일차 개헌안이 실패되고 국회에서는 절차적으로나 정상적으로는 가결이 될 것 같지 않으니까 총과 칼 그리고 곤봉으로 공포를 조성하여 이차 개헌안인 발췌개헌안을 가결하기 전 나에게는 그들의 위협과 위험이 가중되어 따라오고 있었다.

내가 국회의 석방 결의에 의하여 석방되어 나왔을 때는 내무부 장관 이범석 씨가 방계적으로 영도하는 족청의 분신分身, 대한청년단이 정부의 앞잡이로서 소위 민의의 선봉에 서서 난장판을 만들고 있을 때였다.

내가 국회 석방 결의에 의하여 부산형무소釜山刑務所에서 나와 국회 사무처에 들어가려고 할 때 나의 뒤에서 군복차림의 괴한이 권총을 난사亂射한 일이 있었다. 물론 나는 예기한 위협인 줄 알았지만, 군복 차림의 청년이 권총을 쏘리라고 까지는 생각지도 않았다. 그 괴한이 일당을 받고 나를 치욕 시키려는 자이건, 하수자 스스로 나를 미워해서 했던 간에 내가 생각하기에는 그 괴한의 행동은 스스로 나를 미워해서 하는 횡포가 아니라 그 누구의 사수를 받고 그런 행동으로 나온 것이 틀림없는 사실인 것 같았다.

나는 순간적인 총소리로 빨리 몸을 국회사무처에 피하고 뒤따라오면서 쏘는 총소리를 뒤로 하면서 뒷문으로 몸을 피해 구사일생으로 빠져나온 것이다.

이런 일이 있기 전 그러니까 순천사건이 있기 전에도 밤낮으로 나의 집에는 주소도 확실치 않은 불온 편지나 불온 전화가 왔다. 물론 그 편지나 전화는 불온 불순한 내용의 편지였다.

"너 정부 개헌안을 반대하면 재미없느니……", "거창 국민방위군 사건을 고발한 복수를 할 줄 알아라!", "날뛰지 마라"는 등등의 야속조의 협박 위협의 편지와 전화들이었다.

나는 물론 그와 같은 편지와 전화에 새로이 놀란 점이 없었던 것은 내가 신념하고 있는 전치 행동에 후회가 없었기 때문에 하나도 놀랄 것이 없었다.

나는 이상하게도 아주 궁지에 빠질 때는 당황하지 않고 오히려 침착하게 되는 것은 나의 '스포츠맨십'에서인지 수양의 덕인지 모르나 그와 같은 위험에는 퍽 다행스러운 일이었다.

그와 같은 이상스러운 편지나 전화는 혹은 인편으로 혹은 우편으로 오는데 주로 밤 한시 경에 오는 수가 일쑤였다.

앞서도 말했지만 이와 같은 현상이 나타나기 전에 국민방위군, 거창 사건 국회 보고가 있을 때도 정부 고위층에 있는 사람이 사람을 시켜 수표 등의 물질적인 유혹도 뻗쳐오고는 했지만 나는 이런 것을 일체 거절해 왔다. 혹은 나에게 무슨 장관이라도 시켜주느니 등 명예적인 유혹도 간접적으로 있었다.

내가 이 글을 쓰면서 생각나는 것이 국민방위군, 거창사건을 국회에 고발할 때 이 어마어마한 부패 진상을 밝히게 되는 몸으로서 당연히 있을 수 있는 위험을 미리 짐작하고 국회에 나갈 때 가족에게도 그 사 실을 알리고 유언遺言까지 하고 나온 일이 있다.

이 이야기는 앞서 국민방위군, 거창사건의 본란에다 쓸 일인데 생각 나서 여기서 쓰게 되었다. 나는 그때 흉탄과 흉칼에 쓰러지는 한이 있 더라도 밝힐 것은 기어코 밝히겠다고 결심하였기 때문이었고 이것이 국가와 국민을 위한 길이라는 것을 알았다.

이 양대사건을 밝힌 후 정체 모르는 자로부터 '나오면 죽인다'는 협박 이 있었는가 하면 밖에 나오면 정체 모르는 자가 시비를 붙이는 수가 일쑤였으나 나는 그들의 검은 뱃심을 알았기 때문에 속담과 같이 똥이 무서워서 피하는 것이 아니라 더러워서 피한다는 격으로 그들의 쑥쓰 러운 시비를 참고 일부러 회피까지도 하였다.

이미 사건 발생 전부터 이런 일 저런 일 등을 겪은 나는 독재자들의 가진 위협과 위험을 경계해 오기는 했으나 사건 발생까지도 그러한 검 은 손이 여전히 뻗치며 따라다니고 있었다.

발췌개헌안을 통과시키기 위하여 계엄령이 선포되기 전, 위와 같은 검은 손과 위협이 나를 따라 다니기 시작할 때 어느 날 정일형鄭一亨

씨는 나보고, "당신은 아무래도 위험하니 그대로 지내다가는 안 되오. 그러니 우선 안전을 갖기 위해서 미국 병원선病院船에 몸을 피하시오." 하고 권하는 것이었다. 그러나 나는 그 호의에 감사를 표하고 몸을 피라는 것도 좋지만 몸을 조심하면서 백색 횡포白色橫暴와 싸우겠다고 말하면서 사양하고 말았다. 여하간 이승만 정권이 정권 연장을 꾀하면서 대통령 재선을 위한 개헌안을 가결하기까지는 물론이지만 순천 사건이 발생하기까지 정부안 개헌 반대의 극렬분자로 지목받고 그들의 실정을 아낌없이 고발한 나에게 수단과 방법을 가리지 않고 없애버리겠다거나 매장하겠다는 검은 손이 뻗치고 있었음은 당연한 일이라고 하겠다. 정적을 그와 같은 수단과 방법으로 제거한 것이 그의 독특한 전가보도傳家寶刀 격이었으니까 나는 위와 같은 일을 자주 당하였기 때문에 항시 몸과 마음을 긴장시키고 조심도 하였으며 어느 땐가는 더 무서운 그들의 검은 손이 뻗칠 것이라고 예감도 해왔다. 사실 독재자의 사수를 받은 검은 손은 쉬지 않고 나를 따라 다니고 있었다.

제2장

운명의 사건

국회 결의에 의해서 나와 일행은 1952년 4월 25일에 실시될 시읍면 의회 의원선거와 5월 10일에 있을 도의회 의원 선거상황을 시찰하기 위하여 선거일을 며칠 앞두고 전남 지방을 향해 부산을 출발하였다. 부산의 정국政局도 험악하였거니와 지방에서도 처음으로 있는 지방의 원 선거였기 때문에 세태가 심상치 않은 공기가 감돌고 있었다. 더구나 정부에서는 정부개헌안 통과를 전제로 해 놓고 대통령 국민직선제의 토대를 마련하기 위해서는 정부를 지지하는 지방의원으로 하여금 지방 의회를 구성케 해야만 되었다.

그래서 정부는 처음으로 실시되는 지방선거에 깊은 관심을 가졌고 지방관헌들과 협조 아래 정부 지지 입후보자 당선에 온갖 방법과 수단 을 경주傾注하고 있었다. 지방으로부터 들어온 소식에 의하면, 벌써부 터 부정선거를 위한 준비를 하고 있다는 것이 아닌가. 또한 야당 입후 보자에 대한 압력과 선거방해는 막심하다는 것이다. 내가 부산서 출발 할 때 수행원이라고는 경호원인 김처중金處中 뿐이었다. 나중에 지방정 세가 험하다는 것을 듣고 순천으로 국회 내무치안 전문위원 정진동鄭鎭 東 씨와 서원룡徐元龍 및 이종석李鐘錫이 달려왔다. 내가 출발하기 전 엄상섭의원 등은 "이 판국에 무슨 지방 출장이요, 지방 공기나 요즈음 부산 공기가 심상치 않으니 출장은 그만 두고 몸이나 조심하여라."는 것이었다. 그러나 나는 책임상 지방선거 상황을 철저히 보고 또 공명선 거가 이루어지도록 선거계몽 겸해서 가야겠다고 그의 만류를 뿌리치기까지 했다.

우리 일행은 해로海路로 여수에 상륙하였는데 부산서부터 여수에 올 때까지 우리 일행이 움직일 때마다 수상한 자가 미행하고 있다는 것을 수행원으로부터 듣고 나는 예기했던 생각으로 마음의 빈틈없이 경계를 소홀하지 않았다. 수상한 청년은 한 발 걸으면 한 발씩 따라오는 격의 미행으로 봐서 상당히 나를 세밀하게 따라오는 수작인 것 같았다. 여수에 도착하여 김우평金佑坪 씨와 만나 정담을 나누고 유지들이 강연을 해 달라는 요청이 있어 나와 정재완鄭在浣 의원이 같이 청중들 약 5천 명이 모인 가운데 비상시국과 정부의 실정 그리고 지방선거의 중요성 등 일련의 시국 강연을 끝마쳤다. 나의 연설이 끝난 후 황병규黃炳珪 의원은 남아 있는 청중들에게 나를 비방하는 연설을 하였다는 것이다.

정부의 앞잡이들은 임시수도 부산에서만이 아니라 지방에서도 위와 같이 나를 비방하고 압력을 가하는 실정이었다. 그런데 우리는 그 강연회 개최에 앞서 수난을 겪지 않으면 안 되었다. 우리는 지방민들이 강연회에 많이 모이도록 벽보를 붙여야 했는데 손이 모자라서 나의 수행원을 5명이 손수 강연회를 연다는 벽보를 붙이고 돌아다녔다. 실인즉 지방민들이 정부 반대파인 나의 강연회를 들을 것이라는 것을 알고 압력을 받았기 때문에 더욱 벽보도 붙일 수가 없었다. 현지서는 당초에 이 구실 저 구실로 집회허가를 내주지 않았다. 나는 당시 내무장관의 공한公翰을 가지고 와서 보이며 설득하였더니 그때 겨우 허락하는 정도였다. 이리하여 여수서의 강연회도 그와 같이 아슬아슬한 교섭 끝에 이루어진 것이다.

내가 여수서 일을 마치고 순천으로 향발하려고 하니까 당시의 여수 서장은 순천까지 가는 길의 치안이 아직 확보되지 않았으니 가시지 않는 것이 좋을 것이라고 말하는 것이었다. 그래서 나는 순천 갈 마음은 별로 없었으나 당시 국회 내무치안위원인 조순趙淳, 윤영선尹泳善, 김정기金正基 의원들과 여수서 만나기로 했는데, 무슨 사정이었는지 순천서 만나자고 연락이 왔고, 순천서는 유지들이 강연도 전화도 오고 해서 부득이 순천 향발을 결심한 것이다. 나는 일행과 지프차로 험난險難한 순천에의 길에 올라섰다.

그런데 당시 전남지구 병사구 사령부 군의관이던 문제의 서창선徐昌善 대위는 순천서의 그의 임무를 마치고 여수에 배치된 모양인데 서는 나를 미행해 오던 자와 같이 나의 지프차 뒤를 따라오는 것이었다. 서와 같이 따라오는 정체불명의 사나이는 계급장도 달지 않은 군복차림에다 황색 목도리를 하고 어깨에는 따발총을 메고 있었다. 나는 이것을 보고 심상치 않은 예감이 들기 시작하였고 여수서장 말대로 치안도 확보되지 않아 공비 출몰의 위험도 있고 해서 여수서부터 가지고 있던 권총의 안전장치를 풀고 만일의 경우에 대비하는 자세를 갖추고 있었다.

우리 지프차가 여수-순천 간의 중간쯤 가고 있을 때 어느 지서支署에 차를 멈추고 이 심상치 않은 것을 알리고 대비하기 위하여 하차하려고 하니까 경호원은 나더러, "심상치 않은 일이니 차에서 내리지 말라."는 것이었다. 경호원이 지서에 들러서 하는 말이, 서창선이 나를 미행해 온 괴한과 이 지서에 우리 차를 멈추게 해달라고 요청했다는 것이다. 이것도 한 차례가 아니라 두 차례에 걸쳐서 여수-순천 간의 두 지서에 요청했다는 것이다.

그들은 무엇 때문에 우리 차를 멈추게 해달라고 지서에 요청했으며 서창선은 당시 여수 배치였는데 왜 그날 우리 뒤를 따라 순천까지 왔는지 지금도 나의 의문점疑問點으로 남아 있다. 나를 뒤 따라오는 일도 수상히 여겨지는데 더구나 그들이 무엇 때문에 지서에다 우리 차를 멈추게 해달라고 하였는지에 대해서는 더욱 의심을 갖게 하였으며 나는 이 여행에서 무슨 불길不吉한 일이 생길지 모르겠다고 생각하면서 조심성 있는 일거일동을 하게 되었다.

순천에 당도할 무렵까지도 그들은 여전히 따라오는 모양이었다.

여수서 순천까지의 여러 면을 지났지만 하루를 앞두고 있을 지방선 거치고는 표면적인 움직임이 없는 것 같고 극히 한산한 것 같았다. 그러나 내용적으로 선거전은 개전되고 있을망정 이것은 야당계 입후보자에 대한 지방 관헌들의 선거 간섭을 의미하는 것도 되리라. 그리고 치안상태도 나쁜 모양이었다. 지리산이 가까운 여순 지방인 만큼 때때로 공비가 출몰하는 모양이다.

나는 일행을 미행해 온 그들도 그들이려니와 공비의 출몰에도 대비 않을 수 없었다. 그러나 공비는 단 한 명도 만나지 않았으며 오직 조심해야 할 것은 공비 아닌 여수서부터 미행해 오는 그들뿐이었다.

또 하나의 의문점은 부산서부터 미행해 온 자와 서가 사전에 또는 무슨 연락으로 아는 처지기에 여수서부터 두 사람이 같이 미행해 오며 또 그자들의 자율적인 행동은 아닐 터이고 누구의 사수를 받고 그러한 열성적인 미행을 계속하고 있는 것인지 혹은 어떤 기관원인지 알 길이 없었으니 해득하지 못한 일들이었다.

순천은 나의 낯익은 곳이다. 이 거리 저 거리 다 기억에 남은 곳이다. 산수山水 좋고 인심이 순박한 곳이라고 예부터 이름난 지방이다. 나는 예부터 순천에서 고향이 얼마 떨어져 있지 않은 곳에 있었기 때문에 왕래가 빈번했다.

그러나 내가 이때 와서 받은 순천의 인상은 그렇지 못했다. 때가 전시 하요, 관권의 압력 밑에 이루어져 가는 첫 지방선거의 관계인지 몰라도 어수선한 분위기의 인상이다. 그렇다 하더라도 옛날에 이 지방에 와서 하듯이 이곳 풍치를 완상玩賞할 심적 영가 있는 내가 아니다. 여수서부터 지방유지들로부터 강연 요청도 받고 해서 당도하자마자 시국 강연을 해야 할 차비였다. 그러나 이미 순천 경찰서는 그들 상사로부터 내 강연회를 열지 못하도록 지시를 받고 있었음이 확실하였다.

막상 강연회를 열려고 하니까 순천서에서 집회허가를 하지 않는다는 것이다. 무엇 때문에 집회허가를 하지 않느냐고 물으니까 자기들은 상관의 지시에 의하여 그렇다는 것이다. 상관의 지시고 뭐고 간에 공산당이 아니고 국회의원의 시국 강연을 누가 막을 수 있다는 말이냐고 계속 수행원들이 교섭하는 말에 그들은 또 치안 관계 때문이라고 횡설수설한 답변을 되풀이하더라는 것이다.

나는 처음부터 여수에 들어서면서 느낀 일이지만 어쩐지 공기가 살벌하였고 이는 필연코 압력을 받고 있는 지방선거의 여파임을 알 수 있었다.

특히 관헌들은 벌써 정부의 지시에 의하여 나의 일거일동을 관심 두고 주시하고 있는 것 같았고 처음에는 나의 강연회를 허가치 않는 점으로 봐서 충분히 그것을 방증하고도 남았다.

이승만 독재 정권은 그 반대파 사람이 어디를 가나 유상무상有象無象의 압력과 위협을 기하는 그 정체에 대하여는 새삼 놀랄 것도 없었지만 국가나 국민을 위한 민주적 강연회마저 허락지 않으려는 점에 대해서는 가증可憎하지 않을 수 없는 일이었다.

민의를 대변하는 국회의원에 대해서 이처럼 할 때, 민주적 재야在野

의 지방 인사나 국민에게 가하는 압력과 위협은 상상조차 못할 일일 것이다.

　나는 이곳에 와서 유지들로부터 지방행정의 난맥상이나 제 민주적인 실상 등을 들을 때 대한민국이 이대로 나간다면 썩어들어가서 재기 못할 것은 뻔한 일로 느껴진 것이다. 나의 귀에 들려오는 지방민의들의 말은 '못살겠다'는 말뿐이고 한 사람도 희망적인 말을 한 사람은 없었으며 불평불만이 충만充滿하였다. 이런 현실을 알 때 국회의원으로서의 나의 임무와 책임감은 더욱 절박해진 것이었다.

2. 운명을 농하는 비명의 밤

나는 지금 당시를 회상하면 몸서리가 쳐진다. 회상 가운데서도 증오스럽고 몸서리나는 회상이다. 나는 이러한 회상을 할수록 증오감이 떠오르므로 하고 싶지도 않다. 이 하나의 비극적이고 증오스러운 사건으로 인하여 나의 비명非命의 인생에 파란 많은 우여곡절迂餘曲折과 단장斷腸의 인간 시련을 겪어야 했었기 때문이다.

이러한 우여곡절과 단장의 시련 등은 낙엽이 휘날리는 가을의 감상처럼 나의 가슴에 선명히 육박해 오는 것이었다.

내가 만약에 국회의원이 아니었더라도, 아니 야당 의원이 아니고 독재 정부에 협조하는 활동만 하였더라도 그러한 사건이 날 리가 없고 또 자연 발생적인 사건이더라도 그 형사사건은 내 몸을 해치려는 자로부터 몸을 지킨다는 법률상 정당방위正當防衛의 여건으로 그칠 문제였을 것이다. 그러나 불행히도 이 사건은 결코 자연 발생의 사건이 아니라는 것은 사건 발생 전후 여러 가지 일로 충분히 추단推斷할 수 있는 일이었다. 항상 독재자 이승만 씨나 그를 싸고도는 간신배들은 음양으로 나의 힘을 잡아서 그들의 정적으로서의 나를 매장할 기회를 노리고 있었던 것이다. 나의 실수만 있었더라면 여러 번 그런 힘을 이미 이 사건 발생 전에 잡혔을지 모르는 일이다.

그 사건은 결코 우연한 일이 아닐 것이다. 그러한 그들은 이 사건 발생에 개가凱歌를 울리고 좋아했을 것이다.

'정적 서민호'는 정치 활동을 하지 못하게 되고 영원히 매장될 것이라고. 이 무언의 개가가 사건 발생 후 법원에서 무죄 선고되었음에도 불구하고, 아닌 밤중에 홍두깨식으로 업무 횡령이다 배임죄다 해서 억지 죄목을 붙여 추가 기소하여 끝까지 작위적作爲的인 유죄有罪를 씌워서 어디까지나 구렁이에 넣으려는 수작으로 봐서 넉넉히 그들의 그와 같은 검은 뱃속을 씌워서 어디까지나 방증할 수 있는 것이다.

나 자신이 사건을 자기변명을 않더라도 객관의 선의자善意者인 세상 사람들이 더 냉정히 비판하고 판단해 줄 것이라고 생각한다. 다만 부덕 불위不德不爲의 내가 정치가로서 이 나라 민주주의를 위하여 조금이라도 신념 깊히 싸웠다는 것, 그래서 나는 나의 정치신념 그리고 민주주의를 위해서는 어떠한 희생이나 인간적인 굴욕도 사양치 않았다는 점에서 나의 인간적 양심이나 지조를 오늘날도 혼자서 자부하고 있는 터이다. 그러나 사건 자체가 어떻든 간에 이 사건으로 인하여 본의 아닌 우여곡절이나 시련 그리고 인권 유린을 당하면서까지 굴욕을 당해온 사실에 대해서는 인간적인 상정인 비애감에 앞서 분노와 증오심이 내 가슴을 격동激動시킨다.

사건 발생 후 미결未決에서 확정 선고確定宣告가 내릴 때까지의 법 이하 아니 인간 이하의 여러 가지 천대와 치욕恥辱, 그리고 학대虐待의 계속에서 8년 5일 만의 4293년 4월 29일에 출옥하기까지의 영어囹圄 생활에서 받고 얻은 온갖 시련 등은 분노와 증오의 기다란 세월이기도 하였다.

독재자는 나를 감옥에 넣어둠으로써만 그친 것이 아니라, 감옥에 넣어 두어 놓고도 다른 수인에 못지않은 온갖 치욕과 학대를 가한 것이다. 물론 투옥 전에도 그들은 나를 죽이려고 흉책凶策을 꾸미고 그래도 안 되니까 불법 재판권裁判權인 군법회의로서 사형을 선고하여 죽이려고는 했지만, 내외의 여론, 법정의法正義가 허용치 않고 건재하고 있어서 그들의 그 야욕은 무너지고 말았다. 독재자는 그동안 나의 운명을 마음대로 농락한 것이다. 이 사실이 나의 비명이 운명이요 증오와 분노를 격동케 하는 원인이라는 것이다. 그러나 역사는 사필귀정事必歸正하였다. 나의 운명을 마음대로 농락한 독재자나 간신배들은 오늘날에 와서 역사의 심판을 받았다. 그리하여 그들이 되려 그들 운명에 농락당하고 있는 것은 역사의 진리요 인생윤회人生輪廻의 응보應報라 함이 옳을 일일 것이다.

나는 4월 24일 순천서 앞서 말한 바와 같이 박창서朴彰緒(원문에는 톱으로 나옴) 씨 등 순천 유지며 선배 지기知己의 벗들과 만나 오랜만의 청담淸談을 나누기도 하였다.

나는 이 험한 분위기 속에서 순천에서 이들과 만나고 보니 오랜만에 내 고향에 돌아온 느낌이었다.

이들과 만난 후 오랜만의 상봉을 기뻐하는 유지 몇 명은 나더러 저녁 식사를 하자고 권하기에 나와 일행은 늦봄의 밤도 저물어져 갈 무렵 순천 영동에 있는 평화별관平和別館이란 곳에 갔다. 이 음식점은 순천서도 제일가고 조용한 곳으로 이름났다. 이 자리에 합석한 사람은 나와 수행원 5명 외에 승주군수 이판호李判鎬 씨를 비롯하여 순천우체국장 한상휴韓相休 씨 이해필李海必, 황우수黃佑秀, 김홍수金洪秀 씨 등과 접객부 두 명이 상하 두 방으로 나누어 앉아 저녁 식사가 시작되었다. 나는 그들과 식사를 나누면서 세상 이야기를 주고받고 했다. 그들 가운데는 술을 권하는 사람도 있었으나 나는 사양하여 한두 잔 입에 대고 전혀 마시지 않다시피 하였다. 방 안 사람들은 취흥醉興으로 시간 가는 줄 모르고 환담을 즐겼다.

이때 호위경관 김처중金處中 순경이 옆방에서 뛰쳐나오면서 "누구냐!" 하는 고성 높은 소리를 지르는 바람에 우리 일동은 말을 멈추고 바깥을 주시하였다.

군복을 입은 한 청년이 내가 앉아 있는 방을 문틈 사이로 엿보고 있는 것을 김순경이 발견하고 소리치는 말이었다. 김 순경의 누구냐 하는 소리에 "나는 군인이다." 하는 멈칫한 대꾸 소리가 들려왔다. 김 순경과 군인 사이의 대꾸는 계속되었다.

"군인이면 군인이지 무엇 때문에 인사말도 없이 남의 방을 엿보는 거요?"

"그래 엿보는 것이 나쁘다는 거요? 사람을 찾으려고 그랬는데 그렇게까지 떠들건 없지 않고."

그들의 대꾸는 점차 심한 감정으로 변해 나간 것 같았다. '사람을 찾으려고 엿본다'는 군인의 말에 나는 문득, 부산서 미행해 온 괴한, 그 괴한과 또 한 사람의 군인(徐)이 여수서 순천까지 밀행해온 일이 생각났다. 나는 긴장한 마음으로 그 시비가 무사히 끝나기를 기다렸다. 그러나 시비는 싸움으로 변하여 갔다. 내 자식인 원룡元龍도 뛰어나가 말리는 것 같았으나 듣지를 않고 그 군인의 소리는 더욱 감정 섞인 것으로 변하는 것 같고 원룡이와 군인이 치고 박고 하는 싸움을 하자 다른 사람도 뛰어나왔다. 나는 끝까지 냉정한 태도로 언쟁이 끝날 것을 기다리고 문이 열려 있는 방에 서 있으니까, 군인이 서는

"서민호 나오너라!"

"서민호 나오라 쏜다!"

하는 것이었다. 그때 서가 서고 있던 마루에서 내가 서 있는 방구석
까지의 거리는 불과 4, 5미터 밖에 되지 않는 곳에 내가 있었다. 나는
"젊은 군인이 체면 없이 왜 그러느냐?" 하고 점잖은 말로 타일렀으나
그는 "너는 누구냐?" 하기에, "나는 서민호요." 했더니, "응, 서민호,
잘 만났다!"고 하는 것이 아닌가.

그러면서 그는 몇 발 뒷걸음치면서 권총을 빼 들고 나를 겨누는 태도
로 나왔다. 그래도 나는 끝까지 불상사가 나서는 안 되겠다고 생각하고
두 손을 들고 흔들어 보였다. 나는 그러면서 "쏘지 마라! 쏘지 마라!"고
말하면서 사태가 험악하고 생명의 위험이 절박함을 느껴 전 정신을 총
구銃口에만 집중하고 그를 주시하고 있었다.

사태가 이렇게 되자 나의 주위에 있던 사람들도 옆방이나 주방 혹은
다른 곳으로 피신한 것 같았다. 이때 시간은 아마 저녁 9시쯤 되었을
것이다. 내가 "쏘지 마라! 쏘지 마라" 하고 두 손을 흔들 때 벌써 그는
나를 쏘려고 총구를 나에게 겨누었을 때였다.

나는 앞으로 나갈 수도 없고 그렇다고 뒤로 도망하자니 나의 등은
그의 총 목표물이 되어 위험한 처지가 될 것 같아서 도피는 도저히 불
가능한 일이었다. 그는 이 순간 나를 향하여 발사하였다. 나는 그때
위험을 피하려고 본능적으로 뒷걸음을 쳐서 부엌 찬마루 옆으로 나와
은신하고 섰더니 어느 사이에 서는 앞뜰로 나와서 '서민호 나오너라'
하면서 또 권총을 겨누면서 발사하는 것이었다. 서는 두 발을 계속 발
사하여 내가 서 있던 마루 옆문 유리창에 명중된 것을 안 나는 생명의
위험이 긴박해짐을 알고 혼신용으로 휴대하고 있던 모젤 권총을 꺼내
어 그를 향하여 연 두 발을 본능적으로 발사하였는데 그 과정은 자연적

이었다. 그러자 그는 몸을 한 번 돌리고 꺼꾸러지면서도 또 다시 나를 향하여 연발로 발사하는 것이었다. 나도 또다시 본능적으로 일발을 응사하였다. 위와 같은 과정은 순간적이요, 자연적인 동작으로 나의 생명의 위급을 보호하려는 본능적인 발동이었음은 물론이다.

그는 불행하게도 나를 죽이려다가 죽이지 못하고 되려 나의 정당방위로 발사한 총탄에 맞아 쓰러졌던 것이다.

아무리 정당방위로서 그런 불상사를 일으킨 것이었지만 나의 기분은 좋지 않았다. 사건 발생 후 어디서 피했다가 나왔는지 모르는 한상휴 씨의 안내를 받아 그곳 평화관에서 얼마 되지 않은 친지 양회은梁會殷 씨 집에 몸을 옮겼다. 나는 사건의 진상을 한 씨로 하여금 광주지검 순천지청의 검사와 관계 당국에 알리도록 하였다. 나는 한 씨에게 사실을 하나도 숨김이 없이 있는 그대로 신고해 주라고 말했다. 이때가 아마 사건 경과 후 40분 후의 일이었을 것이다.

그때부터 보슬비는 내리기 시작하였다. 무심히 내리는 비는 나의 착잡한 마음을 적셔 주는 것만 같았다. 나의 마음은 점차 혼란으로부터 냉정해지기 시작하였다. 나는 잠시 명상瞑想에 잠겼다. 내 몸을 해치려는 자로부터 나의 생명을 보호하기 위하여 발생한 불상사지만 그들 독재자는 천재일우千載一遇의 험이라고 생각하고 틀림없이 이 사건을 살인이란 형사 문제로 귀착시켜 나를 매장시킬 것이 틀림없을 것이다. 또한 만약 죽은 서의 거동으로 봐서 독재자의 마수가 그에 뻗쳐 사수를 받은 행동이라고 가정하더라도 그는 이미 죽은 몸이니 그들의 흉모가 탄로되지 않을 것에 안심하고 있었을 것이다. 여하간 이 사건 발생이 독재자의 미움을 받은 나를 매장시키는데 충분한 구실이 될 것이다. 설사 법적으로 무죄가 되더라도 사건 자체를 중심으로 하여 나를 정치 활동으로부터 끊어버리는 '모멘트'가 될 것이 명약관화하게 전망되었다. 따라서 그들은 법적으로 이 사건이 무죄가 되지 않는 방향으로 수사하고 취조하여 사건 진상과 상반되는 하나의 사건조작을 할 것이 두려웠으며 또 그렇게 하였던 것이다.

아닌게 아니라 그들은 서가 도망가려고 하는 것을 내가 뒤에서 쏘았느니 하는 따위의 터무니없는 조작을 하기 시작하였다. 왜 그들은 서의 시체를 그와 같은 방증이나 여러 증거로 남겨 두지 않고 화장火葬해 버렸으며 그의 소지품까지도 불살라 버렸다는 것은 사건 자체가 자연 발생이 아니고 계획적인 것이었으며 불리한 증거가 되니까 그랬으리라고 생각하고도 남는 일이다. 나에게 불리한 증인 선택이나 사건 자체를 보지도 않은 평화관 고용살이 최라는 무식쟁이를 유일한 증인으로 삼는 등 가지각색의 조작 음모를 꾸몄던 것이다.

사건 발생 2, 3일이 경과해 그들은 그 방면의 명 기술자요 권위자인 서상관徐相瓘 법무의 특명을 받은 권오병權五柄, 헌총 수사책임자 노덕술盧德述, 최난수 등이 순천에 파견되어 왔다.

나는 다음날인 25일 아침 8시경 순천지청에 자진 출두하여 사건 경위를 자세히 설명하였다. 출두한 나는 그 자리에서 순천경찰서 수사주임에 의하여 구속되고 나의 8년 이상의 옥고獄苦와 파란 많은 우여곡절 그리고 나의 시련이 시작된 것이다.

나는 사건 발생 40분 후에 한韓 우체국장을 통하여 경찰서와 지청검사에서 진상을 알렸으며 나는 그 이튿날 아침에는 자진 출두까지 하였던 것이다. 그들 관헌은 내가 자수한 것이 아니라 검거되었다고 사건 발생 후 그 시초부터 터무니없는 조작과 트집을 잡기 시작하였다.

관헌은 사건 발생 그 이튿날 아침 지방신문 및 통신사 지사 기자들에게 국회의원 서민호가 군인을 사살했으며 그는 사건 후 몸을 숨기고 있던 것을 검거하였다고 나에게 불리한 사실을 그럴듯하게 왜곡하여 그와 같이 발표한 것이다. 이뿐인가. 그들은 사건 진상에 있어서도 수사 경위를 그런 투로 불리하게 발표하여 일반 사람의 인식을 흐리게 만든 것이다.

그 방면의 명 기술자 권오병, 노덕술, 최난수 외로 전남 경찰국장이던 한경록韓景錄, 박사기朴史基, 순천서장 변모邊某, 수사과장 등 경찰 간부 그리고 전남지구 병사구사령관 장흥長興 등이 모여서 그들 특유의 기술을 발휘하기 시작하였다.

그리고 나의 수행원 또는 회석했던 한 우체국장을 비롯한 지방 유지들이 연금 당하여 혹된 취조를 받기 시작하였다. 심지어 한상휴 씨는 혹독한 고문과 구타를 당하여 한동안 반신불수까지 되었지만 끝까지 사건 진상 그대로 증언하여 그들의 혹독한 방법에도 굽히지 않고 최후까지 싸워 주었다. 그리고 기타 증인들도 그대로의 증언했으며 그러한 불상사로 직장에서나 사회에서 또는 개인적으로 여러 가지 해를 입은 바 있는 사건 당일 회석한 지방 유지들에게 송구스럽기 짝이 없다.

권오병이나 노덕술, 최난수 등이 이들 증인을 혹독하게 취급하여 사건에 불리한 증언을 위한 공작도 하고 앞서 말한 서가 도망치려는 것을 내가 뒤에서 쏘았느니 등등의 조작으로 불리한 방향으로 사건을 끌고 가려고 힘쓴 모양이다.

그와 같은 그들의 조작 음모를 나의 조카가 옆방에서 들었다는 것이다. 24일 나의 사건이 발생하자 부산을 비롯한 전남 등 전국에 비상계엄령이 선포된 모양이었다. 나는 이미 지청에 자진 출두하면 구속될 것으로 짐작은 했지만 막상 구속의 몸이 되고 보니 야릇한 기분이 감돌기 시작하였다. 그러나 나는 마음속으로 '사필귀정으로 정의는 이긴다. 너희들이 내 몸을 가둘 권리는 가졌지만 내 정신이나 나의 민주주의

274

투쟁심을 가둘 재간은 없을 것이다.'라고 다짐하였다.

　나는 야릇하게도 그들 가운데 명수사관의 말을 듣고 있는 가覍 총경과 서감을 이 사건 때문에 다시 만나게 되었다.

　"기구한 운명이군. 일제 때 조선어학회 사건 때도 나를 취조하더니 오늘날 또 당신을 만나게 되는 군……" 하고 그에게 말하였다.

　"별 수 있어요? 상사의 명령이고 명령대로 하는 사람이니 널리 이해해 주시오." 하고 취조관 특유의 교활한 언사를 던진 것이다. 그러면서 그는 마치 승리자처럼 나를 취조하는 것이 아닌가.

　그는 일제 때, 민족을 등지고 일본 경찰의 앞잡이가 되어 일해 오던 자로서 내가 조선어학회 사건에 관련될 때, 가혹한 취급을 하였고 해방 후 또다시 난리에 편승하여 경찰이 되어 나를 취조하는 그가 되었으니 야릇한 민족적 아니 개인적 운명이 아닐 수 없는 것이었다.

　이러한 자들이 있는 것 없는 것 등 나의 사건을 조작하기에 힘쓴 것이었다. 또한 증인 한 씨 외 5명이 부산형무소에까지 구속 입감되었다. 증인 신문조서까지 작성한 증인을 구속함은 수사사상 드문 일이다.

세상은 넓고도 좁다더니 일제 때 민족을 못살게 굴던 자가 또다시 나를 잡으려고 온갖 재주를 부리는 꼴이란 보고 현기증眩氣症이 나지 않을 수 없는 일이었다. 이뿐이랴! 나의 이 사건을 미끼로 그들 가운데는 독재자의 정적을 불리하게 하여 매장시킴으로써 자기 명예와 지위를 얻자는 공명심도 작용했음이 틀림없는 일이다. 물론 그들은 나를 제단에 올려놓고 그런 공명을 발휘할 수 있다고 생각할 것 같으면 스스로 응해 주리! 그러나 불행히도 사건 진상 자체는 그들에게 유리한 것이 되지 못했고 우리나라 법의 정의가 건재한 이상……, 이것을 인식했더라면 그들은 환멸을 느꼈을 것이다. 그들은 오히려 이 환멸감에 앞서 공명감功名感에 날뛰면서 사건을 조작한 것이다. 이것을 보고 나는 그들의 인간성이 불쌍하게 여겨졌다.

순천서 현지 관계수사관 자의로 수사가 진행되는 것이 아니라 그들이 직접 그렇지 않으면 막후幕後에서 지휘하여 공명심 발휘에 열중하는 것이었다. 현지 관계자는 마치 괴뢰사傀儡師의 춤과도 같았다.

순천지청에 자진 출두하여 며칠 안 되어서의 일이다. 나의 사건 발생과 함께 비상 계엄령을 선포하였다. 더구나 이 사건이 난 여기서는 내가 느끼고 보려라도 삼엄하고 살벌한 공기에 싸여 있을 때였다.

취조도 어느 정도 끝나고 있을 무렵 전남지구 위술사령관 장흥이 난데없이 나에게 오더니, "명령이라기보다 우리들 일을 하기 위해서 그러니 광주로 연행되어야 하겠다."는 것이다. 그러면서 다짜고짜 나를 차에 실으려고 하지 않는가? 나는 두 손을 꽉 쥐고 손에 힘을 주면서 "아무리 이런 사건이 발생하였다손 치더라도 사무소관이 엄연히 있고 또 아직 법의 판가름도 하지 않았으며 아직도 엄연한 10만 선량인 국회 의원인 나다. 당신들의 그러한 무법적인 처사에 응할 내가 아니다." 이렇게 큰 소리를 쳤더니 그의 부하들은 나를 차위에 억지로 실으려다 가 그만 멈추고 말았다.

내가 그 당시의 이 일을 육감적으로 느끼건대 그들은 계엄령을 좋은 구실로 광주光州로 연행하겠다고 하면서 도중에서 무슨 불행한 봉변을 줄 것 같은 눈치였다는 것이 그들의 언사나 동작 또는 시간상으로 봐서 넉넉히 추측할 수 있는 일이었다. 내가 만약 그 당시 그들 말대로 광주 에 연행되는 것이 실행되었더라면 그 무슨 참변을 당했을지 모르는 일 이었다. 내가 만약 그 당시 그들 말대로 광주에 연행되는 것이 실행되 었더라면 그 무슨 참변을 당했을지 모르는 일이었다. 지금 그 일을 생 각해도 얼마나 독재자가 '저런 사람은 너희들 재량裁量대로 없애도 탓 은커녕 오히려 칭찬할 것이라'는 것을 저들이 알고 있다는 것을 감히 생각하고도 남는다.

이렇게 하여 그들은 비상시의 특혜를 만용과 공명심으로 일을 12분 발휘할 줄 아는 작인들이었다. 내가 국회 내무치안위원장으로서 국정 감사 때 내무행정의 부정이나 부패를 고발했기 때문에 그들의 정체는 이미 폭로되고 만천하에 추태를 보인 탓은 모두 나 때문의 일로 알고 그자들대로 마음속에 '어느 때인가는 너도 욕을 볼 때가 있을 것이라'는 보복심은 인정지사의 일이다. 그렇게 마음먹고 오던 차제에 이 사건이 발생하였으니 그들로서는 천재일우의 기회였다. 이런 까닭으로 그들은 그와 같은 무모와 가증한 공작까지 꾸몄는지 모를 일이다. 혹은 광주에 연행해서 나의 사회적 지위나 위신을 이 기회에 창피주고 땅에 떨어뜨리게 할 심산에서인지도 모른다. 여하간 그들은 천하일품의 독재자들의 도구에 불과하였다.

순천서에 구류되고 있는 어느 날 밤, 그날 밤은 봄비가 구수하게 내렸지만 그 비는 나에는 만감흉중萬感胸中하고 착잡한 심정을 주는 구슬픈 비였다.

밤도 깊을 무렵 한 경찰국장을 비롯한 그들은 순천서 내에서 나에 관한 이말 저말을 꽃피우면서 좌중은 취흥을 일으키며 그의 육중肉重한 음성으로, "야쯔, 도오도 가깟다나. 사아 간빠이 아게요."(그 놈은 드디어 걸려들었다. 자, 건배를 들자)라며, 일본말로 나에 대한 욕설을 해놓고, 맥주를 들이켜고 있는 것이었다.

독재자들의 주구들로서는 능히 그럴 만하고 기분 좋은 한 잔 술이었으리. 그들은 내가 걸려들었다고 기분 좋아서 축배를 들고 있고, 나는 앞으로 독재자가 나에게 하는 일에 대해서 그리고 무슨 험난하고 불행한 곡절을 연출시켜 나갈까는 등 이모저모 생각하는 나와는 좋은 대조가 아닐 수 없는 것이다.

독재자는 물론이지만 그들에게도 구차스러운 존재였던 내가 이렇게 되니 기뻐하지 않을 수 없는 노릇일 것이다. 그러나 나는 그들의 그와 같은 광경이 오히려 증오감을 더욱 갖게 하였으며 대한민국의 앞날이 그와 같은 자들에 의하여 국민이 다스림을 받게 되고 국민의 일꾼이라고 자처하게 되니 전도가 암담스러워졌다. 사실 이와 같은 나의 생각이 장당이 무너질 때까지 계속된 것은 민국의 민주정치 발전을 위하여 불행한 일이 아닐 수 없었다.

사사일에 이와 유사한 일이 국민의 공복들 가운데는 각 분야에서 존재하고 있었으니 더 말할 나위가 없는 일이다. 또한 앞서 쓸 것을 잊은 일이 있지만 순천서 현장검증을 할 때 권 오병은 나를 수갑을 채우지 않았다고 관계직원에게 호통을 치고 있었다. 그러기에 나는 그에게 "아직 죄의 유무를 가리지 않은 이상 엄연한 국회의원인데 그게 무슨 말이냐?"고 반박하니까 그는 반색하는 것이었다.

5. 유서 쓰는 밤

나는 사건 발생 후 5월 3일 서 검찰총장의 지시에 의하여 신병身柄이 부산으로 옮기게 되었는데 8, 9일간은 순천서에서 구류되어 그들의 흉악한 취조를 받아왔다. 앞서 말한 바도 있지만 진상 조작을 했음은 물론 그날 밤 회석했던 순천 유지들이나 평화관 사람들의 증언을 통한 사건 불리책도 강구한 모양이다. 그래서 한상휴 씨 같은 이는 혹독한 고문과 구타를 당해 왔으며 불리한 증언을 시키기 위하여 난데없는 일자 무식쟁이 고용살이 최정용崔正用을 등장시켜 날조하는 증언을 법정에서 연출시키기까지 하였다. 이렇게 하여 그들은 사건전도가 불리했으면 했지 유리하지는 못할 것이라는 뜻에서 비 오는 그날 밤 순천서 내에서 맥주를 마시면서 일본말로, "야쯔 도오도 가깟다나. 사아 간빠이오 아게요." 하고 즐거워 취흥을 한 것이었다.

이날 밤 그들은 이 말만으로 그친 것이 아니라 무슨 말 끝에 "이제 서민호는 매장되고 오늘 12시면 넘어간다……"고 하는 것이었다.

나의 마음은 긴장된 데에다 그들의 말은 한마디도 놓치지 않겠다고 전 신경을 귀에다 집중시키고 듣고 있었다. 나는 그들 말 가운데 '매장된다. 그리고 오늘 12시면 간다.'는 말 듣고 심중 놀랐다. 밤 12시면 무슨 불행이 있을지 모른다. 더구나 계엄령을 선포했다니 당시의 무슨 일을 저질를 지 모르는 일이다. 만약의 불행이 있을지라도 나의 뜻을 알리고 후세인들에게 나의 조그마한 뜻을 계승시키자는 의미에서 유서遺書를 쓰기로 하였다. 그날 밤은 봄비가 한없이 내리고 있었다. 그 비는 나의 마음을 한 층 더 적막하게 했으며 비통하게 만들기도 하였다.

나는 네 통의 유서를 썼다. 신익희申翼熙 국회의장, 엄상섭嚴詳燮 의원, 아내, 자식의 네 통이었다. 대략 그 당시 쓴 유서 내용은 다음과 같다.

申 議長

국정은 나날이 어지러워가고 독재자의 횡포는 증대해가는 현실에 있어서 불초 서민호의원은 부덕한 몸이나마 이 나라 민주주의와 반독재(反獨裁)를 위하여 싸워 왔습니다. 그러나 불행히도 이 불상사로 인하여 반독재와 민주주의를 위하여 더 싸우지 못하게 됨을 천추의 한으로 압니다. 내 앞길에 만일의 불행이 있더라도 내 일신에는 개의치 마시고 최후까지 국민과 더불어 도탄에 빠진 민주주의와 민생고를 구원해 주십사고 부탁 말씀 올리고 싶습니다. 나는 이제 죽어도 미련이 없습니다. 다만 이 나라의 어지러워진 국정과 독재와 싸워서 국민을 구원해 주신다면 이 이상의 기쁨이 없겠습니다.………… 안녕히 계십시오.

嚴 議員에게

당신과 나는 정의에 있어 죽마지우(竹馬之友)요 짧은 시일이었지만 의정단상에서 민주주의와 반독재를 위하여 싸운 것이 기쁘고 감개무량합니다. 나는 불행히도 반독재와 싸우는 도상에서 예기했던 불상사로 불행의 몸이 되었으니 한탄스럽기도 하고 분격해 마지않습니다. 이로 인하여 나의 앞길에 무슨 불행이 있을지도 모릅니다. 나는 다만 당신과 같이 계속해서 싸우지 못한 것이 유감이오나 다른 동지들과 끝까지 민주주의 목적 달성과 반독재를 위하여 초지일관 싸워 주시기를 바랍니다. 그리고 내 사건을 국민 앞에 정당히 밝혀

주셔서 나의 미련을 씻어 주시기 바랍니다.

아들에게

아버지는 민주주의와 반독재를 위하여 싸우다가 이번 불상사로 그 투쟁을 계속하지 못함을 한탄한다. 그러나 내가 이때까지 해온 정치적 신념이나 정의에 입각한 여러 가지 정치 활동에 대해서는 이제 죽어도 미련이 없다. 그러나 너는 나의 정치적 신념을 계승하여 민주주의를 위하여 최후가지 싸워 주기 바라며 공사의 명예를 위해 희생적 정신으로 비겁한 행동이 없기를 마음속으로 부탁한다.

사랑하는 아내에게

이때까지 내가 싸워온 일에 대해서는 아무런 미련이 없으나 다만 내가 정치 활동을 한다고 따뜻한 가정생활다운 생활을 당신과 같이 하지 못한 것이 섭섭하오. 나는 이번 일로 앞으로 무슨 불행이 있을지 모르나 마음을 단정히 하고 굳은 결심을 가져주기 바라오.

그리고 당신은 더욱 이 사실을 명심하여 부덕과 체면을 생각해서 여생을 보내기 바라오. 끝으로 나는 후손들을 위하여 충분한 경제적 토대와 가정을 원만히 하지 못하고 만일을 당하는 것을 원스럽게 생각하오. 그러나 청빈락도(淸貧樂道)하는 성인의 말씀과 같이 청빈에 만족하더라도 명예를 위해서 조그마한 일에 유감이 없도록 힘써 주기 바라오. 아이들도 장차 커 가면 나의 뜻을 알리고 잘 보양해 주기 바라오……

위와 같이 네 통의 유서를 써 놓았다. 만일을 생각하고 마지막 주는 글을 쓰려니 내 마음은 한결 달라지는 것 같았다. 내가 마지막 가더라도 그 사람들은 나와 나의 심정을 알아주고 끝까지 일을 계승하며 나의 입장을 밝혀 주려니 하는 마음이다.

　유서 쓰는 그 날 밤의 나의 심정은 정진정명, 나의 마지막 생애의 관두에 서서 집약적集約的으로 절실하고 희망하는 글을 쓴 것이었다. 그러나 그 유서만으로는 내 모든 심정이나 욕심을 다 썼다고는 할 수 없다. 허나 그것만이라도 내가 쓰지 않으면 안 된다는, 운명이 요구하는 절실감을 충족시키는데 만족하였다.

　그런데 이와 같은 비장한 환경과 심경 속에서 만일의 불행을 생각해서 써 놓은 유서도 헛된 것이 되고 말았다. 이만큼 나의 운명과 이 사건이 파란곡절을 지닌 탓인지 그렇지 않으면 그만큼 그 당시의 나의 심경이 절박한 환경 속에 놓였든 지는 몰라도 그날 밤 그 자들이 한 잔 먹으면서 하는 말 가운데서는 오늘 12시면 간다고 하기에 나는 이 말이 그자들이 오늘 밤 12시면 나를 처치한다는 말로 간주한 것이 유서를 쓰게 된 실책이었다. 밤 12시면 감방으로 넘긴다는 말이었던 모양이다. 이것은 나의 절박한 환경 속의 착각이었다. 그러나 사실 그 당시 공기나 사건 발생 전후의 나에 대한 독재자들의 압력으로 보아서나 민주주의와 반독재를 위하여 싸운 나를 미워한 그들을 안 나로서는 당연히 상도相到할 수 있는 만일의 불행이기도 하였다.

　사건 발생 이래 순천서 8, 9일간의 지루한 취조와 고역을 맛본 나는 또 다른 새로운 속절을 겪기 위하여 서 검찰총장의 지시로 나의 신병은 5월 3일 만감을 흉중에 담고 부산으로 이송되게 되었다.

내가 저질러서 이런 일이 난 것은 아닐지라도 불상사로 많은 순천 유지나 시민들에게 한없는 폐를 끼치고 떠난 것 같아서 내 마음은 암담하고 송구스러웠다. 특히 그날 밤 회석해 준 유지들에게는 더 말할 나위가 없는 심정이었다.

내가 마지막 순천을 떠나려고 할 때 나에게 격려와 위안의 말을 해주는 눈물겨운 인사들도 있었으니 나로서는 잊을 수 없는 일들이다.

물론 내가 떠날 때 나의 입장으로 봐서 관헌의 눈이 두려워 나오지 못하고 만나려고 하지 않는 많은 시민이 있었음은 나는 잘 알고 있다.

여수까지 가는 길에 나는 차 속에서 오는 길과 가는 길의 상의한 두 운명의 모순된 장난을 비웃기도 하였다. 가는 도중 나와 안면은 없어도 내 얼굴을 아는 사람 가운데는 유심히 나를 쳐다보는 사람도 있었다. 그 사람들은 말을 않으나 나에 대하여 무슨 생각을 하는지 몰라도 표정으로 봐서 '저런 불상사로 참으로 안 되었다.' 하는 것도 같았다. 여수 부산 간의 선실에서 기관장을 한다는 정丁 모라는 -전에 국군장성이 그의 가까운 친척-사람이 내 곁에 와서, "나는 정 모 장군의 집안사람입니다. 참으로 이번 불상사는 그 젊은 사람이 저지른 짓이라 할지라도 선생의 처지로 봐서는 불행사가 아닐 수 없습니다. 나의 집안은 조부 때 장흥長興서 살다가 그가(장군) 세 살 때 생계가 막연해서 부득이 만주 북간도 등에 주거지를 옮기게 되었습니다." 하고 집안 내력을 설명하고,

"선생과 같은 분은 이 나라 민주정치와 반독재를 위하여 투쟁하였고 앞으로도 계속 투쟁하셔야 할 분인데 그만 이런 사건으로 그 대의가 좌절되고서야 되겠습니까? 선생이 원하신다면 어떻게 해서라도 만일의 불행으로부터 구출하는데 돕겠습니다." 하고 술병을 가지고 와서 술을 권하고 진지하고 열성 깊은 어조로 말하는 것이었다.

나는 참으로 기뻤다. 내가 법에 의하지 않고서 구출될 것을 자신 원하지도 않을 것이며 법에 의해서만 밝혀진 맑은 내 몸을 세상에 내놓고 싶은 것이 나의 신조였지만 그 사람의 그와 같은 말이 설사 실현되지 않더라도 그토록 부덕한 나의 정치 이념이나 행동을 평소부터 지지해 주어 아껴준다는 사람이 있었고 그런 사람을 발견했다는 점에 감격했다는 점에 감격했고 기뻤던 것이다. 나는 그 사람에게 깊은 감사와 인사를 하고 후일을 기약하였고 이 자리에서 헤어지는 것은 참으로 마음 섭섭한 일이었다.

나는 동년 5월 10일에 부산지검地檢에 살인죄로 기소되었다.

내가 5월 14일 국회에서 의원 신분 보장법에 의하여 석방이 가결되어 석방되기까지 8, 9일 동안 순천서 부산에 도착하자마자 부산형무소, 특무대 등으로 끌려다니는 몸이었다. 나에게는 또다시 새로운 수난을 겪게 된 것이다.

부산에 도착한 후 그들은 법에 의하지 않고 나를 없애버리려는 별별 수작을 꾸민 것이다. 이때는 계엄령이 선포되어 국회와 야당 의원들을 마음대로 억압하고 무법 천지화 된 정세였다. 정부 개헌을 반대하는 의원을 위협 공갈하고 부산 시내에는 당시 이범석 내무부장관이 조작하고 있는 민의소동이 전개되고 있어 공기가 살벌할 무렵이었다. 이런 정세 판국에 그들 류의 악독한 수법으로 나를 법에 의하지 않고 없애려고 한 것은 무리한 일이 아니었다.

　계엄령 하라 그런지 몰라도 어느 날 나는 헌병대인가, 특무대에서였던가 질서 없고 무의미한 조사를 받고 오다가 지프차에 나를 태우더니 어디론가 가는 기세였다. 나는 부산에 와서 여러 날 동안 신문을 보지 못해서 긴박한 정세를 자세히 알 수가 없어 궁금하고 답답하였다. 때로는 친절한 사람이 있어 지금 국회는 어떻고 사회정세는 어떻다는 등을 이야기해주기도 했으나 이야기만 듣고서는 만족치 않았다. 친절하게 그런 이야기를 해준 사람도 자기 상관이 보지 않는 곳에서만 말해 주는 것이 나에게 일체 외부 일은 알려주어서는 안 된다는 명령이 내렸기 때문이었다.

　그동안 나는 일체 신문이라고는 보지 못했으며, 따라서 외부에서 들은 말이나 그 사람들 말투로 나 스스로 정세판단을 하는 것이었다. 내가 부산에 와서 며칠 겪은 경험과 그들 관헌의 하는 수작을 종합해서 생각할 때 순천서 첫 번째 느낀 만일의 불행이 있지 않을까 생각되었다. 그래서 그들이 나를 차에 태우고 나간다는 자체는 수상히 느끼지 않을 수 없는 일이었다. 나를 태운 차는 동래방면으로 나간 것 같았으나 어느 삼거리에 와서 동래 가는 반대쪽을 향한 길로 가는 것이다. 나는 수행하는 소령더러, "죽더라도 가는 길이나 알자."고 했더니 그는 이 물음에, "마산 헌병대로 가는 길입니다."라고 답변하는 것이었다.

　또한 이에 앞서 나는 순천에서부터 두 번째로 유서를 쓰게 되었는데 어느 날 파수 보는 헌병들이 주고받고 하는 말에 '밤 12시에 간다'고 하기에 유서를 쓴 것이다. 사실 그때의 살벌한 공기에 비추어 밤 12시면 간다는 말은 나에게는 그들이 나를 불법적으로 없애려는 것이 아닌가고 생각되었던 것이었다.

286

이러한 공포적 분위기와 위협 속에 나의 환경을 몰아넣었으니 감히 나의 심적 변화의 무상을 짐작할 수 있을 것이다. 그들은 계엄령을 미끼로 나를 없애려고 생각하고 있었다는 것은 생각하기에 어렵지 않은 일이었다.

그들이 나를 없애려고 하지 못한 것은 방법과 기회를 얻지 못한 것뿐이리라. 이와 같은 그들의 흉모는 부산에 와서 그들이 나에게 하는 말이나 거동, 그리고 나의 육감으로나 여러 차례 당한 사실로서도 짐작되었다.

나는 그러한 험난한 일이 나의 앞길에 거듭 생길 것이라는 것은 이미 각오하고 있었다. 언제나 나는 생사를 초월한 허심 담담한 심정을 가지면서 이 사건과 끝까지 투쟁해 나갈 것을 결심하였다.

당시 국회는 정부 개헌안 반대를 위요하고 험한 공기에 싸여 있었고 겸하여 대통령의 개정헌법을 지지하는 조작민의대의 군중들은 '××의 원을 죽여라', '국회는 해산 하라'는 등의 구호를 외치며 삐라를 뿌리고 임시 국회의사당을 포위하여 위협까지 보이는 무법천지였다.

'××의원을 죽여라' 함은 물론 나를 말하는 것이다. 독재정부는 나의 사건을 정치적으로 이용하였고 그 정치적 위기에 커다란 문제로 삼아왔다.

국회는 나에게 동정을 잊지 않았다. 모든 의원동지들은 이 사건이 우연한 것이 아니고 정적에 대한 장난의 결과로서 그런 불상사가 발생한 것으로 알았기 때문에 사건 진상의 경우도 그렇고 정부의 흉모에 대비하는 국회로서 나의 구류拘留 상태는 부당한 것으로 인정하였다.

그리하여 5월 14일 엄상섭, 서범석 등 의원의 제안으로 헌법 49조의 의원 신분 보장법에 의하여 표결에 붙인 결과 94대0으로 재판이 개시될 때까지 국회에 참석할 수 있도록 석방 결의를 한 것이다. 법원의 구류 집행 정지 결정拘留執行停止決定으로 잠시나마 나는 자유의 몸이 되었다. 또 국회는 이에 앞서 4월 26일 나의 사건 조사단을 구성하여 현지 조사를 하고 조사보고를 하였다. 조사위원은 유홍柳鴻, 김정기金正基, 조순趙淳, 김광준金光俊, 이석기李錫基의 제 의원들이었다. 이 조사보고에서 지적된 바와 같이 '서가 도전해 와서 정당방위로 발생한 불상사라는 것'이 다시 확인되었다.

나의 석방을 독재자는 마음속으로 좋아하지 않았다. 정부의 지시를 받은 조작민의 군중들은 시내와 국회 주변을 시위 행진하면서 '매국적인 국회에 의하여 살인범이 석방되었다'고 소리치고 다녔다. 그들은 온갖 수단으로 국회와 나를 욕설한 것이다.

　또한 그들은 그 후 국회에서 석방 결의안을 제안한 제안자 4명을 불법감금을 한 것이다. 그처럼 정적인 나를 미워한 것은 물론이지만 나와 동조하는 사람까지도 감정보복을 하는 나쁜 습성을 부리기도 하였다. 참으로 무법도 유만부동이고 자기 마음대로 하는 것이 바로 법이라고 하는, 독재자나 그 주구들의 무지 횡포한 습성들이었으니, 웃으려도 웃지 못하고 미워하려해도 미워할 수도 없는 존재들이었다.

　이뿐 아니라 미워하는 정적은 어떻게 해서라도 수단을 가리지 않고 매장하려는 것이 그들의 일관된 온갖 수법이었다.

　그래야만 독재자는 영구집권을 위하여 반대하는 정적을 정복하고, 마음 놓고 독재정치를 할 수 있기 때문이었다. 그들은 헌법도 법률도 소용없다시피 계속 집권을 위하여 반미치광이가 되어 오직 권력만을 행사할 줄 알았고 이것만이 그 전부로 알았다. 이런 자들이 불쌍한 다수의 백성들을 살리고 보호하고 인도할 수 있는 인간들이 아님은 물론이다.

　그들은 끝까지 나를 따라다니고 위협과 공작을 계속하였다. 앞서 말한 바와 같이 내가 저녁에 석방되어 국회사무처에 들어가려고 할 때 뒤에서 괴한이 총을 쏜 일이 있었고 간신히 몸을 피함으로써 또 하나의 사선死線을 넘은 일이 있었다.

　또한 그들은 석방된 나를 마땅치 않게 생각하고 다시 구속시키기 위하여 요술을 부렸으니 헌법 제49조에 의하여 보장된 신분을 국회 유회로서 다시 구속을 꾀한 것이다. 국회가 유회되면 나를 다시 구속할 수 있었고 국회 개회가 되면 구속할 수 없기 때문이다. 이러므로 그들은 국회를 유회시키는 방향으로 대 국회 공작을 하였다. 하마터면 나는 그들의 그 함정陷穽에 빠질 뻔했다.

사실 그 당시 국회는 정부가 어떻게 압력을 가했든지 여러 의원들은 은신하고 또는 정세를 관망하는 처지였지만 정부의 이 야욕을 알고 만난萬難을 무릅쓰고 국회에 출석하였다.

사실 그날 국회는 유회를 모면하기 위해서는 5명이 부족하였다. 나에게 행운이 있었는지 박순천朴順天 의원을 비롯한 5명의 의원이 등원하여 겨우 충족되었고 유회는 모면되었다.

이런 가운데 정부가 국회를 유회시키려고 온갖 공작을 한 것은 물론, 여당 의원들은 와회시키기 위한 국회참석「보이콧」을 의식적으로 하였다.

이와 같은 사실 외에도 다음 정치파동 때는 마음대로 야당 의원들을 무근한 구실을 붙여 체포 구금하는가 하면 연행한 사실은 헌법 위반임은 물론 인권 유린도 심한 처사이었다. 헌법 49조는 국회 회기 중에는 현행범이 아니면 국회의 승인을 필요로 할 것을 규정하고 있다. 계엄령이라 할지라도 법률 69호(계엄법) 제79조에는 명백히 현행범을 제외하고는 계엄령하 국회의원의 체포를 금지하고 있는 것이다.

계엄령 선포가 있은 후 국회는 명백한 이유가 없는 계엄령의 해제를 요구했으나 이승만 씨는 이에 응하지도 않았고 2개월이나 계엄령을 계속하고, 계엄령 본래 사명은 고사하고 반대파 국회의원 억압에 이용하였으며 영구집권을 위한 정치적 목적을 위하여 이를 최대한으로 활용하였다. 또한 구금된 국회의원을 석방토록 촉구하였으나 응하지도 않았다. 이승만 씨는 계엄령을 선포해 놓고 공포 분위기를 조성하여 온갖 위협의 방법으로 정권 연장을 위한 발췌개헌안을 통과시켜 놓고는 2대 대통령 취임석상에서 다음과 같은 허울 좋은 연설을 하였다.

"커다란 위기라고 세계에 알려진 근자 부산의 정치파동은 사실상으로 커다란 소란이었다. 실상은 우리의 몇 몇 외국 친우와 신문 특파원들이 불행히도 나의 정적들의 말을 듣고 내가 국회를 해산하고 무력으로써 민주주의를 배제하려 하고 있다는 환상적인 이야기를 믿었다는 것이다. 그러나 나의 생애와 주장하는 원칙을 알고 있는 대부분의 친우들은 그들을 웃었고 일부는 분노까지 하였다. 그러나 친애하는 시민들의 견고한 지지로써 우리는 정적과의 싸움에 승리하였다…."

위와 같은 연설로서 알 수 있다시피 그는 온갖 불법 공갈로서 자기 확대인 영구집권을 확립시켜 놓고 국민들의 지지로써 정적과의 싸움에서 승리하였다고 자담하였으니 가관한 노릇이 아닐 수 없다.

또한 서범석徐範錫 의원은 국회서 살인죄만으로 기소되어 결심結審의 결과 무죄가 될 가망성이 있으므로 서 법무장관이 지휘하던 검찰로 하여금 억지 죄명인 배임과 횡령을 추가 기소하여 나의 석방을 어디까지나 방해하는 행정부 측의 처사에 비추어서 법무장관을 상대로 사건 선처의 규명을 하였다. 당시 사람들은 독재자의 주구 노릇을 하는 서 법무의 비법적 태도와 나의 불상사를 일으키게 도전한 서창선이나, 나의 운명을 아껴주는 3서(徐) 종씨의 삼각관계를 비유하여 '서씨 동족극徐氏同族劇'이라고까지 말하였다. 참으로 웃지 못할 야릇한 나의 운명극이라고 하지 않을 수 없다.

계엄령이 선포되자 그들은 또다시 나를 체포하여 또 하나의 흉극을 꾸미려고 한 것이다. 그것은 군법회의로써 나를 없애려고 하는 일이었다.

나의 재판은 부산지방법원에서 행하여지다가 계엄령 선포로 포기되었고 다시 사건은 6월 4일 영남지구 고등군법회의로 이송移送되었다. 소위 국제공산당 사건이나 몇몇 국회의원에 대한 재판이 모두 군법회의에서 시작된 것이다.

그들이 이 사건을 군법회의에 이송한 것은 뻔 한 일이다. 극형을 내려서 정적을 없애려는 수작 밖에 없었던 것이다.

당시 부산에서 벌어진 사태는 한국 민주주의가 사활의 기로에 서 있어 전 국민은 물론 외국인들까지도 나의 군사재판이 법의 규정대로 진행되는가 하는 점에 지대한 관심을 가진 것 같다. 유엔 한국부흥위원단(언커크)은 나의 재판개시를 듣고 5월 31일 이승만 씨에게 다음과 같은 서한을 제출하였다.

국련 통일부흥 국제연합위원단은 국회의원 서민호씨가 군사법정에서 재판된다는 소식을 들었다. 어느 국회의원도 공개 이외에는 재판되지 아니하고 의원단과 기타 국제 관측자들이 재판에 참석하고 방청할 수 있도록 모든 편의를 제공하기로 한 5월 26일자 및 29일에 재 언명된 각하의 약속에 비추어 위원단은 대표를 파견하여 재판을 통관할 수 있도록 군사법정 소집의 장소와 시간의 통보를 원한다. 각하가 모든 재판은 공개되어야 한다고 동의하였기에 국제적인 신문기자도 출석하여 재판을 보도할 수 있도록 조치가 취해질 것을 요청한다.

언커크는 재판 공개를 요청하였고 많은 각국 외교관이나 국내외 기자와 외국인들이 군법회의를 참관하였다. 특히 호주 대표 스마이스 씨는 매일같이 법정에 나와서 재판 상황을 기록해 주어 나는 감격하였고 눈물겨웠다. 만약 언커크의 그와 같은 요청이 없었던들 그들은 자의로 나의 재판을 공개하지 않고 비공개 가운데 온갖 법의 절차나 비법리로써 사건을 불리한 결과로 끌고 갔을 것이다.

나와 나의 변호단들은 나의 사건을 성질상 일반법원에서 재정裁定되어야 한다고 역설했지만, 그들은 듣지 않았다. 아무리 계엄령이라 할지라도 나의 사건은 군법회의에서 재판받을 수는 없는 일이다. 그러나 그들은 예정된 불법 극형선고를 내리기 위하여 불법재판을 강행하였다. 일심 때 군법회의 재판장은 박동근이었는데 처음에는 최경록崔慶錄 준장이 재판장이 되기로 되어 있었다. 그러나 당시 헌병총사령관인 원용덕元容德은 본인에게는 알리지도 않고 해면시키고 그와 대치시켰다.

군법 이심二審 때 재판장은 민기식閔機植 준장이었다. 나는 군법회의 자체부터 거부하는 태도였지만 그들의 법리 해석이 문제가 아닐 정도였다. 나는 심리에 앞서 "나는 민간인이니 민사재판으로 넘겨라. 그리고 나를 위하여 이 불법재판에서 변호해 줄 것이 없다."고 변호사들에게 법정에서 나가줄 것을 말했다. 그리하여 나는 그들의 심문을 거부하게 된 것이다.

법률의 명문明文에 의한 재판권재정신청裁判權裁定申請과 계엄해제에 의한 소송 이송 요구를 거부하는 군법회의는 법을 무시하는 재판인 동시에 판결 자체도 법률 외의 토대 위에 설 것이 명백한 이상 민주정치를 수호하려는 나로서는 이 재판을 받을 수 없다는 것이 거부의 이유이었다.

그들은 계획된 케이스에서 그들대로 재판을 진행하여 7월 1일 예기했던 사형선고死刑言渡를 내렸다.

나는 선고를 받고 담담한 태도로 최후진술에 있어 약간 미소 띤 얼굴로 "…이건 연극도 심한데……오동나무 잎이 떨어짐으로써 천하 가을이 오는 것을 알게 된다더니 이 나라 재판, 법률이 이렇게 된다면 한국의 법률이나 민주주의는 암흑 속으로 들어가고 가을의 낙엽과 같이 그 결과는 뻔 한 일이다. 나는 미력하나마 이 나라 민주주의와 반독재를 위하여 싸운 죄 밖에는 없으니 아무런 미련도 없다. 다만 그런 불법과 이 나라 불행을 슬퍼할 뿐이다."라고 말하였다.

사실 그들은 윗사람의 지시대로 각본을 실행했을 뿐일 것이다. 당시 언커크의 7회 총회보고서 가운데의 〈서민호씨의 재판〉 항목에서 다음과 같이 지적하였다.

"재판이 수개 점에서 비정규적이었다는 합의가 있었고 7월중에 위원단의 의장이 될 화란 대표가 대통령을 방문하여 국제 관측자들의 의아를 설명하기로 결정하였다. 6월 30일 의장인 호주 대표 프림솔 씨는 대통령을 방문하고 재판의 관리 과정에 즐거움을 느끼지 못했다고 진언하였다. 재판 기간 중의 판사의 변동은 외부의 압력이 판사석判事席에 내려졌다는 것을 표시한다고 말하였다. 서민호씨가 그런 환경 속에서 처벌된다면 대통령의 대의大義를 손상시키고 그를 희생케 하는 결과를 가져올 것이라고 말하였다……."

이와 같이 재판은 비정규적인 것이었으며 재판의 관리과정이 합당치 못한 것은 물론 재판이 진행하는 도중 판사의 변동이 심하였는데 이것은 외부의 압력이 가해진 것을 의미하는 것이다.

사형 선고가 내리자 그들은 형형刑을 집행하려고 했다. 자기 마음대로 할 수 있는 것이 바로 법이라고 안 독재자도 사건의 정당 방위성에 비추어 극형을 내렸다는 외국의 여론과 "자신의 방위책으로 행동했다는 것을 증명할 모든 기회가 부여되도록 사건 전체의 재심사를 법정에 지시하여 재심사하라."는 미국 트루먼 대통령이나 유엔 참전각국 수뇌자로부터의 서한이 이승만 씨 앞으로 와서 7월 4일 그는 울며 겨자 먹는 식으로 할 수 없이 수석비서관 고재봉高在鳳 명의로 신태영申泰英 국방 장관에게, 장관은 원 계엄사령관에게 재심再審을 하도록 지시하였다.

한 편 나를 위하여 재심사의 탄원서가 변호인단 가족 및 국회의원 130명에 의해서 제출되기도 하였다.

그러나 7월 25일에 변호인 측에서는 다시 이 사건을 일반 법원으로 이송할 것을 요구하는 동시에 재판권 제정신청을 법률에 의하여 대법원에 제출하는 절차를 밟았다. 군법회의는 이 신청을 무시한 것은 원심原審 때와 같았다. 8월 1일 9회 공판에서 검찰관측은 여전히 사형을 구형하는 논고論告였다. 나는 징역 8년을 선고받았으나 그 판결 이유가 석연釋然치 않은 것이었다. 나는 그때 묵비권默秘權을 행사하였다. 참고로 그 판결 이유의 요점을 다음에 인용한다.

법률에 대의對擬컨대 피고인의 판시소당判示所當은 형법(구 형법) 199조에 해당되는 바 피고인은 상당한 지반을 가지고 있는 현 국회의원으로서 지방선거 감시차 순천지방에 출장하여 지방유지 친지 등과 회음 중 (피고인은 신병으로 음주치 않음) 서 대위의 불미한 탓으로 언쟁이 생기게 되어 그 결과 수분 간의 돌발지사로 권총 사격전으로 인하여 서창선 대위가 살해당한 것인 바 이는 피고인이 고 서 대위에 대하여 원한이 있어 살해한 것도 아니요, 살의殺意를 결정하여 계획적으로 살해한 것도 아니라고 인정되며 단순한 순간적 돌발사고로 인한 것인 만큼 그 정상이 민량憫諒할 점이 있고 변호인 측은 급박 부정한 침해에 대한 정당방위라고 주장하지만 이를 인지認知할만 한 증거가 없어 이를 채택하기는 어려우며 타에 우 인증을 번복할만한 타 증거가 없고 또한 피고인의 범죄의 정상을 동정할 점은 자수라고는 인정하기 난하나 범죄 후 약 40분후 수사기관에 자기 범행을 신고한 점으로 보아 자기 범행을 은폐할 의사가 없었다는 것은 인지하기에 족하다. 따라서 피고인 의 경력, 사회적 지위, 범죄의 동기, 범행 수단 방법, 범행 현장의 상황, 범행 후의 조치, 피고인의 동향 등을 참작하여 소정 형기 범위 내에서 피고인을 징역 8년에 처한다.

그러나 8년 선고가 있고 일주일 후 계엄사령관은 또다시 판결 무효 선고 재심명령을 내렸다. 나는 곡절 많은 지루한 재판을 거치는 처지였 다.

군법회의에서 한 사건으로 7차나 사형을 구형받고 1차 선고를 받 았다. 이 사건은 1953년 5월 7일 부산지방법원으로 이송되기까지 군 재軍裁의 미결인지, 민재民裁의 미결인지 모르는 신분이 되었고 계속 영어의 몸이 되었다.

85년 8월 7일 원 사령관에 의하여 재심 판결이 무효로 된 후 구속영 장도 없이 나는 불법 구금의 몸이 되어 10개월 이상이나 형무소에 있었 던 것이다.

이와 같이 불법재판으로 독재자는 중대한 인권유린까지 하면서 나의 정치적 활동의 재기를 억누르고 있었다. 군법회의는 원 총사령관이 감 독하고 있었다. 군법이심 때 민기식 재판장이 나에게 징역 8년을 선고

했다는 원용덕에게 보고하니까 사형을 때리지 않고 가벼운 선고를 했다하여 원은 민 준장을 죽이려고 하므로 한때 민준장은 원의 마수를 피하기 위해서 마산의 친척집에 피신한 일도 있었다고 한다. 원은 나와 보성 동창 관계도 있고 해서 이 사건 전에는 교분交分이 있었다. 그가 한때 예편되었을 때 그는 보성 동창인 이기붕이나 야당 의원인 나나 서범석 의원을 찾아다니면서 복직 운동을 하고 다닌 위인이다. 그는 나에게 주석까지 마련하면서 복직을 도와 달라고 애걸하는 것이었다. 그래서 나는 서범석 의원과 함께 신성모나 이기붕에게 그의 현역 복귀를 부탁한 것이다.

물론 나의 힘에만이 그가 다시 군복을 입게 된 것은 아니겠지만 그 당시 그 덕으로 그는 헌총사령관이 되었는데 은공에 보답은커녕, 자기 공명심과 이승만 씨 뜻을 맞추기 위하여 나를 사형시키려고까지 하는 인간 이하의 금수의 탈을 쓴 자이다. 그러기 위하여 그는 민 재판장이 사형을 때리지 않았다고 하여 그 사람까지 해치우려고 했더니 참으로 무서운 인간이며 오늘날 이에 대한 그의 감상은 어떤지 알고 싶은 일이다.

물론 한국 민주주의 육성과 그 수호를 위한 전체적인 정치 관계와 내가 국회의원이라는 점에서 이 사건과 재판에 대하여 국민은 물론이었지만 외국에서도 관심이 집중된 모양이다. 특히 언커크는 이승만 씨에게 공정한 재판에 의한 처리를 요청했고 제7회 총회 국련 위원단의 보고서 가운데서 언커크의 외국 관측자로서의 〈재판의 방청〉 문제를 보고하였으며 '서민호씨의 재판'에 관하여 장문의 보고서를 제출하였다.

이승만 씨는 언커크의 보고서로 당황하였다. 그처럼 많은 '스페이스'를 할애하여 나의 문제에 대해서 보고해 준 데 대하여 나는 무한한 감사를 드릴 뿐이다.

나는 형무소에서 우연히 이 보고서 원문을 읽게 되는 기회를 얻어서 나의 법정투쟁法廷鬪爭에 고무된 점이 많았고 재판전도에 어느 정도의 암시도 얻을 수가 있었다. 또한 언커크에서는 계엄령하의 군법회의의 공개재판을 요구했다. 그들은 당초 비공개의 비밀재판秘密裁判을 하려고 하였다. 언커크는 매일 나의 재판을 관측觀測하였고 기록하였다. 호주 대표의 한 사람인 스마이스 씨가 바로 그렇다. 법정 방청석에서 누구보다도 열심히 그리고 나의 가족처럼 앉아서 재판 진행을 기록하는 스마이스 씨는 그 후 귀국 도중 자유중국에 들려 쉬는 동안 대만 해수욕장에서 해수욕을 하다가 심장마비로 익사를 하였음은 슬픈 일이 아닐 수 없다.

또한 나의 사건과 재판의 반향은 컸던지 모르지만 미국 트루먼 대통령 및 유엔 참전 각국 수뇌들로부터 법에 의한 공정한 처리를 요망한다는 서한이 대통령이나 장 국무총리 앞으로 쇄도하였다. 이 서한 등은 불법재판을 하려는 나의 재판에 큰 영향을 준 것은 사실이다.

　그리고 일차 군법회의에서 내가 사형선고를 받고 사형집행을 한다는 소문을 3일 앞두고 이를 들은 언커크 의장인 제임스 프림솔 씨는 당시 부산경무대로 이승만 씨를 찾아가서 사건 진상에 비추어 정당방위임에도 불구하고 재판의 불법성이나 재판의 관리管理 과정이 불미하며 자신의 방위책으로 행동했다는 것을 증명할 모든 기회가 부여되도록 사건 전체의 재심사를 요청하였다. 무려 한 시간 반 동안 사건과 재판문제를 역설하였던바 이승만 씨는 그러면 고려하여 재심지시를 하겠다고 말하였다 한다. 그래도 프림솔 씨는 그 말이 믿음직하지 못하여 내 앞에서 관계 장관에게 우리말로 재심지시를 하라고 하여 그가 전화로 재심 지시를 하는 것을 보고 비로소 경무대를 물러 나왔다고 한다.

　나로서는 평생 잊지 못할 은인이라고 할 수 있다. 프림솔 씨와는 제2공화국이 되어 유엔 대표단의 한 사람으로 내가 미국 뉴욕에 감으로써 오랜만의 감격적 상면을 하게 되었다. 프림솔 씨는 그때 호주 유엔대사로서 유엔에서 지도적 역할을 하고 있었다. 나는 그에게 과거의 수고에 감사 말을 하고 최근의 여러 가지 한국정세에 대하여 의견도 교환하여 구정을 나누었다. 그리고 당시 유엔에서의 우리 입장을 강화하고 우리나라 사정에 협조하는데 도움을 많이 받았다. 그는 아직도 총각의 몸이며 유엔에서 지도적 역할을 하며 학자적이고 종교가적인 성품을 가진 인물이다.

　언커크는 비단 나의 사건만이 아니라 5 · 26 정치파동 일이나 정부의 야당 압력에 대하여 공정하고 악의 없는 태도를 취하라고 '국제연합 우방의 신중한 충고'를 하였음에도 불구하고 정부는 이 충고를 '국내문제에 대한 간섭'이라고 거부하는 태도로 나오기까지 하였다.

한 편 검찰 측은 살인죄만으로는 무죄가 될 가망이 많으므로 배임과 횡령죄를 추가 입건하였는데 이처럼 그들은 죄를 억지로 씌우려고 몰두하였다. 그들은 나의 꼬리를 잡아서 죄목을 더 씌우려고 조선전업사장 때 일은 물론, 오래된 광주光州시장, 전남도지사 때의 경리 유용의 일까지 조사한 바 있으나 오히려 당시 내 돈까지 써가면서 일을 하고 서울 왕래를 했다는 사실이 판명되니까 다시 그들은 일가친척에까지 압력과 공포를 주기 시작하였다. 나의 자형이 고흥서 간척지를 만들어 그 법적 변상 완성 기한이 6년이 남았음에도 불구하고 부당하게도 농지상환으로 강제 매수해 버리고 쌀값이 좋은 시세가 되면 팔려고 저장해 둔 소작료 쌀을 매석한다 하여 몰수하는 일까지 하였다. 심지어는 형제간, 매형, 고숙, 인척 사둔 네 팔촌까지 가지가지의 압력을 가하여 못살게 하였으며 내가 소개 취직시킨 사람들을 직장에서 모조리 추방까지 시켰다. 또한 내가 소유한 자동차 노선(하동·순천·광주선)에 말썽을 부렸으며 자동차 등을 반강제로 몰수하다시피 하여 음양으로 억압하므로 결국 그 노선을 운영 못 하고 팔게까지 되었다.

민주주의 국가에서 한 개인이 죄가 있으며 한 사람만이 벌을 받을 일인데 나의 개인소유나 기업체는 물론 선의의 삼자에까지 말썽을 부리는 억압을 한다는 것은 공산국이나 독재국가에서만 볼 수 있는 현상인 것이다.

그들은 그와 같이 나에게 죄를 씌우기 위하여 있는 것 없는 것 등을 다 찾기 시작하였고 심지어 가족 친척 등이나 나와 인연이 있는 사람에게까지 재산권이나 생활권을 박탈한 것이다. 실로 독재자는 미웁기 짝이 없는 노릇을 마음대로 하였다.

10. 법과 정의

모든 위협과 공갈 속에서도 법관의 신조로서 법을 정당히 운영하여 재판을 하였으니 이 불법적인 암흑 속에서도 법의 정의가 살아있어 한국 사법부의 등불이 되어 영원히 그 사실이 재판사상에 기록될 일이다. 이것은 1953년 10월에 있었던 부산 지방법원의 선고이다. 또한 국회 결의에 따라 내가 석방될 때 모든 유혹과 위협을 물리치고 석방증을 쓴 부산 지방법원 안윤출판사의 양심은 칭찬할 만하다. 그리고 정의의 재판과 판결을 해준 양회향梁會卿 판사, 강안희姜顔熙, 송명관宋明寬, 서기 윤봉오尹鳳五 씨 등으로서 재판부가 구성되었다. 나의 동지들인 김광준金光俊, 윤향남尹享南, 김의준金意俊, 정구영鄭求瑛, 엄상섭嚴詳燮, 조재간曹在干 의원 등이 변호단을 구성해 주었다. 관선 변호인으로는 장후영張厚永, 김달호金達鎬, 이인李仁 씨 등이었다. 이 재판에서 배임과 엄무 횡령이 추가되어 병합심리를 받게 되었다.

재판은 순리적으로 진행되어 10월 20일에 배임은 징역 10개월에 집행유예2년, 미결 구류 160일 통산, 살인 엄무 횡령은 무죄로 선고되었다.

관여 검사는 그 자리에서 불복 공소하였으므로 나도 10월 22일 불복 공소하였다.

이날 선고된 부산지방법원 형사부의 판결은 앞서 말한 바와 같이 법관의 양식과 용기는 물론 양심이 표현된 판결이라고 할 것이다. 동 법원의 살인죄를 무죄로 한 판결요지는 다음과 같다.

…각 증거를 종합하면 평화관 취사장 식당 마루방은 당시 부근의 전광으로 인하여 밝아서 사람의 동정을 충분히 살필 수가 있었음. 동소까지 와서 마루 벽에 붙어 있던 피고인은 마루로부터 불과 4·5미터밖에 안 되는 곳에 있던 서창선에게 발견되자 서는 "서민호 나오너라.", "서민호 나오라 쏜다"고 외치며 권총을 피고인에게 겨누는 태도를 취하여 사태가 지극히 험악하여, 피고인은 생명의 위험이 절박하게 되자, 두 손을 들고 조급한 소리로 "쏘지 마라, 쏘지 마라" 하면서 전 정신을 총구에만 집중시키고 그를 주시하고 있을 때 서창선은 곧 피고인을 향하여 발사하여서 동 탄환은 피고인이 서 있던 마루 옆 문 유리창에 명중되자 그의 생명에 대한 침해가 목전에 절박함을 느낀 피고인은 앞으로 나갈 수도 없고 그렇다고 해서 뒤로 도망하자니 피고인의 신체를 사격의 목표로 서창선에게 완전히 노출하게 되어 결국 도피가 불가능하여서 상대방을 쏘지 않으면 도저히 피고인 자신의 생명을 보전할 수 없음을 깨닫고 부득이 본능적으로 피고인의 호신용 권총을 허리에서 빼어 들어 우선 서창선을 향하여 2발을 속사한바 동인은 동 탄환에 명중되어…

……피고인의 서창선에 대한 살해행위를, 동인에 의한 피고인의 생명에 대한 부정 급박한 침해로부터 그를 방위하기 위한 반격행위로서 우리들의 도의이념에 비추어 응당 시인하지 않을 수 없는 범위를 넘었다고 볼 수 없는 상당한 행위라고 할 수 있다.

…당시의 구체적 사정에 비추어 도피할 것이 일반적으로 기대할 수 없는 상채 하에 있다고 하여야 할 동 피고인으로서는 그의 생명에 대한 침해가 급박함을 느꼈을 것은 당연하다고 하지 않을 수 없다(기대 가능성 이론期待可能性理論에 입각).

…물론 피고인은 본건에 있어서 별개의 의미로서의 책임을 느껴야 하리라. 그러나 나는 결코 형법적 의미에서 그리하리라는 것은 아니다…….

이 판결이 있은 후 며칠 있다가 부산지법 형사부는 나에 대한 보석을 결정하여 보석금 5만 환을 납부하도록 하였다. 나의 기쁨은 물론 가족들도 이 보석을 기뻐하여 나의 출감을 지검에 요구하였다. 그러나 지검은 검사의 항고抗告로 출감을 시켜주지 않았다.

변호인 측은 검사의 항고는 집행정지의 효력을 가지지 않는 것이라 하여 나의 출감을 요구하였지만 그들은 끝끝내 거절하고 만 것이다.

이것을 쓰고 보니 다음과 같은 일이 생각난다. 한 번은 병보석을 신청하여 김 대법원장과 한격만 검찰총장은 이승만 씨에게 가서 병 보석 문제를 어떻게 하면 좋겠느냐고 상의하였더니 이승만 씨는 "아니 서민호가 아직까지 살아 있느냐?"고 하면서, "그런 일은 알아서 할 일이지 나더러 어떻게 하란 말인가?" 하면서 병보석을 시키지 말라는 듯이 말하더라는 것이다. 말하자면 심한 병으로 옥중에서 죽어버리게 내버려 두라는 이치의 말과 같다. 김 대법원장도 사법권 독립의 대이상 또 그 장으로서 법리나 자기 소신대로 재량해서 할 일이지 상의는 무슨 상의가 필요한가 말이다. 한 검찰총장은 내 사건처리로서 장관이 되었다고 해도 과언이 아닐 정도로 맹활약을 했고 권오병 검사 역시 마찬가지이다.

이와 같이 법을 운영하고 집행하는 사람들의 양심과 양식이 그러하였으며 우리나라 사법제도나 운영실정이 부패한 것은 물론 행정부의 장의 간섭을 받았으니 한심한 일이었다.

나는 다시 87년 4월 22일 대구고법에서 배임은 10개월, 집행유예 2년, 미결 구류270일 통산하고 살인은 면소免訴, 업무상 횡령은 무죄 선고를 받았다. 이 판결이 있은 후 나는 다시 대법원에 상고上告하였다.

88년 1월 16일 대법원은 원판결 파기原判決破棄하여 대구고법에 환송還送한다는 판결을 하였다. 5월 24일 대구고법은 재심리하여 배임 징역 10월, 미결 구류 270일 통산, 살인 면소, 업무 횡령 무죄의 판결은 한 바 검사는 대법원에 즉시항고卽時抗告 하여 3개월 후에 대법원은 상고기각의 최종판결을 내렸다. 그리하여 85년 6월 1일에 있었던 영남 고등군법회의가 선고한 징역 8년이 확정된 것이다.

위와 같이 나의 재판이 확정 선고가 내릴 때까지 우여곡절이 심하였으니 불합리와 법리를 무시하면서까지 유죄선고를 내리기에 부심腐心한 것이다. 또한 재판사상 볼 수 없는 미결로써 3년 4개월의 재판기록을 남기게 된 것은 그간 인권 유린은 물론 한국 사법 제도나 운영을 재검토할만한 일인 것이다.

나는 93년 단기 4293년. 서기 1960면

4월 29일 8년 5일 만에 출옥하기까지 3년 4개월 동안은 미결로써 옥고를 치렀다. 만 8년 5일 동안의 옥중생활 중 부산형무소에서 1년 5개월(그중 마산 헌병대에 잠시 이감), 대구 형무소에서 3년, 대전형무소에서 3년 6개월 동안의 복역을 전전하며 치렀다. 그간 내가 손수 겪은 옥중 경험에 대해서는 다음 〈옥중 생활편〉에서 자세히 쓰겠지만 그간 나의 어머니나 아내 등의 경심(驚心)은 물론이지만 특히 아내는 내가 부산 대구 대전 등 형무소에 이감될 때마다 숙소를 옮기며 한 달에 한 번 있는 면회를 해주고 집안 소식 등을 전해주었으며 나를 구하려고 동분서주하는 노고란 이루 말할 수 없는 수고요, 감사였다.

또한 노모는 나를 위하여 집에서 물을 떠 놓고 기도드린 일이나 부산서도 불교 부인회의 어떤 부인들은 매일 나를 위하여 불공을 해 주었다는 지성스러운 일까지 있었다고 들었다. 그리고 대구에서는 아내가 사는 동리사람들이 보석금을 갹출해 주는 눈물겨운 일도 있다. 그리고 내가 출옥한 후의 복권(復權)을 위하여 고향 고흥 군민을 비롯하여 광주 순천 각지에서 연서로 서명운동을 전개래 주기도 하였다.

8년간의 옥중생활을 경험한 바 있어 형무소의 여러 가지 불비, 간수들의 횡포와 부패, 교화시책의 모순이나 불합리 등을 누구보다 뼈저리게 느낀 한 사람이다. 그래서 나는 출옥하자 교화되기는커녕 되려 불평 불만을 가지고 고된 나날을 보내면서 악화되어 가는 여러 수인들을 위해서 국회 법사위원이 되어 행형정책(行刑政策)에의 관심과 그 개선에 힘썼으며 지방에 갈 때에는 반드시 가는 그 지방 형무소를 방문하여 그들을 위문 격려하는 것을 잊지 않았다. 내가 재감시 함께 고생하던 수인들과 구정을 나누기도 하고 감개 깊은 연설을 교회당에서 행하여 그들이 하루속히 개과천선을 하여 사회에 나와 활약해 줄 것을 역설하였다.

나는 쓰라렸던 재감 시절을 회상하여 질곡桎梏된 수인들에게 마음의 양식을 주려고 하였다. 나는 감개무량하였다. 내 수난기의 대부분을 감옥에서 지냈으나 거기서 벗어나 오늘날 인간적 대우를 받은 것은 기쁘기 한이 없다. 사람은 환경에 따라 선과 악으로 변해도 가지만 심적으로 모든 난관을 극복할 수 있다고 재감시 경험에서 느껴졌다.

또 4·19 이후 복권이 안 된 것을 당시 대통령 직무 대행자인 곽상훈 의장이 사면서赦免書에 사인하여 이루어짐은 또한 잊을 수 없는 일이다.

여하간 나는 재판사상 볼 수 없는 3년 이상의 미결과 옥고를 겪어서 모든 선과 악이나 형무소 실태 그리고 수인들의 학대를 보고 행형정책이나 시행령의 시정과 아울러 그 개선을 통감한 것이다.

재판의 경험을 통해서 느낀 일이지만 삼권분립의 나라에서 사법부가 입법부의 간섭을 받고 서상환 권오병 같은 검사들은 법 집행자의 양심을 버리고 자기 영달을 위하여 불법재판을 꾸미는가 하면 한경록 등 경찰간부 등은 사건 처리에 있어 편협된 태도를 취하고 일부 지각없는 원용덕 같은 군인은 독재자의 가병의 주구가 되어 계엄령을 선포하여 국회의원을 불법 체포하였다. 그리고 국민의 생명 재산을 보호해야 하는 행정부가 한 독재자를 위하여 조작 민의소동을 선동하였으며 수많은 간신배는 개인의 명예와 영달을 위하여 반민주적 행동을 하여 이루 다 말할 수 없는 국정의 난맥상을 보여준 것이다.

나는 앞으로 옥중에서 느끼고 겪은 여러 가지 일 등을 쓰겠지만 사건 발생부터 확정 선고가 내릴 때까지 미결 생활로 끌어온 재판소사裁判小 史를 기록하여 나의 운명의 사건을 심판한 지루한 재판을 다시 총결산 하려고 한다.

- ㅇ 1952년 4월 22일, 4월 25일에 시행될 시읍면 의회선거 시찰차 부산출발.
  수행원은 국회 내무 치안전문위원 정진동, 수행원 서원룡 김처중 이종석, 여수서 김우평 씨들 유지와 만나 시국 환담. 여수서장이 치안이 험하다고 순천행을 만류挽留. 부산서부터 괴한 미행. 시민 앞에서 강연. 황병규는 나의 강연 끝난 후 방해 연설을 함.
- ㅇ 순천서 윤영선 조순 등 의원을 만나기로 연락받고 또 순천 유지들의 강연을 해달라는 초청을 받아 별수 없이 순천행을 결행.
  문제의 서창선, 여수 배치 임에도 불구하고 괴한과 함께 나를 또다시 미행. 앞서가는 우리 일행 차를 두 차례나 정지시켜 달라고 지서로 연락. 나는 심상치 않은 일이라고 극도로 긴장.
- ㅇ 24일 순천 도착, 박창서씨 등 유지와 환담.
  동일 오후 6시경 순천시 영동 17번지의 평화관에서 유지 박창서 한상휴 이판호, 이해필, 김흥수, 황우수 씨 등과 회식. 9시경 문제의 서창선이가 내가 앉아 있는 방을 문틈으로 들여 다 본 것을 경호원인 김처중 순경이 발견, 시비 전개. 나중에 그는 "서민호 나오너라, 잘 만났다" 하면서 권총을 빼 들고 도전 발사함.

나는 두 손을 들고 "쏘지 말라, 쏘지 말라"고 해도 발사하므로 긴급한 처지의 자기 방위로 2발 응사, 불상사 발생.

사건 발생 후 일단 한씨로 하여금 수사당국에 사건 진상을 통보케 함.

o 25일 아침 7시경 광주지검 순천지청에 자진 출두, 즉시 구금됨.

o 27일 국회서 조사단 현지에 파견.

o 5월 3일 서 검찰총장의 지시로 부산 지검에 이송될 때까지 순천경찰서에서 구류.

그간 한경록 박사기 변 등 전남경찰간부들과 장흥 전남병사구사령관, 권오병 검사 등이 와서 사건 지휘.

장흥 한경록 광주 연행을 시도했으나 나는 불길한 예감이 들어 완강히 이를 거절.

순천서에서 유서 씀.

o 순천서 5월 3일 나의 신병 부산 이송.

o 5월 14일 국회서 나의 석방 가결.

o 5월 19일 석방.

o 5월 21일 특무대 재구속.

o 5월 22일 부산지방법원서 공판개시.

o 6월 4일 영남 고등군법회의로 이송.

o 6월 30일 대구 고법 구류집행 정지결정을 취소, 다시 구속.

국회의원 130명 연판 재심리의 청원서 제출.

o 7월 4일 대통령이 원 계엄사령관에게 재심 지시.

o 8월 1일 군법회의 재심 끝에 8년 징역 선고.

o 86년 5월 6일 계엄령 해제, 부산지법으로 이송.

국법회의 7차 사형선고, 1차는 선고.

국회의원 엄상섭, 양병일, 윤형남, 김의준, 조재천, 정구영 제씨 변호단 구성. 관선변호인으로는 이인, 장후영, 김달호 제씨.

o 7월 20일 판결 배임은 징역 10월에 집행유예 2년 미결구류 160일 통산.

　살인 업무횡령은 무죄. 법의 정의 건재.

　관여 검사 불복 공소, 나도 불복 공소.

o 87년 4월 22일 대구고법 판결 배임 10월, 집행유예 2년, 미결구류 270일 통산.

　살인은 면소, 업무횡령 무죄선고.

　나는 대법원에 상고, 검사도 상고.

o 88년 1월 16일 대법원은 「원 판결 파기 대구 고법에 환송」의 판결을 내림.

o 5월 24일 대구고법 재심리, 배임 징역 10월, 미결구류 270일 통산, 살인 면소, 업무횡령 무죄의 판결.

　검사 또 대법원에 즉시 항고.

o 9월 16일 대법원 상고기각의 최종 판결을 내림.

o 85년 5월 1일 영남고등군법회의가 선고한 징역 8년이 확정.

　이상 3년 3개월 21일의 긴 재판기록을 수립.

o 그리하여 미결의 구류생활이 3년 3개월 21일.

　부산형무소 1년 7개월(마산 헌병대 잠시 이감)

　대구형무소 3년

　대전형무소 3년 6개월 등에서 복역타가 93년 4월 29일 8년 5일 만에 출옥함.